Viktor Mayer-Schönberger / Thomas Ramge
# DAS DIGITAL

VIKTOR MAYER-SCHÖNBERGER
THOMAS RAMGE

# DAS
# DIGITAL

Markt, Wertschöpfung und Gerechtigkeit
im Datenkapitalismus

Econ

Econ ist ein Verlag
der Ullstein Buchverlage GmbH

ISBN: 978-3-430-20233-6
© der deutschsprachigen Ausgabe
Ullstein Buchverlage GmbH, Berlin 2017
Redaktion: Michael Schickerling, schickerling.cc, München
Alle Rechte vorbehalten
Gesetzt aus der Quadraat Pro
Satz: Pinkuin Satz und Datentechnik, Berlin
Druck und Bindearbeiten: GGP Media GmbH, Pößneck
Printed in Germany

# INHALT

# 1
# DATENKAPITALISMUS

EBays zwanzigster Geburtstag im September 2015[1] sollte eigentlich eine Siegesfeier werden. Seit der Gründung des Online-Marktplatzes hatten 160 Millionen Nutzer Waren im Wert von über 700 Milliarden US-Dollar auf eBay gehandelt.[2] Doch als der neue Firmenchef Devin Wenig die Bühne betrat, wirkte er auf die anwesenden Journalisten eher wie ein »General, der seine umlagerten Truppen auf die Schlacht einschwört«[3]. Seine Rede fühlte sich an wie ein Motivationsseminar – und das aus gutem Grund. Dem weltgrößten Marktplatz war ein Stück weit die Luft ausgegangen: Während andere große Online-Händler von Umsatzrekord zu Umsatzrekord eilten, stagnierten bei eBay die Verkäuferzahlen. Der große Rivale Amazon baute sein »Marketplace«-Angebot mit unabhängigen Händlern in direkter Konkurrenz zu eBay sehr erfolgreich aus. Zudem wilderten immer mehr spezialisierte Plattformen wie Etsy – ein Marktplatz für Handgemachtes – im Revier des einstigen Platzhirschs. Wall-Street-Analysten bezeichneten eBay als »reif für den Neustart«[4].

Pierre Omidyar hatte eBay 1995 als kleinen Testballon gestartet. Die ersten Auktionen liefen noch auf seiner persönlichen Website. Der Ballon flog hoch und weit. In den kommenden Jahren wurde eBay hochprofitabel. Omidyar hatte eine uralte, aber extrem erfolgreiche Idee in die Onlinewelt übertragen: den Marktplatz. Doch weil eBays Marktplatz kein physischer Ort mehr war, hatte er rund um die Uhr, 365 Tage im Jahr, geöffnet. Aufgrund der nahezu unbegrenzten Reichweite des Internets stand er weltweit vielen offen. EBays innovatives Bewertungssystem sorgte dafür, dass die Teilnehmer einander vertrauen konnten, obwohl sie sich nicht kannten. Das alles machte die neue Plattform außerordentlich attraktiv.

Wenn sich viele Käufer und Verkäufer an einem Ort tummeln, sprechen Ökonomen von einem »dichten« Markt. Dichte Märkte sind gute Märkte, denn sie erhöhen die Wahrscheinlichkeit, dass beide Seiten finden, was sie suchen. EBays Marktplatz war traditionellen Märkten in einem weiteren wichtigen Punkt überlegen: Statt zu Festpreisen wurden die Waren in den ersten Jahren ausschließlich in Auktionen verkauft. Dass dies ein deutlich besserer Weg ist, den passenden Preis zu finden, lernen Wirtschaftsstudenten im ersten Semester.

Ein weltweiter Marktplatz, der immer geöffnet hat und Transaktionen einfach und effizient macht – das war das Rezept für eBays kometenhaften Aufstieg. Die Plattform war dabei nicht nur wegweisend für die junge Internetwirtschaft, sondern schien auch die überragende Rolle zu bestätigen, die Märkte in unserem Wirtschaftssystem insgesamt spielen. Mit so vielen Vorteilen werden viele eBays Schwierigkeiten der letzten Jahre schlechtem Management zuschreiben.[5] Für uns sind sie jedoch ein Anzeichen einer viel größeren, strukturellen Veränderung unserer Wirtschaft.

Nur wenige Monate vor eBays zwanzigstem Jubiläum passierte bei einem anderen Internetpionier etwas sehr Merkwürdiges. Der Aktienkurs von Yahoo rutschte de facto ins Minus. Der Hintergrund: Yahoo besaß einen erheblichen Anteil am chinesischen Online-Marktplatz Alibaba – und gemessen an Alibabas Aktienkurs waren Yahoos Alibaba-Aktien mehr wert als Yahoo selbst. Wer Yahoo-Aktien verkaufte, bezahlte also den Käufer dafür, dass der ihm die Aktien abnahm.[6] Das ergab keinen Sinn, denn der Kurs einer Aktie kann niemals negativ sein. Gleichzeitig sollten Aktienkurse das gesamte Wissen eines Markts abbilden – so lehrt es uns zumindest die Wirtschaftswissenschaft. Irgendetwas lief also grundlegend falsch.

EBays überraschende Schwierigkeiten und der widersinnige Aktienkurs von Yahoo sind keine Verkettung unglücklicher Umstände. Sie zeigen vielmehr eine fundamentale Schwäche traditioneller Märkte auf: die Fixierung auf den Preis.

Ungefähr zur selben Zeit, als eBay und Yahoo in Schwierigkeiten gerieten, kamen die Geschäfte eines deutlich jüngeren Start-ups namens BlaBlaCar erst richtig in Fahrt. Die Firma war 2006 in Paris von einem jungen Franzosen gegründet worden, der sich während eines Studiums an der kalifornischen Stanford-Universität den Gründervirus eingefangen hatte. BlaBlaCar ist wie eBay eine Art Online-Marktplatz. Das Unternehmen hat sich allerdings spezialisiert: Es ist eine Mitfahrzentrale, und zwar eine sehr erfolgreiche. Jeden Monat finden mehrere Millionen von Autofahrern und Fahrgästen zusammen, die dasselbe Ziel haben. Und es werden immer mehr. Im Unterschied zu eBay spielt auf BlaBlaCars Marktplatz allerdings nicht der Preis die Hauptrolle, sondern vielfältige Daten. Mitfahrer können zum Beispiel die Angebote danach durchsuchen, wie gesprächig der Fahrer ist (daher der Name BlaBlaCar), welche Musik sie mögen oder ob Haustiere mitfahren dürfen – und somit das für sich perfekt geeignete Angebot auswählen. Der Preis spielt in dem Modell nur eine untergeordnete Rolle, denn die Fahrer können diesen nur innerhalb einer vorgegebenen Spanne festlegen.

Die digitale Mitfahrzentrale von BlaBlaCar ist nicht die einzige Plattform mit diesem Ansatz: Von der Internet-Reiseplattform Kayak über die Online-Investmentfirma SigFig bis zur digitalen Jobbörse Upwork entstehen immer mehr Märkte, die auf vielfältige Daten setzen und dadurch ihren Nutzern helfen, optimalere Transaktionspartner zu finden. Diese Sorte Marktplätze gewinnt – in der Sprache von Risikokapitalisten gesprochen – gerade mächtig an »Traktion«.

In diesem Buch weben wir den roten Faden, der diese drei Geschehnisse verbindet: Ein traditioneller Online-Marktplatz steckt in Schwierigkeiten, die eingespielten Preismechanismen der Wall Street spielen verrückt, datenreiche Märkte heben ab. Wir sind davon überzeugt, dass Märkten ein Neustart bevorsteht, der auf Datenreichtum basiert und unsere gesamte Wirtschaft ähnlich tiefgreifend verändern wird wie die industrielle Revolution. Der neue Datenreichtum wird Mehrwert für alle Marktteilnehmer schaffen. Und mit seiner Hilfe ersetzen wir den Industrie- und Finanzkapitalismus des letzten Jahrhunderts durch den Datenkapitalismus.

Der Markt ist eine erfolgreiche gesellschaftliche Innovation. Er erlaubt uns, begrenzte Ressourcen effizient zu verteilen. Märkte folgen einem einfachen Prinzip – und haben eine extrem große Wirkung. Sie ermöglichen es, sieben Milliarden Menschen zu ernähren, ein Dach über dem Kopf zu schaffen und sie mit Kleidung zu versorgen. Sie haben unsere Lebenserwartung und Lebensqualität drastisch erhöht. Transaktionen am Markt sind soziale Interaktionen – auch oder gerade weil sie der menschlichen Natur des sozialen Austauschs so gut entsprechen. Hierin liegt der Grund, dass Märkte sich für die meisten von uns so natürlich anfühlen und so tief in der DNA unserer Gesellschaft verankert sind, dass wir ihre Leistung kaum noch wahrnehmen. Sie sind das Fundament unseres Wirtschaftssystems.

Märkte entfalten ihre volle Kraft, wenn Informationen ungehindert fließen und Menschen wissen, wie sie diese in ihre Entscheidungen einbeziehen. Dank dieser Informationen können Märkte ohne zentrale Entscheidungsgewalt funktionieren. Umgekehrt heißt das auch: Damit Märkte stabil und belastbar sind, müssen alle Teilnehmer möglichst ungehindert auf die Informationen über die Angebote am Markt zugreifen können. Bis vor kurzem war es jedoch aufwendig und teuer, derartig umfassende Informationen anderen Marktteilnehmern mitzuteilen. Daher griffen wir zu einer raffinierten Notlösung und verdichteten die Vielzahl von Informationen zu einer einzigen Zahl: dem Preis. Und wir kommunizierten diese Information mit Hilfe von Geld.

Die Kehrseite des Preises ist jedoch: Wenn Informationen komprimiert werden, gehen Details und Nuancen verloren. Das führt zu schlechteren Transaktionen – weil wir aufgrund der fehlenden Details das Angebot nicht mehr überblicken oder aufgrund der zu stark verdichteten Informationen Fehlentscheidungen treffen. Seit Jahrtausenden haben wir mit dieser Krücke gelebt, weil es keine bessere Alternative gab.

Genau das ändert sich gerade. Schon bald werden Märkte dominieren, auf denen umfassende Informationen über Angebot und Nachfrage schnell und kostengünstig verfügbar sind. Wir werden diese Daten mit Hilfe künstlicher Intelligenz (Ki) und modernen Matching-Algorithmen kombinieren – und so schnell und einfach den optimalen Transaktionspartner am Markt finden. Das wird so gut funktionieren, dass wir es selbst für scheinbar banale Transaktionen nutzen.

Nehmen wir an, Sie sind auf der Suche nach einer neuen Bratpfanne als Ersatz für die alte. Ein mit Daten lernendes System auf Ihrem Smartphone schaut sich ihre Einkaufshistorie an und sieht, dass Sie beim letzten Mal eine Pfanne für einen Induktionsherd gekauft haben. Allerdings haben Sie anschließend nur eine mittelmäßige Bewertung für die Pfanne abgegeben. Durch eine Textanalyse der Bewertung versteht das System, dass Ihnen die Beschichtung der Pfanne wichtig ist und Sie Keramikbeschichtungen für besonders hochwertig halten. Es erkennt auch, welches Material für den Griff Sie bevorzugen. Basierend auf diesen Vorlieben sucht das System in verschiedenen Online-Shops nach einem optimal passenden Angebot – und berücksichtigt dabei sogar die $CO_2$-Bilanz des Versands, weil es erkennt, dass diese Ihnen wichtig ist. Es verhandelt schließlich automatisiert mit dem Verkäufer und erzielt dabei einen Rabatt – weil es weiß, dass Sie bereit sind, per Bankeinzug zu bezahlen und nicht per Kreditkarte. Am Ende müssen Sie nur einmal auf den Touchscreen tippen, und die Transaktion ist abgeschlossen.

Das klingt einfach und reibungslos – und das sollte es auch sein. Eine solche Transaktion ist einerseits schneller und bequemer, als wenn Sie sich selbst auf die Suche nach der perfekten Pfanne gemacht hätten. Gleichzeitig ist das Ergebnis besser, weil das System mehr Varianten berücksichtigt und mehr Angebote gesichtet hat, als Sie selbst es könnten. Das liegt zum einen daran, dass ein digitaler Shopping-Assistent (im Gegensatz zu uns Menschen) nicht ermüdet. Er lässt sich – sofern er neutral programmiert ist – auf seiner Suche nach dem perfekten Match auch nicht von einem angeblichen Schnäppchenpreis ablenken (»Nur heute 30 Prozent billiger!«), und er fällt weder seiner eigenen Voreingenommenheit noch einem cleveren Marketing zum Opfer.

Datenreichtum bedeutet nicht die Abschaffung des Geldes. Natürlich werden wir weiterhin Geld verwenden, um zu bezahlen. Aber Geld wird viel von seiner informationellen Rolle einbüßen. An seine Stelle werden vielfältige und umfassende Informationsflüsse treten. Sobald wir uns nicht mehr vor allem durch Preise auf Märkten informieren, erweitert das unsere Perspektive am Markt. Bessere Passgenauigkeit von Angebot und Nachfrage, effizientere Transaktionen und weniger Tricks auf den Marktplätzen werden die Folgen sein.

Aus Daten lernende Systeme (zurzeit oft mit dem Label »künstliche Intelligenz« versehen) können uns helfen, in diesen datenreichen Märkten optimale Transaktionspartner zu finden. Wir Menschen werden am Ende aber immer die Entscheidungshoheit behalten. Noch präziser: Wir werden immer das letzte Wort darüber haben, wie viel oder wie wenig unserer Entscheidungen wir an digitale Assistenten delegieren wollen. Die Frage, bei welchem Online-Dienst wir das Taxi bestellen, überlassen wir dann entspannt unserem lernenden System. Mit welchem Stellenangebot hingegen wir uns aus den Optionen näher beschäftigen wollen, die unser künstlich intelligenter Berater für uns zusammengestellt hat, werden wir auch in Zukunft selber entscheiden.

Gegen diese neuen datenreichen Märkte haben konventionelle, auf Preis fokussierte Märkte keine Chance. Umfassende Informationen bedeuten einfach zu viel an Verbesserung und Effizienzgewinn. Und datenreiche Märkte leisten endlich, was theoretisch schon immer die Stärke von Märkten war, aber in der Praxis oft an Informationsarmut oder Unfähigkeit im Umgang mit Informationen scheiterte: optimale Transaktionen.

Die Vorteile dieses Wandels werden sich auf jeden Markt auswirken. Wir werden sie im Einzelhandel und in der Reisebranche ebenso sehen wie im Bankwesen und im Investmentsektor. Datenreiche Märkte werden die Häufigkeit von irrationalen Entscheidungen stark verringern – wie beim verrücktspielenden Aktienkurs von Yahoo –, und der Markt wird seltener versagen – wie bei Investitionsblasen, die in traditionellen Märkten oft auf falschen oder falsch verstandenen Informationen basieren. Die verheerende Wirkung eines solchen Marktversagens durch falschen Umgang mit Informationen konnten wir in der Subprime-Immobilienkrise beobachten. Wir haben sie mit der Dotcom-Blase 2001 erlebt, aber auch schon zuvor bei unzähligen Katastrophen, von denen geldbasierte Märkte in den letzten Jahrhunderten heimgesucht wurden. Mit umfassenden Daten am Markt werden diese wirtschaftlichen Desaster seltener und geringeren Schaden anrichten.

Der Datenkapitalismus wird alle Märkte umkrempeln: sei es der Strommarkt, wo strukturelle Ineffizienzen die großen Versorger bereichern und die Verbraucher Milliarden kosten, seien es die Transport- oder Logistikbranche, das Gesundheitswesen oder die Arbeitsmärkte. Bei Letzteren ließe sich endlich das künstliche Konstrukt aus Aufgaben und Lohn aufbrechen, das sich heute Vollzeitstelle nennt. Stattdessen hätten Menschen die Möglichkeit, sich individuelle Pakete aus einzelnen Aufgaben und Vergütungen zu schnüren. Im Bildungswesen können wir datenreiche Märkte nutzen, um Lehrer, Schüler und Schulen besser zu »matchen«. Das übergeordnete Ziel ist bei all diesen Beispielen dasselbe: über das »gut genug« der konventionellen Märkte hinauszugehen und ganz bewusst auf Perfektion zu zielen, nicht nur weil wir mehr für das bekommen, was wir anbieten, sondern weil wir mit unseren Entscheidungen dann zufriedener sein werden und durch einen besseren Einsatz der Ressourcen nachhaltiger wirtschaften und leben. Das ist die Voraussetzung für eine gerechtere Verteilung von Chancen und Gütern.

Der Hauptunterschied zwischen konventionellen und datenreichen Märkten ist die Rolle der vorhandenen Informationen und wie Marktteilnehmer diese Informationen für ihre Entscheidungen nutzen. In datenreichen Märkten müssen wir unsere Vorlieben und Wünsche nicht länger zu einem Preis verdichten – eine Vereinfachung, die bislang aufgrund von kommunikativen und kognitiven Einschränkungen erforderlich war. Das wiederum erlaubt es, die großen Vorteile dezentraler Entscheidungen (nämlich Stabilität und Belastbarkeit) mit einer erheblich gesteigerten Effizienz zu verbinden. Hierfür müssen wir jedoch neue Wege finden, wie die Marktteilnehmer an Informationen gelangen und diese verarbeiten. Das ist der Hebel, der es uns ermöglicht, geldbasierte zu datenreichen Märkten aufzuwerten. Die Idee, dass freier Datenfluss eine Grundvoraussetzung für eine Verbesserung der Märkte ist, ist nicht neu. Der MIT-Professor Thomas Malone und seine Kollegen beschrieben sie bereits 1987 mit dem Schlagwort »elektronische Märkte«[7], aber erst heute sind die technischen Voraussetzungen gegeben, diese frühe Vision zur ökonomischen Wirklichkeit werden zu lassen.

Die Einführung von datenreichen Märkten hängt dabei nicht allein vom Fortschritt und den Kapazitäten im Bereich der Datenverarbeitung und der Netzwerktechnologie ab. Natürlich nimmt die Menge an Informationen mit datenreichen Märkten erheblich zu. Der Netzwerkanbieter Cisco geht davon aus, dass der Internetverkehr noch bis mindestens 2021 über 20 Prozent jährlich wachsen wird. Das entspricht einer Steigerung von atemberaubenden 9300 Prozent in einem Zeitraum von etwas mehr als zehn Jahren.[9] Auch die Verarbeitungsleistung hat dramatisch zugenommen: Wir messen die Rechenleistung heutiger PCs in Billionen Rechenoperationen pro Sekunde.

Doch diese technischen Fortschritte sind bloß eine notwendige, aber keine hinreichende Voraussetzung für datenreiche Märkte. Das Entscheidende ist nicht, die Dinge schneller zu erledigen, sondern sie grundlegend anders zu machen. In unserer datenreichen Zukunft kommt es weniger darauf an, wie schnell wir Informationen verarbeiten, sondern wie gut und wie tiefgreifend wir diese verstehen. Selbst wenn wir die Kommunikationsgeschwindigkeit eines traditionellen Markts auf Millisekunden erhöhen (wie wir es beim Hochfrequenzhandel von Aktien getan haben), gründen die Entscheidungen weiter auf der Vereinfachung des Preises. Den Durchbruch auf dem Weg zu datenreichen Märkten bringen Innovationen in drei Bereichen: das kostengünstige Teilen von vielseitigen, aber standardisierten Daten über Güter und Präferenzen mit Hilfe von Ontologien und Metadaten, die verbesserte Fähigkeit, optimale Transaktionen auf Grundlage zahlreicher Dimensionen zu erkennen, sowie eine anspruchsvolle, aber gleichzeitig einfache Methode, unsere Vorlieben und Bedürfnisse ausführlich zu erfassen.

Wenn wir Informationen auf einem Markt sammeln, müssen wir sicherstellen, dass wir alle relevanten Daten über ein bestimmtes Angebot bekommen und diese mit unseren Präferenzen abgleichen können, um so die bestmöglichen Transaktionspartner zu ermitteln. Die reinen Daten alleine reichen hierfür nicht. Wir müssen auch verstehen, was diese Daten beschreiben, sonst vergleichen wir Äpfel mit Birnen. Dank einer Reihe technischer Durchbrüche ist das inzwischen erheblich einfacher als früher. Denken Sie nur an die Funktion auf Ihrem Smartphone, mit der Sie Ihre Fotos danach durchsuchen können, was darauf zu sehen ist – etwa Personen, Strandfotos oder Hunde. Das Konzept dieser intelligenten Suchfunktionen in Ihrer Fotogalerie lässt sich auf Markttransaktionen übertragen und verfeinern.

Das beste Angebot zu finden ist einfach, wenn ein Käufer nur den Preis im Auge hat. Aber wenn wir eine Vielzahl von Dimensionen berücksichtigen wollen, wird der Vorgang sehr schnell komplex, und Menschen sind damit schnell überfordert. Deshalb brauchen wir kluge Algorithmen, die uns dabei helfen – und auch hier gab es in den vergangenen Jahren erhebliche Fortschritte. Was allerdings immer noch eine Herausforderung darstellt: genau zu wissen, was wir wirklich wollen. Es kann zum Beispiel leicht passieren, dass wir eine wichtige Eigenschaft übersehen oder denken, sie spiele für unsere Entscheidung keine Rolle. Für uns Menschen ist es überraschend schwer, unsere vielfältigen Bedürfnisse auf eine einfache und strukturierte Weise auszudrücken. Dies ist der dritte Bereich, in dem der jüngste technische Fortschritt von großer Bedeutung ist. KI-Systeme können schon heute nach und nach unsere Bedürfnisse erfassen, indem sie unser Verhalten und unsere Entscheidungen beobachten.

In allen dreien dieser Bereiche haben hochentwickelte Datenanalytik und Künstliche Intelligenz wichtige Fortschritte ermöglicht. Das bedeutet: Uns stehen heute alle Bausteine für datenreiche Märkte zur Verfügung. Wir müssen sie nur noch richtig zusammensetzen.

Digitale Vordenker und viele datengetriebene Start-ups haben das bereits erkannt. Der nächste Goldrausch der Datenökonomie setzt gerade ein. Durch ihre höhere Effizienz werden die datenreichen Märkte ihren Teilnehmern erhebliche Vorteile verschaffen. Und diejenigen, die diese Märkte bereitstellen oder anderen helfen, sich auf diesen zu bewegen, werden sich einen erheblichen Anteil am erzielten Mehrwert sichern.

Das weiß freilich auch die Führung von eBay. Kurz nachdem der kriselnde Online-Marktplatz erster Generation seinen zwanzigsten Geburtstag gefeiert hatte, stellte der neue CEO ein ambitioniertes Sofortprogramm vor und tätigte einige wichtige Unternehmenszukäufe. Das Ziel: auf dem Online-Marktplatz dafür zu sorgen, dass komplexe Informationen auf allen Ebenen ungehindert fließen können. Nutzer sollen schneller und einfacher passgenauere Angebote finden und erhalten bessere Unterstützung bei ihrer Kaufentscheidung.

Aber nicht nur bei eBay wird umgedacht. Digitale Handelsriesen wie Amazon und Zalando, Fahrdienstanbieter wie BlaBlaCar und Uber oder Jobbörsen wie Stepstone oder Monster gehen mit jeder Verbesserung von Angebot und Funktionalität konsequent ihren Weg in die daten-reiche Zukunft. Weil datenreiche Märkte so viel besser darin sind, uns mit dem zu versorgen, was wir wirklich brauchen, werden wir sie auch deutlich häufiger und intensiver nutzen als traditionelle Märkte – was den Wandel noch zusätzlich beschleunigen wird. Doch die Wirkung von datenreichen Märkten ist noch viel weitreichender, und die Folgen sind noch viel dramatischer.

Märkte sind nicht nur dazu da, um Handel zu treiben. Wenn wir uns in Märkten bewegen, koordinieren wir uns miteinander. Märkte versetzen uns in die Lage, gemeinsam mehr zu erreichen, als es jeder Einzelne von uns könnte. Indem wir Märkte einer Generalüberholung unterziehen, verändern und verbessern wir auch die Art und Weise, wie Menschen zusammenarbeiten. Eine gut umgesetzte, marktgetriebene Zusammenarbeit, angereichert mit vielfältigen Daten, wird uns ermöglichen, die großen Herausforderungen unserer Zeit zu bewältigen. Der datenreiche Markt wird Lösungen für Probleme finden, die über eine reine Markttransaktion hinausgehen und auf die wir heute keine Antwort haben: bei der Bildung, im Gesundheitssystem, beim Klimawandel. Und er wird große Veränderungen in den anderen Organisationsformen hervorrufen, in denen wir bisher zusammengearbeitet und Mehrwert erzeugt haben. Das klassische Modell dafür war bislang das Unternehmen.

Werden die Märkte durch Daten besser, werden immer öfter Märkte menschliche Zusammenarbeit koordinieren und nicht die klassische Firma. Markt und Unternehmen stehen als Koordinationsmechanismen miteinander in Konkurrenz. Datenreichtum verschafft Märkten in diesem Wettbewerb einen strukturellen Vorteil. Das wird nicht das Ende von Unternehmen als Organisationsform bedeuten, aber es stellt sie vor die größte Herausforderung seit vielen Jahrzehnten.

Wie können Unternehmen auf den Aufstieg datenreicher Märkte reagieren? Der nächstliegende Weg scheint, die technischen Durchbrüche zu nutzen, die wir in diesem Buch beschreiben. Unternehmen könnten mit Hilfe der neuen technischen Werkzeuge den internen Informationsfluss neu strukturieren, um wie Märkte von Effizienzgewinnen zu profitieren. Das ist zwar grundsätzlich möglich, aber es gelingt Unternehmen aufgrund ihrer Informationsarchitektur nur in eingeschränktem Maße.

Langfristig erfolgversprechender ist es, wenn Unternehmen versuchen, sich neu zu erfinden. Wir schlagen dafür zwei Strategien vor. Die erste hat die Automatisierung von Entscheidungsprozessen zum Kern. Bei Option zwei bilden Firmen grundsätzliche Funktionen und Eigenschaften von Märkten in ihren Organisationen intern nach. Beide Strategien bringen mittelfristig Vorteile, und wir sehen bereits jetzt, dass eine wachsende Zahl von Unternehmen dabei ist, sie umzusetzen. Doch beide Strategien haben ihre eigenen Schwachpunkte. Sie sind pragmatische Antworten auf den technischen Wandel, aber sie werden den Bedeutungsverlust von Unternehmen langfristig nicht aufhalten können. Der bestimmende Koordinierungsmechanismus im Datenkapitalismus wird der Markt sein.

Weder Firmen noch Geld werden in der Zukunft verschwinden, aber anders als im Industrie- und im Finanzkapitalismus werden sie nicht mehr die erste Geige spielen. Banken und andere Dienstleister der alten Finanzwelt trifft dies doppelt: Die Firmen des Geldes werden einen Großteil ihrer Geschäftsfelder neu ausrichten müssen.

Dabei dürfen sie keine Zeit verlieren, denn eine neue Generation von datengetriebenen Finanzdienstleistern, sogenannten Fintechs, wissen datenreiche Märkte zu nutzen. Es mag paradox klingen: Die Fintechs drängen mit neuen Dienstleitungen auf den Markt, aber sie beschleunigen gleichzeitig den Bedeutungsverlust von Geld, weil sie mit ihren Technologien reiche Daten schaffen.

Die Tragweite dieser Entwicklung geht weit über den Verlust von Marktanteilen von Banken hinaus: Wenn Finanzkapital am Markt kein starkes Signal für Vertrauen mehr ist, wird auch die Bedeutung von Finanzkapital abnehmen – und damit die Macht, die heute mit Kapital verbunden ist und die dem Konzept des Finanzkapitalismus zugrunde liegt. Datenreichtum erlaubt es uns, den Markt aus den Fängen des Finanzkapitalismus zu lösen, indem er Märkte stärkt und Kapital schwächt. Wir stehen also vor einer unmittelbaren Veränderung des Banken- und Finanzsektors, aber auch einer langfristigen, dafür umso tiefgreifenden Entwertung der Rolle des Finanzkapitals. Daten sind in diesem Zusammenhang nicht das neue Öl, wie oft in windschiefer Metaphorik behauptet, sondern das neue Geld: Sie übernehmen zu einem großen Teil die informationelle Funktion des Geldes. Und wir beginnen zu begreifen, dass die Wirtschaft sich vom Finanz- zum Datenkapitalismus verändert.

Aufgrund ihrer vielen Vorteile werden datenreiche Märkte traditionelle Märkte ablösen. Aber jeder Fortschritt hat leider seinen Preis: Mit Daten lernende Systeme verbessern zwar die Entscheidungsfindung auf datenreichen Märkten, sie machen diese aber auch anfällig für Systemversagen und Konzentrationsprozesse. Diese strukturelle Schwäche (verstärkt durch »Feedbackeffekte«, auf die wir in Kapitel 4 und 8 eingehen) könnten skrupellose Firmen oder radikale Regierungen missbrauchen und damit nicht nur den Wettbewerb gefährden, sondern auch die Demokratie. Das Grundproblem ist dabei die mangelnde Vielfalt der Daten und Algorithmen.

Der Datenkapitalismus braucht neue Formen der Regulierung, die fairen Wettbewerb bei Daten und Datenanalytik sicherstellen. Hierzu schlagen wir eine gesetzliche Innovation vor: die »progressive Daten-Sharing-Pflicht«. Diese sorgt für einen umfangreichen, aber differenzierten Zugang zu Feedbackdaten – natürlich unter Beachtung des Datenschutzes – und garantiert dadurch Wahlfreiheit und Vielfalt in der datengestützten Entscheidungsfindung. Sie ist nicht nur die geeignete Kartellrechtsmaßnahme für das Datenzeitalter, sondern auch ein Schutz gegen Entwicklungen, die unsere Gesellschaft als Ganzes bedrohen könnten. Weiter gedacht kann diese Pflicht in eine Datensteuer münden, die von datenreichen Firmen nicht in Geld gezahlt wird, sondern in Daten.

Der Aufstieg von Märkten, in denen ein großer Teil der Transaktionsentscheidungen von KI-Systemen unterstützt oder sogar getroffen werden, verbunden mit dem Niedergang der Firma als vorherrschende Organisationsstruktur für Wertschöpfung, wird Arbeitsmärkte auf der ganzen Welt auf den Kopf stellen. Unsere Gesellschaft muss sich diesem massiven wirtschaftlichen Wandel stellen. Er bedroht überall auf der Welt Millionen von Arbeitsplätzen und befördert populistische politische Strömungen. Viele der arbeitsmarktpolitischen Werkzeuge des 20. Jahrhunderts werden an Wirkung einbüßen. Schlimmer noch: Schon die Analyse der Ausgangslage ist gefährlich unvollständig. Denn die sinkende Lohnquote, über die sich viele Politiker im Zuge der laufenden Automatisierungsdebatte Sorgen machen, erfasst nur eine Seite des Wandels. Nicht die Investoren und ihr Kapital sind die primären Nutznießer dieser Entwicklung, wie so oft behauptet, sondern die Margen der Unternehmen gehen durch die Decke, was sich durch geschickte Strategien, aber nicht als Bilanzgewinn abbildet. Gleichzeitig verlangsamt sich die Innovation entgegen der allgemeinen Wahrnehmung über alle Branchen hinweg.

Um dieser Dynamik zu begegnen, müssen wir traditionelle Überzeugungen in Frage stellen: beispielsweise jene von Arbeit als fest geschnürtes Paket aus Pflichten und Entlohnung. Dieses Paket aufzulösen wird eine herausfordernde, aber auch lohnende Aufgabe sein. Dies liegt im Interesse der Unternehmen auf der Suche nach neuen Talenten, der Gesellschaft, die sich vor Massenarbeitslosigkeit fürchtet, und jedes Einzelnen, der nicht nur einen Job will, sondern gute Arbeit, die Sinn und Identität stiftet. Gleichwohl gilt auch weiterhin: Von Zufriedenheit und Selbstverwirklichung bei der Arbeit allein wird niemand satt. Wir müssen die Selbstbestimmung über Arbeit und Lohn mit Freiheit vom Mangel verbinden. Elemente eines Grundeinkommens können hier helfen, aber das auf beiden Seiten des Atlantiks vieldiskutierte bedingungslose Grundeinkommen (BGE) ist keine Zauberformel. Und es wäre ein Anachronismus im Zeitalter reicher und umfassender Daten, ausschließlich auf monetäre Maßnahmen und Anreize zu setzen. Deshalb denken wir in diesem Buch über eine digitale soziale Marktwirtschaft nach, deren Steuerungsmechanismen jedenfalls teilweise auf Informationen beruhen und die Firmen unter bestimmten Umständen Steuervorteile gewährt, wenn sie Menschen beschäftigen und nicht Maschinen.

Seit den Anfangstagen geldbasierter Märkte weisen Kritiker auf die Lücke hin, die zwischen dem für Märkte zentralen Konzept der Entscheidungsfreiheit und unseren beschränkten kognitiven Fähigkeiten klafft, die gute Entscheidungen zu treffen so schwierig machten. Jahrhundertelang standen sich zwei Ansichten diametral gegenüber: Die eine Seite wollte es einer Zentralgewalt überlassen, den schutzbedürftigen Menschen möglichst viele Entscheidungen abzunehmen. Die andere Seite verteidigte die Rolle der Märkte, ihres Informationsflusses und ihrer dezentralen Entscheidungsfindung mit dem Argument, dass mitunter auch fehlerhaft zu entscheiden immer noch besser sei, als gar nicht selbst entscheiden zu dürfen. Spätestens seit Karl Marx wurde diese Diskussion weit über ein Jahrhundert lang in Schwarz und Weiß geführt.

In letzter Zeit kam es rund um den Globus zu einer Art Waffenstillstand: Man einigte sich darauf, dass geldbasierte Märkte durchaus funktionieren – aber nur vor dem Hintergrund angemessener Regulierungsmaßnahmen. (Darauf, was »angemessene Regulierung« genau bedeutet, konnte man sich freilich nicht einigen.) Wenn wir auch an den kognitiven Einschränkungen, die zu falschen Entscheidungen führen, nichts ändern können, so die Logik, können wir immerhin Regeln festlegen und Verfahren verankern, die den schlimmsten Schaden verhindern. Es war eine sehr pragmatische Art, mit den realen Verhältnissen geldbasierter Märkte umzugehen, verbunden mit der Einsicht, dass es für den Moment keine bessere Lösung gab. Es kam jedoch auch dem Eingeständnis einer Niederlage gleich. Ein wirklicher Fortschritt – der bedeutet hätte, dass man das Funktionieren des Markts an sich verbessert – schien undenkbar. Der Markt war fehlerbehaftet, aber die Alternativen viel schlechter. Also fanden wir uns damit ab.

Die Kernaussage dieses Buchs lautet: Der Markt kann endlich sein volles Potential entfalten. Mit Datenreichtum werden wir die größten Hürden nehmen, mit denen wir uns bei der Entscheidungsfindung so lange herumschlagen mussten. Dies ist keine vage Vision, wie sich die Schwächen des Markts mildern lassen, sondern ein konstruktiver Plan. Datenreiche Märkte erlauben es uns, individuelle Entscheidungen zu treffen, ohne dabei unter unseren kognitiven Beschränkungen leiden zu müssen.

Natürlich werden wir nicht alle menschlichen Fehlurteile und verzerrte Wahrnehmungen hinter uns lassen können. Wir werden auch nicht jeden cleveren Marketingmenschen daran hindern, diese Schwächen auszunutzen. Auch wenn Menschen gut programmierte lernende Systeme benutzen, um in datenreichen Märkten Entscheidungen zu treffen – die Wahl hat am Ende immer noch der Mensch. Wir werden die Freiheit haben, über den Grad der Entscheidungsassistenz zu entscheiden. Oder direkter formuliert: Wir entscheiden, worüber wir entscheiden wollen – und worüber nicht. Aber indem wir diese letzte Entscheidungshoheit behalten, erhalten wir auch den menschlichen Irrtum. Auch mit vielfältigen Daten werden Märkte nicht perfekt sein – aber preisfixierten Märkten weit überlegen. Wir werden uns immer noch falsch entscheiden – aber nicht mehr so oft.

Datenreiche Märkte werden die Rolle verändern, die Märkte und Geld spielen. Sie stellen abgenutzte Konzepte von Wettbewerb und Lohnarbeit ebenso in Frage wie den Finanzkapitalismus. Sie werden eine andere Rolle bei der Koordination von Menschen untereinander spielen und dadurch einen großen Einfluss darauf haben, wie wir gemeinsam leben und arbeiten.

Manche werden mit der Rolle hadern, die der Mensch dabei spielt – die des letztendlichen Entscheiders –, und dafür eintreten, dass eine angeblich rationalere Zentralgewalt diese Entscheidungen zum Wohle des großen Ganzen treffen möge. Wir aber sind davon überzeugt: Entscheiden bleibt die Aufgabe des Einzelnen. So wichtig es auch sein mag, effizienter, nachhaltiger und rationaler zu entscheiden – und unsere Entscheidungen müssen definitiv besser werden! –, so sehr müssen wir uns auch immer daran erinnern, das zu bewahren und zu lieben, was uns menschlich macht. Das übergeordnete Ziel datenreicher Märkte ist deshalb nicht Perfektion, sondern individuelle Erfüllung. Mit all der Vielfalt und dem gelegentlichen Irrsinn, die uns zu Menschen machen.

# 2
# KOORDINATION

Die *Minyons de Terrassa* hatten ein ehrgeiziges Ziel: die größte Menschenpyramide aller Zeiten. Ein Turm aus hunderten Menschen, der zehn Ebenen in die Höhe ragt. Menschenpyramiden sind eine alte Tradition in der spanischen Region Katalonien. Schon oft hatten sich Gruppen an einem sogenannten *Castell* mit zehn Ebenen versucht, aber bislang waren alle an der Komplexität der Struktur gescheitert.

Am 22. November 2015 unternahmen die *Castelleres* der katalanischen Industriestadt Terrassa ihren Rekordversuch. Auf den Schultern von Hunderten bildeten 96 *Castelleres* die zweite Ebene. Darauf folgte die dritte aus vierzig Personen. Diese drei Ebenen waren das Fundament des eigentlichen Turms. Die vier *Castelleres* der vierten Ebene stiegen hinauf, und während die Turmbauer der nächsten Ebene sich mit ihren Armen stützten, stimmte die Band eine traditionelle katalanische Weise an. Das war der Taktgeber für die noch verbliebenen *Castelleres*, die ihren strikt choreographierten Aufstieg mit dem Tempo des Lieds koordinierten. Je höher der Turm aufragte, umso mehr erinnerte er an den Schiefen Turm von Pisa. Doch dieser Turm wurde von menschlicher Willensstärke und Kooperation gehalten.[1]

Schließlich waren die Kinder dran. Sie sollten an die

Spitze der Konstruktion klettern und ihr die Krone aufsetzen. Die *Enxaneta*, das Mädchen, das für die letzte Ebene ausgewählt war, musste den Zuschauern von ganz oben kurz zuwinken. Erst danach durften sie und alle anderen in exakt umgekehrter Reihenfolge wieder hinabsteigen. So sieht es das Reglement vor, denn ein *Castell* gilt erst dann als vollendet, wenn es auch beim Wiederabbau nicht einstürzt. Es war ein Moment höchster Spannung: Der Turm konnte jeden Augenblick umfallen, und damit wäre der Rekordversuch gescheitert. Doch es stand mehr auf dem Spiel: Neun Jahre zuvor war ein Mädchen von einem Turm mit neun Ebenen in den Tod gestürzt.[2]

Nichts durfte deshalb dem Zufall überlassen werden. Die *Minyons de Terrassa* hatten acht Monate trainiert, sich zweimal pro Woche getroffen, an ihrer Kraft und ihrem Mut gearbeitet, geübt, wie sie am besten Halt fanden auf den Schultern der unter ihnen Stehenden. Denn wer in den unteren Ebenen steht, muss nahezu vier Minuten lang das sich ständig verlagernde Gewicht der oberen Ebenen mit tragen, eine Tonne und mehr. Die *Minyons de Terrassa* stellten einen neuen Weltrekord auf – eine Leistung, die das Ergebnis sorgfältiger Koordination war und mal wieder zeigte, »dass es keine Grenzen außer dem Himmel gibt«[3].

Bei den alle zwei Jahre stattfindenden *Castell*-Wettbewerben gewinnt nicht zwingend das Team, das den höchsten Turm baut: Was vor allem zählt, ist die Schwierigkeit der Struktur und die dafür erforderliche menschliche Koordination. Ein Turm mit elf Ebenen mit einem *Casteller* pro Ebene ist weniger schwierig als ein zehnstöckiger Turm mit drei oder vier Personen pro Ebene.[4] Je mehr Menschen beteiligt sind, desto beeindruckender ist das Spektakel. Weil so viel davon abhängt, den Turm von der untersten bis zur obersten Ebene zu koordinieren, ist die Wendung *fer pinya* – der katalanische Ausdruck für »das Fundament bilden« – zum Synonym für »zusammenarbeiten« geworden.[5]

Die katalanischen *Castells* sind ein beeindruckendes Beispiel menschlicher Zusammenarbeit – ein Beweis dafür, wie stark unser Wunsch, aber auch unsere Fähigkeit ist, gemeinsam auf ein Ziel hinzuarbeiten. Das Training ist hart, die Konstruktion verlangt kreatives Denken. Die Umsetzung erfordert vor allem aber eine fehlerfreie Kommunikation. Der *Cap de colla*, der Leiter und Koordinator der Gruppe, erteilt vom Boden aus seine Kommandos, doch bei der Errichtung des *Castells* müssen weitaus mehr Informationen den Turm hinauf- und hinabfließen. Alle *Castelleres* kommunizieren kontinuierlich mit den Leuten neben ihnen, ob sie das Gewicht noch tragen können oder ob sie dabei sind, die Balance zu verlieren. Eine allzu große Gewichtsverlagerung kann andere aus dem Gleichgewicht bringen und den Zusammenbruch des Turms auslösen. Schon eine kleine Anpassung hingegen kann die gesamte Struktur retten – oder zumindest sicherstellen, dass die, die stürzen, sicher von den Armen der vielen Leute der *Pinya* aufgefangen werden. Dieses Ziel zu erreichen erfordert ein fein abgestimmtes Geben und Nehmen – nicht anders, als wir Menschen es seit Jahrtausenden und über zahllose Generationen hinweg tun.

Unsere Vorfahren haben das Feuer gezähmt, das Rad erfunden und die Dampfmaschine entwickelt. Darüber wurde viel geschrieben, doch diese Innovationen verblassen im Vergleich zu unserer Fähigkeit zur Zusammenarbeit. Ohne sie würde ein Feuer nur einen Menschen wärmen, transportierte eine Karre nicht mehr als eine

Person und gäbe es für Dampfmaschinen keine Gleise, auf denen sie rollen, und keine Fabriken, in denen sie produzieren könnten. Kurz gesagt: Ohne die Fähigkeit zur Koordination hätte die Menschheit in den vergangenen Jahrtausenden keine Fortschritte erzielt.

Der Erfolg unserer Spezies gründet auf unserer Fähigkeit, unsere Aktivitäten aufeinander abzustimmen, um ein *Castell* zu errichten oder eine Nation zu gründen. Kooperation war von entscheidender Bedeutung in unserer Evolution, mehr noch, das Überleben der Menschheit hing von dieser Fähigkeit ab. Nachdem die frühen Hominiden aufrecht zu gehen begannen, blieben sie leichte Beute für die großen Raubtiere der afrikanischen Savannen. Sie konnten nur überleben, indem sie sich zu Gruppen zusammenschlossen, einander bei Gefahr warnten und voneinander lernten, Werkzeuge anzufertigen und die Umwelt zu ihrem Nutzen zu gestalten. Indem sie durch Kooperation ihre jeweiligen Stärken verbanden, konnten unsere Vorfahren – Generation um Generation – länger leben, sich mehren, ihren Kindern Schutz bieten und ihre kognitiven Fähigkeiten Schritt für Schritt ausbauen.[6]

Je besser die Menschen ihre Aktivitäten auch im großen Maßstab zu koordinieren lernten, desto eher konnten sie Leistungen vollbringen, die weit über das hinausreichten, was ihren Vorfahren möglich war. Die Pyramiden von Gizeh, die Maya-Tempel in Chichén Itzá, die gewaltige Tempelanlage von Angkor Wat, der Petersdom und das Tadsch Mahal sind bekannte Beispiele dafür, was Menschen gemeinsam leisten können. Und sie beeinflussten das Leben der Menschen, indem sie festlegten, wer mit wem kooperieren konnte und wer nicht. Die »Große Mauer« sicherte China nicht nur gegen die anstürmenden Mongolenhorden ab: Sie verhinderte auch, dass sich

Fortschritte in der Metallverarbeitung und der Landwirtschaft rasch ausbreiteten. Die Inbetriebnahme des Sueskanals im Jahr 1869 hingegen verkürzte den Seeweg von Europa nach Asien um nahezu ein Drittel und öffnete die Schleusentore der Globalisierung.[7] Die Zeugnisse für unsere koordinativen Fähigkeiten beschränken sich nicht auf Bauwerke. Auch die Bibliothek von Alexandria mit ihren vielen Hunderttausend Schriftrollen war ein beeindruckendes Ergebnis menschlicher Koordination und wurde zu einem Hort des Wissens der antiken Welt: Alle durchreisenden Händler wurden der Legende nach gezwungen, die Originale der Schriftrollen, die sie mit sich führten, der Bibliothek im Austausch für eine frisch angefertigte Kopie zu überlassen.[8] Die im 18. Jahrhundert erstellte französische *Encyclopédie* war das Gemeinschaftswerk von vielen Dutzend der klügsten Köpfe Frankreichs, die frei vom Würgegriff einer allmächtigen Autorität in 71 818 Artikeln alles zusammentrugen, was eine aufgeklärte Bürgerschaft ihrer Meinung nach wissen musste.[9] Insofern ist Wikipedia mit seinen über 40 Millionen Artikeln in nahezu dreihundert Sprachen nur das jüngste Beispiel in einer langen Reihe gemeinschaftlicher Projekte mit dem Ziel, unser Wissen über die Welt zusammenzutragen – wenngleich auch ein besonders beeindruckendes Beispiel, ermöglicht durch eine Technologie, die Zusammenarbeit besonders clever strukturiert und Information besonders effizient fließen lässt.[10]

Auch bahnbrechende wissenschaftliche Errungenschaften sind oft das Ergebnis menschlicher Zusammenarbeit und nicht der Geistesblitz eines Einzelnen. Der Schwede Carl von Linné mag der Erfinder des ersten umfassenden Systems zur Klassifizierung der Lebensformen unseres Planeten gewesen sein. Doch auch er war auf ein umfangreiches Netz von Gönnern, Kollegen und Studenten angewiesen, die für ihn Proben von Tier- und Pflanzenarten aus aller Welt sammelten.[11] Ohne diesen umfangreichen Katalog hätte Linné seine Theorie nicht untermauern können, dass jede Spezies einzigartige Eigenschaften aufweist und einen »ihr zugehörigen Platz« in der Natur innehat – ein Konzept, das wiederum den Grundstein für Charles Darwins Evolutionstheorie legte.[12]

Als Neil Armstrong seinen Fuß in den staubigen Boden des Mondes setzte, hatten nicht nur Hunderte Mitarbeiter in der Bodenkontrollstation der NASA gute Arbeit verrichtet. Der Erfolg der Mondmission gründete auf der koordinierten Zusammenarbeit von über 300 000 Mathematikern, Physikern, Biologen, Chemikern, Ingenieuren und Mechanikern, die auf Dutzende von Laboratorien verteilt ihren Beitrag leisteten: Sie entwickelten Nahrungsmittel für die Schwerelosigkeit, errichteten Kommunikationsverbindungen zwischen der Mondlandefähre, der Bodenkontrolle in Houston sowie dem Weißen Haus und fertigten den Fallschirm, an dem die Kapsel mit den Astronauten an Bord sicher im Pazifischen Ozean landete.[13]

Am Bau des *Large Hadron Collider* am Europäischen Kernforschungszentrum in Genf, in dem 2012 das Higgs-Boson nachgewiesen und das Standardmodell der Teilchenphysik bestätigt wurde, waren über zehntausend Wissenschaftler aus mehr als hundert Ländern beteiligt.[14] Nicht durch das Wirken eines einzelnen Genies enträtseln wir die Geheimnisse des Universums und unserer Existenz, sondern durch die Weisheit der vielen. Oder, wie es einer von Linnés Studenten formulierte: »Wer die Kette der Dinge in Händen hält, blickt mit Dankbarkeit auf jedes Glied.«[15]

Die Strukturen menschlicher Koordination sind so vielfältig wie wir Menschen selbst. Sie reichen vom Geflecht wechselseitiger Verantwortungen und Pflichten innerhalb des Beziehungsgeflechts von Familie und Verwandtschaft über die zentralisierte Führungsstruktur einer Armee bis hin zur kollaborativen Peer-Produktion enzyklopädischer Projekte und wissenschaftlicher Experimente. »Koordination reicht von der Tyrannei bis zur Demokratie«, schreibt der Yale-Ökonom Charles Lindblom. »Mein Konzept einer gut koordinierten oder organisierten Gesellschaft könnte eine dominante Elite umfassen – mit einem Philosophenkönig à la Plato oder einer aufgeklärten Aristokratie an der Spitze beispielsweise. Ihres dagegen könnte egalitäre Institutionen vorsehen.«[16]

Die menschliche Koordination gründet auf unserer Fähigkeit zu kommunizieren. Wir haben komplexe Sprachen entwickelt, mit denen wir Informationen differenziert und situationsgerecht weitergeben können. Mit Erfindung der Schrift haben wir ein Werkzeug zur Übermittlung von Informationen über Raum und Zeit gewonnen. Sobald wir ein Ziel festgelegt haben, hilft uns die Sprache, dieses Ziel zu erreichen: beim Verhandeln mit anderen, beim Eingehen von Kooperationen, beim Austausch und beim Abschluss von Vereinbarungen.

Die Geschichte der Menschheit ist ein langer Prozess des Gebens und Nehmens, ein Netz von miteinander kommunizierenden und kooperierenden Individuen, die manchmal scheitern, oft aber Erfolg haben.[17] Angetrieben durch die Notwendigkeit einer besseren Koordination, haben wir bessere kommunikative Fähigkeiten entwickelt. Und verbesserte Informationsflüsse bildeten häufig die Basis für schrittweise Veränderungen unserer koordinativen Kapazitäten.

In der afrikanischen Savanne verlängerte die Fähigkeit zur Zusammenarbeit das Leben. Später hat sie den Menschen in die Lage versetzt, Zivilisationen zu gründen. Als Siedlungen zu Dörfern verschmolzen und Dörfer zu Städten, hoben wir unsere kooperativen Fähigkeiten auf die jeweils nächste Stufe. Wir mussten das tun, um immer größere Gesellschaften zu organisieren und zu versorgen. Eine Voraussetzung dafür war verbesserte Kommunikation. Die Erfindung der Keilschrift versetzte die Assyrer in die Lage, Buch über Ernteerträge und Transaktionen zu führen. Handelsschiffe kehrten nicht nur mit kostbaren Waren aus fernen Ländern zurück – sie brachten auch das Wissen mit, wie man Armeen und den Handel koordinierte. Die Erfindung des Telegraphs, des Telefons, des Faxgeräts und des Internets haben die Kommunikation effektiver und effizienter gemacht und die menschliche Koordination stark verbessert. Selbst Gerichtsurteile dienen nicht nur der Beilegung von aktuellen Streitfällen – sie senden auch Signale, wie bestimmte Konflikte künftig beizulegen oder gar zu vermeiden sind. Kurzum: Unterschiedliche Kommunikationsformen beeinflussen unsere Fähigkeit zur Koordination, wenn auch nicht immer genau vorhersehbar ist, wie.

Zum Beispiel dauert es, bis physische Schriftstücke ihren Empfänger erreichen; Sender und Empfänger müssen lesen und schreiben können und dieselbe Sprache sprechen. Dafür können solche Nachrichten präzise, detailreich und dauerhaft sein. Mit dem Mobiltelefon können wir andere sehr einfach erreichen, und das gesprochene Wort am Handy ist eine sehr flexible und schnelle Form der Kommunikation. Aber es ist sehr schwierig, viele Menschen auf diese Weise zu koordinieren. In einer WhatsApp-Gruppe gelingt das einfacher. Wenn sich die

Art und Weise veränderte, wie wir kommunizieren, hatte das schon immer Auswirkungen darauf, wie wir unser Handeln koordinieren.

Das einfachste Maß für den Erfolg unserer koordinierten und kooperativen Bemühungen ist ihre *Effektivität*. Haben wir die Schlacht gewonnen? Den Schlussstein gesetzt? Alles katalogisiert, was wir über Astronomie wissen? Das Meer geteilt? Effektivität bezieht sich auf das Erreichen des Ziels, nicht auf den dafür betriebenen Aufwand, gleichgültig wie groß er sein mag. Die Pharaonen des alten Ägyptens scherten sich wenig darum, wie teuer der Bau der Pyramiden war, ebenso wenig wie Qin Shihuang-di, der erste chinesische Kaiser, an die Kosten dachte, als er seine Armee in den Eroberungsfeldzug gegen die Völker der Yue und Xiongnu führte, die Grenzen seines Kaiserreichs ausdehnte und zu ihrer Verteidigung den Bau der Großen Mauer befahl. Diesen Herrschern ging es darum, ihre Visionen in die Tat umzusetzen. Die Kosten, solange irgendwie tragbar, spielten eine untergeordnete Rolle.

Ein Land kann beschließen, eine Wüste urbar zu machen, um dort Nahrungsmittel zu produzieren, selbst wenn das bedeutet, eine große Menge Wasser zu verschwenden. Ebenso kann ein Feldherr versuchen, einen Krieg zu gewinnen, selbst wenn dies viele Soldaten das Leben kostet. Der Bau des Large Hadron Colliders verschlang rund 10 Milliarden US-Dollar. Für die Wissenschaftler am Forschungszentrum CERN ist das unerheblich; für sie ist das Wissen, das sie daraus gewinnen, unbezahlbar und Grundlage für zahllose weitere Entdeckungen. Politiker hingegen machten sich wegen der astronomischen Kosten Sorgen – zu Recht, denn in Wahrheit verfügen wir natürlich nur über begrenzte Ressourcen. Nur im Paradies fließen Milch und Honig.

Schon immer waren Ressourcen knapp und unsere Mittel zu deren Nutzung beschränkt. Meist reichte es nicht, ein Ziel ohne Rücksicht auf Kosten und Verluste zu erreichen – Menschen mussten ihre Ziele auf *effiziente Weise* verfolgen. Der Begriff »Ökonomie« – abgeleitet vom griechischen *oikonomia*, den »Regeln des Hauses« – verweist in seinem sprachlichen Ursprung darauf: Ein Haushalt, so die antike Vorgabe, ist autark und sparsam zu führen.[18] Heute müssen mehr als sieben Milliarden Menschen auf der ganzen Welt mit Nahrung, Kleidung, Wohnraum, Bildung und Arbeit versorgt werden. Viele unserer Ressourcen sind endlich, und das gilt nicht nur für die natürlichen, sondern auch für Geld und Zeit. Das erfordert Nachhaltigkeit durch immer effizientere Koordinierung – und damit bessere Kommunikation.

Es gibt viele Formen der Koordination. Zwei jedoch waren entscheidend dafür, dass wir dies so erfolgreich so umfassend tun können. Beide sind soziale Innovationen, dank derer wir nicht nur besser, sondern auch effizienter zusammenarbeiten. Wir bedienen uns ihrer in zahllosen Bereichen und in fast allen Gesellschaften weltweit. Beide Innovationen verfolgen das gleiche Ziel, aber ihnen gelingt dies mit sehr unterschiedlichen Mitteln – nämlich wie sie mit Informationen umgehen. Die beiden Innovationen sind für nahezu alles, was die Menschheit erreicht hat, von Bedeutung – und sie sind uns zugleich so vertraut, dass wir ihre eigentliche Leistung oft übersehen. Die Rede ist vom Markt und vom Unternehmen.

In Märkten erfolgt Koordination dezentral.[19] Alle Marktteilnehmer sammeln Informationen, stellen Informationen bereit und treffen unabhängig voneinander Entscheidungen. In einem von Wettbewerb gekennzeichneten, gut funktionierenden Markt gibt es keinen Chef, der entscheidet, was zu welchen Bedingungen gekauft oder verkauft wird. Es gibt keine zentrale Autorität, die den Leuten sagt, was sie tun sollen und wann. Weil Koordination verteilt erfolgt, sind Märkte flexibel und dynamisch. Niedere Eintrittshürden erlauben es Märkten, offen zu sein und zu wachsen und damit auf eine Veränderung der Bevölkerung zu reagieren. Mit Hilfe von Märkten gelingt, wie Charles Lindblom schreibt, Koordination nicht nur auf der Ebene eines Haushalts oder eines Dorfs, sondern auch auf der von Großstädten und ganzen Gesellschaften – ohne dass eine kleine Gruppe von Personen die Bedürfnisse und Wünsche aller Marktteilnehmer vorhersehen müsste.[20] Mit anderen Worten: Märkte skalieren extrem gut.

Diese Koordination geschieht durch Transaktionen, indem Käufer und Verkäufer mit passenden Präferenzen sich auf die Bedingungen eines Geschäftes einigen. Jeder von uns tätigt pro Woche Dutzende davon, vom Coffee-to-go am Morgen über die Online-Bestellung eines neuen Kleids bis hin zum Dinner mit einem Date. Weltweit werden jedes Jahr Transaktionen im Umfang von über 100 Billionen US-Dollar getätigt; das ist in etwa zweitausendmal so viel wie im 16. Jahrhundert. Hinter jeder Transaktion stehen zwei Seiten, die ihr Handeln koordinieren. Eine erstaunliche Leistung – und eine, die durch eine einfache gesellschaftliche Innovation möglich wurde.

Doch wie koordiniert der Markt eigentlich? Oft fällt in diesem Zusammenhang der Begriff der »unsichtbaren Hand«, den der schottische Philosoph Adam Smith vor knapp 250 Jahren prägte. Hinter der Schlichtheit der Metapher verbirgt sich eine erstaunliche Errungenschaft, welche die Rahmenbedingungen der menschlichen Koordination grundlegend veränderte. Wenn Menschen auf ein gemeinsames Ziel hinarbeiten, müssen sie dieses Ziel auch teilen. Dazu muss eine Seite in der Regel erheblichen Aufwand betreiben, um die andere Seite mit Hilfe von Anreizen, Argumenten, Schmeicheleien oder Druck dazu zu bringen, ihre eigenen Prioritäten und Präferenzen zumindest vorübergehend hintan- und sich in den Dienst der Sache des anderen zu stellen.

Das ist ein schwieriges Unterfangen. Die Geschichte der Menschheit ist deshalb durchzogen von Kooperationen, die nicht auf freier Entscheidung beruhten, sondern auf Zwang. Das allerdings ist weder gerecht noch langfristig erfolgversprechend, wie viele auf Zwang basierende Regime erfahren mussten. Der Markt kann es besser: Er verlangt von Teilnehmern nicht, dass sie die gleichen Ziele verfolgen, damit Transaktionen stattfinden. Marktteilnehmern ist es erlaubt, ja, sie werden sogar darin ermutigt, ihre eigenen und unmittelbaren Interessen zu verfolgen, indem sie nur die Transaktionen akzeptieren, die sie für sich selbst als vorteilhaft erachten. Dieser Prozess schmiert die Maschinerie der menschlichen Kooperation zum Vorteil aller Beteiligten.

Der Erfolg des Markts ist historisch gesehen spektakulär, aber er ist nicht der einzige Mechanismus, der effiziente gesellschaftliche Koordination in großem Stil ermöglicht. Die Firma kann das auch. Wir neigen dazu, Unternehmen als Marktteilnehmer zu sehen. Aber aus höherer Warte betrachtet stehen Märkte und Unternehmen für unterschiedliche Ansätze zur effizienten Koordination menschlicher Aktivitäten. Und wer ganz genau hinschaut, erkennt: Markt und Firma sind Rivalen im Kampf um unsere koordinativen Kapazitäten.

Unternehmen helfen Individuen genau wie Märkte bei der Koordination ihrer Aktivitäten. Weltweit gibt es rund 200 Millionen davon. In den meisten Ländern sind über zwei Drittel der Arbeitskräfte in Firmen beschäftigt. In den vergangenen Jahrzehnten ist der Anteil der im Privatsektor tätigen Menschen weltweit stark gestiegen, in besonderem Maß in China.[21] In den in der OECD organisierten entwickelten Industrieländern arbeiten sogar fast vier von fünf Arbeitnehmern im Privatsektor.[22] Die Größe dieser Firmen reicht von Solo-Entrepreneuren über Kleinstunternehmen mit einer Handvoll Beschäftigten bis hin zu Riesenorganisationen wie dem US-Einzelhandelskonzern Walmart mit über zwei Millionen Mitarbeitern.

Im direkten Gegensatz zum Markt stehen Unternehmen geradezu exemplarisch für das Modell zentralisierter Koordination – und damit auch für zentralisierte Kommunikationsstrukturen. Viele Menschen bringen ihre Arbeit und ihre Ressourcen gemeinsam ein, organisiert und gesteuert aber werden ihre Aktivitäten von oben. Ein Unternehmen besteht im Gegensatz zum Markt aus einer relativ stabilen Gruppe an Mitarbeitern. Außenstehende werden sorgfältig überprüft, bevor sie zu neuen Mitarbeitern werden, und gründlich eingearbeitet. Führungspositionen werden (hoffentlich) mit Personen mit relevanter Erfahrung und Kompetenz besetzt, die zentrale Entscheidungen stets mit Blick auf ein alles überragendes Ziel fällen – üblicherweise, aber nicht immer, die Profitmaximierung des Unternehmens. Die Fähigkeiten des Führungspersonals können dabei unterschiedlich sein: Wettbewerbsvorteile zu schaffen, Marktchancen zu erkennen, Mitarbeiter zu motivieren oder Kunden zu überzeugen. Jedes Mitglied des Unternehmens hat einen mehr oder weniger klar umrissenen Verantwortungsbereich.

Neue Mitarbeiter werden in der Regel eingestellt, weil ihre Qualifikationen zu den Plänen passen, mit denen das Management die Unternehmensziele erreichen möchte. Im Sinn dieser Arbeitsteilung sind die Entscheidungsprozesse in fast allen Firmen (in unterschiedlichem Maße) hierarchisch organisiert und zentralisiert.

Einer der bekanntesten Vertreter dieses hierarchischen »Command-and-Control«-Managements war Henry Ford, der Gründer des gleichnamigen Autokonzerns. Als am 1. Oktober 1908 das erste Model T aus den Ford-Werkshallen in Detroit rollte, stand der Automobilmarkt noch ganz am Anfang. Fords grundlegende Neuerung lag nicht in der Konstruktion seines Produkts, sondern in der Gestaltung des Produktionsprozesses. Zuvor waren die Arbeiter einer Autofabrik von einem Wagen zum nächsten gezogen und hatten dort die Teile montiert. Nun ließ Ford sie an stationären Montageplätzen stehen, und Fließbänder transportierten die Autos zu ihnen. Durch diese und viele andere Innovationen konnte Ford die Produktionszeit pro Auto um über die Hälfte reduzieren. Weil herkömmlicher Lack zu langsam trocknete, setzte Ford einen Speziallack ein, den sogenannten Japan Black. Der brauchte nur 48 Stunden zur Trocknung, weitaus weniger als jede andere Mischung oder Farbe, die der Gründer hatte testen lassen – folglich gab es das Auto nur in Japan Black. Dank seiner Prozessinnovationen konnte Ford das Model T für erschwingliche 825 Dollar auf den Markt bringen. Durch die fortschreitende Umstellung auf Fließbandfertigung sank der Preis bis Mitte der 1920er Jahre auf unter 300 Dollar.

Der Patriarch Ford führte ein striktes Regiment, von den Fabriken bis hinein in die Wohnungen der Arbeiter. Als hohe Fluktuationsraten der Belegschaft die Effizienz gefährdeten, erhöhte er die Löhne und führte den »5-Dollar-Tag« ein. Im Gegenzug mussten die Mitarbeiter die von seiner »Soziologischen Abteilung« festgelegten Standards erfüllen. Die Abteilung sammelte unter anderem Informationen über den Charakter der Beschäftigten und überwachte deren Trinkgewohnheiten, ihre finanziellen Verhältnisse und sogar die Sauberkeit in ihren Wohnungen.[23] Als die Anteilseigner von Ford höhere Dividenden forderten, nahm der Gründer Geld auf, mit dem er nicht nur die Dividende auszahlte, sondern auch sämtliche Anteile am Unternehmen zurückkaufte und es wieder unter seine alleinige Kontrolle brachte. Henry Ford wollte die Entscheidungsbefugnis über seine Firma mit niemandem teilen.[24] Nach einem Umsatzeinbruch 1920 stellte er die Fertigung für sechs Wochen ein und eliminierte alles, was seiner Ansicht nach überflüssig war, darunter 60 Prozent aller Telefonanschlüsse im Unternehmen. Seiner Einschätzung nach »benötigen in gleich welcher Organisation nur vergleichsweise wenige Menschen ein Telefon«. Schließlich sollten alle wichtigen Informationen vertikal, nach oben fließen – zu ihm, ins Chefbüro – und nicht horizontal.[25]

Viele Unternehmen, nicht nur in der Automobilindustrie, sind Fords Modell der Arbeitsteilung und zentralisierten Kommunikations- und Entscheidungsprozesse gefolgt. Nach wie vor stellen zahllose Firmen ihre Produkte innerhalb einer streng kontrollierten und hauptsächlich vertikal integrierten Organisation her. Diese Unternehmen werden, wie Kapitalismuskritiker einwenden, immer größer und können sich zu Oligopolen zusammenschließen, die auf lange Sicht die Gesamtwirtschaft beherrschen und die freie, auf funktionierendem Wettbewerb basierende Marktwirtschaft zugrunde richten.[26] Auch wenn in der Wirtschaftsgeschichte in vielen Sektoren einige wenige Firmen übermächtige Marktstellungen erringen konnten – von der Eisenbahn- und Stahlindustrie in den späten 1890er Jahren über die (gelegentlich als nationale Champions bejubelten) Konglomerate in der zweiten Hälfte des 20. Jahrhunderts bis hin zu den digitalen Champions Amazon, Google, Facebook und Alibaba –, bislang hat keine Firma auf Dauer einen Markt ersetzt.[27] An vielen Stellen lässt sich zurzeit sogar ein gegenläufiger Trend beobachten: Traditionelle Hochburgen von Unternehmen wie die industrielle Fertigung organisieren sich verstärkt über den Markt. Die immer feingliedrigere Aufspaltung der Wertschöpfungsketten ist nur ein Zeichen dafür.

Ein besonders spannendes und gut dokumentiertes Beispiel für die Verdrängung von hierarchisch organisierter Wertschöpfung durch Marktmechanismen ist die Motorradproduktion in China. In den 1990er Jahren starteten dort mehrere chinesische Staatsbetriebe Kooperationen mit den vier großen japanischen Motorradherstellern Honda, Kawasaki, Suzuki und Yamaha. Die chinesischen Unternehmen lizenzierten die Modelle der japanischen Marken und bauten diese deren Vorgaben streng folgend nach. Mit einem Preis von rund 700 US-Dollar waren diese Made-in-China-Motorräder zwar deutlich günstiger als die japanischen Originale, aber für die meisten Chinesen immer noch viel zu teuer. Das änderte sich erst, nachdem die Regierung in Peking die Branche für kleine Produzenten geöffnet hatte.

Nach Recherchen von John Seely Brown und John Hagel stiegen mehrere Firmen in der Provinz Chongqing aus dem Lizenzierungssystem aus und suchten nach Wegen, die Kosten der Produktion so weit zu senken, dass ihre Motorräder auch für chinesische Normalverdiener erschwinglich wurden. Schnell war klar, dass Einsparpotentiale in den eigenen Fabriken für dieses Ziel nicht ausreichten. Einige Unternehmen beschlossen gemeinsam, Teile künftig nahezu ausschließlich von außen zuzukaufen und sich auf den Zusammenbau zu konzentrieren.[28] Mit anderen Worten: Sie gingen auf den Markt, oder, genauer gesagt, sie schufen einen Markt für Motorradteile, den es bis dato nicht gab.

Ihre Vorgehensweise: Zuerst unterteilten sie den Bauplan ihres beliebtesten Motorradmodells in vier Basismodule aus jeweils mehreren Hundert Komponenten.[29] Anschließend verteilten sie Skizzen dieser Module an potentielle Teilelieferanten, ohne allzu sehr ins Detail zu gehen. Die künftigen Zulieferer mussten lediglich garantieren, dass ihre Teile die Mindestanforderungen an Gewicht und Größe erfüllten und sich nahtlos in das modulare System einfügten. Darüber hinaus machten die Hersteller ihnen keine Vorgaben, und es stand den Zulieferern frei, das Design zu verändern, insbesondere wenn das Kosten reduzierte – für sie selbst, für die Hersteller und für die Käufer. Am »unternehmensuntypischsten« war dabei womöglich der Umstand, dass es im Fertigungsprozess plötzlich Hunderte gleichberechtigter Entscheidungsträger gab.

Um sich größtmögliche Handlungsfreiheit zu sichern, weigerten sich viele der beteiligten Hersteller, Exklusivverträge mit ihren Zulieferern abzuschließen. Sie wollten sich das Recht vorbehalten, dieselben oder ähnliche Teile und Module aus verschiedenen Quellen zu beziehen. So konnten sie je nach Verfügbarkeit und Nachfrage den Lieferanten wechseln – und somit schnell reagieren, wenn Kunden neue Anforderungen an die Produkte nachfragten. Gleichzeitig stieg die Anzahl der Hersteller rasant. Denn angesichts vieler Millionen austauschbarer Teile, die in Chongqing verfügbar waren, konnten selbst kleine Familienbetriebe in das Geschäft mit der Motorradmontage einsteigen.[30] Das Ergebnis konnte sich sehen lassen: Durch den modularen, marktbasierten Produktionsprozess sank der Preis für ein Motorrad auf rund 200 US-Dollar. 2007 wurde bereits über die Hälfte aller Motorräder in China auf diese Weise gefertigt. In mehreren schnell wachsenden Absatzmärkten zogen die chinesischen Neueinsteiger an den etablierten japanischen Herstellern vorbei. In Vietnam beispielsweise stürzte der Marktanteil von Honda von 90 auf rund 30 Prozent ab.[31] Im Endeffekt hatten die Chinesen die organisatorische Architektur der Motorradproduktion neu ausgerichtet: Statt auf zentralisierte Kontrolle und vertikale Integration der Firma zu setzen, griffen sie auf unabhängige Marktteilnehmer zurück.

Dezentralisiert und diffus oder zentralisiert und hierarchisch? Diese Wahl müssen wir treffen, wenn wir effizient koordinieren wollen. Markt oder Firma? Sosehr beide Konzepte einander ergänzen: Märkte und Unternehmen sind zwei eigenständige soziale Innovationen, zwei wirkungsvolle Werkzeuge für Menschen, ihre Tätigkeiten zu koordinieren. Sie sind zwei extrem erfolgreiche Strategien, die erbittert um unsere Gunst streiten.

Der grundlegende Unterschied zwischen Markt und Firma liegt auf der Ebene der Informationen. Darin, wie Informationen fließen, wie sie und von wem in Entscheidungen umgesetzt werden. Dieser Unterschied zeigt sich in den jeweiligen Informationsstrukturen: Der Markt mit seiner dezentralen Organisation spiegelt den Informationsfluss von jedem zu jedem Teilnehmer wider. Das hierarchische Unternehmen steuert den Informationsfluss durch und in ihr Zentrum, in die Führungsebene, auf der die Entscheidungen gefällt werden. Natürlich sind nicht alle Automobilhersteller wie die Ford Motor Company im Jahr 1908 organisiert und sind nicht alle Märkte Kopien des Chongqinger Großbasars für Motorradteile.

Spannend aber ist, wie stark Kommunikations- und Informationstechniken und die damit einhergehende Veränderung der Informationsbasis die Konkurrenz zwischen Märkten und Unternehmen als Koordinationsmechanismus immer wieder verändert haben. Mal haben diese Innovationen dem Markt einen Vorteil verschafft, mal der Firma.

So haben seit Beginn des 19. Jahrhunderts zunächst die Unternehmen an Bedeutung gewonnen, getrieben und gestützt durch neue Verfahren und Werkzeuge, die den Informationsfluss und die Entscheidungsstrukturen verbesserten. Doch heute schlägt das Pendel zurück: Das Datenzeitalter wird eine beispiellose Gegenkraft erzeugen und den Markt stärken. Diese Entwicklung wird nicht nur ein neues Kapitel im Wettstreit zwischen Markt und Firma aufschlagen, der Datenkapitalismus wird dank radikal verbesserter Möglichkeiten im Umgang mit Informationen unserer Gesellschaft einen radikal effizienteren Weg zur Koordination ihrer Aktivitäten weisen.

Wir werden mit weniger Ressourcen mehr erreichen. Hierin liegt eine historische Chance. Um diese zu nutzen, müssen wir zuerst verstehen, wie Informationen in konventionellen Märkten fließen. Und wie Teilnehmer auf Märkten mit ihren dezentralen Informationen Entscheidungen treffen.

# 3
# MÄRKTE

Vom Boot sieht die indische Pfefferküste aus wie ein Südseetraum: Palmen, weiße Sandstrände, Dörfer und kleine Städte mit malerischen Häfen. Während der Fangsaison stechen von hier aus Hunderte Fischer in See. Sie gehen auf Sardinen- und Makrelenjagd. Im feuchtheißen Klima muss ihr Fang nach der Rückkehr an Land schnell verkauft und verwertet werden. So sind entlang der Küste des Bundesstaats Kerala viele Fischmärkte entstanden.

Seit mindestens zweihundert Jahren musste jeder Fischer von Kerala, sobald die Netze eingeholt waren, eine wichtige Entscheidung treffen: Er konnte den nächstgelegenen Markt ansteuern, was ihn wenig Zeit und Aufwand kosten würde. Doch dort konnte es passieren, dass er mit vielen anderen Fischern konkurrieren und billig verkaufen musste. Im schlimmsten Fall war der örtliche Bedarf bereits gedeckt – und der Fischer verdiente gar nichts. Oder der Fischer ging das Wagnis ein, investierte mehr Zeit und Benzin und landete seinen Fang weiter die Küste hinunter an. Das barg die Gefahr, dass andere Fischer schon dort waren und es für ihn auch nicht besser aussah als auf dem näher gelegenen Markt. Sobald sich ein Fischer für einen Markt entschieden hatte, blieb ihm in der Regel keine andere Wahl mehr, als an diesem Ort zu verkaufen – denn je länger er auf der Suche nach Käufern die Küste abfuhr, umso größer die Gefahr, dass sein Fang unterwegs verdarb. Konnte ein Fischer seinen Fang also nicht auf dem Markt verkaufen, den er zuerst ansteuerte, musste er ihn meist über Bord werfen.

Oft aber gab es ganz in der Nähe große Nachfrage – auf Fischmärkten, die weniger als zehn Seemeilen entfernt lagen –, aber keinen einzigen Fisch im Angebot. Die Kunden waren dort bereit, hohe Preise zu zahlen, doch die Fischer wussten nie, wo. Ebenso wenig wussten die Käufer an Land, wie sich das Fischangebot im Lauf des Tages entwickeln würde. Sie kannten nur das Angebot vor Ort. Die Folge: Die Preise für Fisch schwankten extrem und unterschieden sich je nach Markt drastisch. Volatile Preise und ungleiche Verteilung von Waren sind Indizien für große Ineffizienz im Markt.

Im Jahr 1997 änderte sich dies schlagartig. In einer Reihe von Küstengemeinden wurden Mobilfunktürme installiert und der Empfang bis weit in die Sardinen- und Makrelenfanggebiete hinaus ausgedehnt. Die Fischer führten nun noch vom Meer aus Verhandlungen mit potentiellen Käufern. Mit besseren Informationen über das Angebot und die Nachfrage nach Fisch auf den verschiedenen Märkten sank die Volatilität, die Märkte wurden fast buchstäblich über Nacht effizienter.[1]

Die Geschichte der Fischer von Kerala und ihren Mobiltelefonen wird gerne als Beispiel für die Ermächtigung von Kleinunternehmern durch digitale Technologien erzählt. Sie gilt als schlagender Beweis für die Bedeutung von Informationen für den Erfolg eines Markts. Beides ist zutreffend, aber zugleich oberflächlich gedacht. Denn nicht jede digitale Technologie eröffnet gleichermaßen den Marktteilnehmern mehr Handlungsmöglichkeiten, und bessere Informationskanäle führen nicht zwingend

47

zu effizienteren Märkten. Ob eine bestimmte Technologie durch Information den Markt verbessert, hängt davon ab, wie gut deren Eigenschaften auf die konkrete Informationsstruktur ausgerichtet sind.

Für die Fischer waren Mobiltelefone deshalb ein so hilfreiches Kommunikationsinstrument, weil sie mit ihrer Hilfe direkt mit potentiellen Fischkäufern kommunizieren konnten – was zu mehr und besseren Transaktionen führte und damit den Markt effizienter machte. Hätte man ein paar Fischern stattdessen riesige Megaphone in die Hand gedrückt, um damit an Land ihren Fang anzupreisen, hätte das nicht viel gebracht, da Informationen nur in eine Richtung geflossen wären. Und hätten alle ein Megaphon gehabt, wäre es für einen einzelnen Fischer in der Kakophonie unmöglich gewesen, mit einem bestimmten Käufer zu kommunizieren. Die Mobiltelefone erwiesen sich als so nützlich, weil sie einen sehr schnellen Austausch der in konventionellen Märkten entscheidenden Informationen ermöglichten: Ware und Preis. Mehr musste nicht kommuniziert werden. Der Erfolg in Kerala beruhte auf der passgenauen Übereinstimmung der durch Mobiltelefone ermöglichten Form der Kommunikation und der Art der in diesem Markt erforderlichen Informationsflüsse: einfach, schnell, wechselseitig und drahtlos.

Im Folgenden analysieren wir, wie die Struktur des Markts und Informationsflüsse zusammenhängen, also wie Informationen fließen, wie diese Informationen in Transaktionsentscheidungen umgesetzt werden und warum Geld so entscheidend für den Erfolg traditioneller Märkte war und ist – bis heute jedenfalls.

Das grundlegende Prinzip von Märkten ist die Dezentralisierung der Entscheidungsfindung und damit auch der Informationsflüsse. Die Marktteilnehmer bewerten die verfügbaren Informationen und treffen so Entscheidungen, von denen sie zu profitieren hoffen. Mit anderen Worten: In Märkten fließen Informationen *von* jedem *zu* jedem.

Selbstverständlich kann niemand in einem Markt alles wissen – doch ein funktionierender Markt erfordert gar kein Allwissen. Erhalten Marktteilnehmer eine neue Information, beeinflusst dies ihre Prioritäten und Präferenzen, die wiederum darüber bestimmen, welche Transaktionen sie durchführen und welche nicht. Bietet ein Verkäufer auf einem Wochenmarkt immer wieder verdorbene Äpfel an, werden die Kunden ihre Äpfel das nächste Mal bei einem anderen Stand kaufen. Die kürzere Schlange vor dem Stand des Verkäufers ist ein Signal für die Entscheidung einiger Käufer, ihre Äpfel woanders zu erwerben. Statt die Äpfel an jedem Stand zu probieren, um sich ein Bild von der Qualität der Verkäufer zu machen, können potentielle Kunden die Länge der Schlange vor jedem Stand als Indiz heranziehen. Das ist nicht perfekt, liefert aber eine gute erste Einschätzung. Einfach verständliche Informationen führen zu Effizienzgewinnen, nicht nur für den Markt insgesamt, sondern auch für einzelne Teilnehmer.

Dezentrale Entscheidungsfindung auf Grundlage breit gestreuter Informationen bietet noch einen weiteren wichtigen Vorteil: Sie mildert die Folgen schlechter Entscheidungen. Wenn jemand für alle entscheidet, haben schlechte Entscheidungen negative Auswirkungen für alle. In einem Markt dagegen sind die Folgen einer einzelnen schlechten Entscheidung vergleichsweise begrenzt. Trifft eine Person eine falsche Entscheidung, bricht nicht gleich der ganze Markt zusammen – es gibt keinen *single point of failure*. Das macht Märkte robust. Je größer der

Markt und je vielfältiger die Teilnehmer, umso robuster ist er.

Stellt ein Teilnehmer fest, dass er eine falsche Entscheidung getroffen hat, wird er das in der Regel bei seinen künftigen Entscheidungen berücksichtigen und damit ein Signal an den Markt senden. Aus diesen Signalen lernen nicht nur Einzelne, sondern der Markt insgesamt. Dies geschieht zwar nicht auf eine kontrollierte, lineare und vorhersagbare Weise, aber es geschieht. Natürlich begehen gelegentlich viele Menschen denselben Fehler – dann versagt der Markt. Kaskaden schlechter Informationen können zu Blasen und plötzlichen Zusammenbrüchen führen. In gut funktionierenden Märkten kommen derartige Systemschnitzer im Verhältnis zum Gesamtvolumen der Transaktionen allerdings nur selten vor. Der Ökonom und Nobelpreisträger Friedrich August von Hayek hat dies so formuliert: »Der Markt ist ein Ordnungsmechanismus, der entstanden ist, ohne dass ihn irgendjemand vollständig versteht, und der es uns ermöglicht, weit verstreute Informationen über die Bedeutung von Umständen, von denen wir meist nichts wissen, zu nutzen.«[2]

Das Beispiel der Fischer von Kerala unterstreicht die zentrale Verbindung zwischen Markteffizienz und Informationsflüssen. Der entscheidende Punkt dabei ist: Informationen müssen nicht nur am Markt kommuniziert werden, das muss auch auf kostengünstige Weise möglich sein. Jede zusätzlich aufgewendete Mühe, die für die Beschaffung von Informationen notwendig ist, und jeder zusätzlich dafür aufgewendete Cent verteuern den Markt als Mechanismus für die menschliche Koordination. Die Marktteilnehmer könnten jeden Anstieg der Kosten zum Anlass nehmen, sich eine bestimmte Information nicht zu beschaffen, was das Risiko einer schlechten Entscheidung erhöhen würde. Für die Fischer in Kerala etwa hätte sich wenig verändert, wenn ein Anruf von ihrem Mobiltelefon mehr gekostet hätte, als sie für ihren Tagesfang bekamen. Oder wenn sie wegen technischer Probleme bis zum Zustandekommen einer Verbindung Dutzende Mal hätten wählen müssen.

Nur im theoretischen Modell des idealen Markts verfügen alle Teilnehmer über alle Informationen. Doch die Realität hinkt der Theorie hinterher. So können manche Teilnehmer ihre Präferenzen bewusst verbergen, um ihre Verhandlungsposition zu stärken und bessere Deals herauszuschlagen. Das mag für den Einzelnen eine vernünftige Strategie darstellen, doch sobald alle so verfahren, wird es schwierig, Informationen korrekt zu bewerten. Wenn Marktteilnehmer damit rechnen müssen, dass andere nicht transparent sind, werden sie das in ihrer Entscheidungsfindung berücksichtigen.

In »The Market for Lemons«, einer klassischen Studie der Informationsasymmetrie, analysierte der amerikanische Wirtschaftswissenschaftler George Akerlof den Markt für Gebrauchtwagen.[3] Man kann den Zustand eines Autos nicht sicher beurteilen, ohne es auseinanderzunehmen. Daher fällt es Käufern ohne zusätzliche Informationen schwer zu ermitteln, ob der von ihnen ins Auge gefasste Gebrauchtwagen zum Zeitpunkt der Transaktion ein Schnäppchen oder eine »Zitrone« ist. Weil jeder angebotene Gebrauchtwagen potentiell eine »Zitrone« sein kann, sind die Käufer in der Regel nicht bereit, einen Aufschlag für ein angebliches Schnäppchen zu bezahlen. Leidtragende dieser informationellen Ineffizienzen sind jene Verkäufer, die tatsächlich ein Auto anbieten, das sich in einem hervorragenden Zustand befindet. Sie werden sich in den meisten Fällen entscheiden müssen, das Auto gar nicht oder nur zu einem Preis zu verkaufen, der unter dem liegt, was es ihrer Meinung nach wert ist. Das wiederum hat zur Folge, dass auf dem Markt weniger Schnäppchen angeboten werden und sich damit die Optionen der Käufer reduzieren.[4] Akerlofs »Zitronenproblem« zeigt: Ein Mangel an Informationen im Markt schafft eine Dynamik der Entscheidungsfindung, die nicht nur einzelnen Teilnehmern schadet, sondern dem Markt insgesamt.

Unter Ökonomen herrscht nach wie vor Uneinigkeit darüber, wie viel an Informationen ein effizienter Markt benötigt. Zu wenige Informationen ziehen, wie wir gesehen haben, schlechte Entscheidungen nach sich. Aber auch das Gegenteil kann Probleme bereiten: In einem Markt, in dem alle alles über alle wissen, können Teilnehmer mit neuen Ideen unter Umständen nicht genügend Profit aus ihren Innovationen schlagen. Bei vollkommener Transparenz könnten sich zum Beispiel Nachahmer auf Kosten der Innovatoren bereichern – daher auch die Notwendigkeit für den Schutz geistigen Eigentums.[5] Auch könnten Märkte am schieren Volumen der Informationen scheitern, die gesammelt und verarbeitet werden müssen. Konsens unter Experten aber ist: In Märkten ist mehr Information meist besser als weniger.

Aus diesem Grund gibt es in vielen Märkten Regeln, die ein Teilen von Informationen vorschreiben. In Deutschland und vielen anderen Ländern müssen Autoverkäufer potentielle Käufer über Vorschäden informieren. Börsennotierte Unternehmen müssen der Börsenaufsicht vierteljährlich detaillierte Berichte über ihre Bilanzen und Gewinn-und-Verlust-Rechnungen vorlegen, die anschließend veröffentlicht werden. Banken und Investmentfonds müssen strenge Berichtsanforderungen erfüllen – auch wenn das dazu führt, wie wir bei der Subprime-Hypothekenkrise gesehen haben, dass Banken die relevanten Informationen erfolgreich in langen und ermüdenden Prospekten vergraben. In vielen Ländern müssen Anbieter, die mit Privatkunden Geschäfte machen, ausdrücklich auf ungewöhnliche Vertragsbedingungen hinweisen. Und in stark regulierten Branchen wie bei Arzneimitteln, der Gesundheitsversorgung, der Bildung und dem Flugverkehr unterliegen Anbieter einer Vielzahl von gesetzlichen Anforderungen zur Information der Aufsichtsbehörden und der Öffentlichkeit.

In manchen Fällen krankt der Informationsfluss, obwohl Informationen gar nicht bewusst zurückgehalten werden. Denken Sie nur an Gemälde, die auf Flohmärkten für ein paar Euro verkauft werden und sich später als wertvolle Originale entpuppen. Das Wissen um den wahren Wert des Bildes ist vorübergehend verlorengegangen, und es findet eine Transaktion statt, die es so nicht hätte geben sollen.[6] Es kann allerdings auch weitaus tragischere Konsequenzen haben, wenn wichtige neue Erkenntnisse nicht schnell genug zu denen gelangen, die für ihre Entscheidungen darauf angewiesen sind.

So im Fall von Vicki Mason, einer jungen Britin, die im Herbst 1961 mit ihrem ersten Kind schwanger war: Gegen ihre morgendliche Übelkeit nahm sie auf Anraten ihres Arzts ein neues Beruhigungsmittel mit dem Wirkstoff Thalidomid ein, das von Grünenthal entwickelt worden war, einer deutschen Pharmafirma mit makellosem Ruf.[7] Contergan gab es auch in Großbritannien rezeptfrei zu kaufen, vertrieben von einer Tochterfirma des britischen Getränkekonzerns Distillers. Als Mason das Mittel zum ersten Mal nahm, hatte der Hamburger Arzt Widukind Lenz bereits den Verdacht geschöpft, dass Thalidomid für eine von ihm beobachtete wachsende Zahl mysteriöser

Fehlbildungen bei Säuglingen verantwortlich sein könnte. Mitte November 1961 informierte er Grünenthal über seine Untersuchungen.[8] Kurz darauf nahm die Firma das Mittel aus dem Handel, auch in Großbritannien. Vicki Masons Tochter Louise, die im Juni 1962 auf die Welt kam, war das letzte britische »Contergan-Baby«, das das Säuglingsalter überlebte.[9] Die junge Frau hatte keine Chance zu erfahren, dass sie mit der Entscheidung, das von Grünenthal hergestellte Medikament einzunehmen, einen furchtbaren Fehler beging. Weder sie, ihre Ärzte noch die Gesundheitsbehörden hatten die Information über die Nebenwirkungen des Mittels rechtzeitig erhalten.

Wichtige Informationen mögen früher oder später alle Marktteilnehmer erreichen, aber wenn sie nicht zeitgerecht zur Verfügung stehen, kann das zu schweren Fehlern führen. Aus diesem Grund sind schnelle, umfassende und effiziente Informationsflüsse für das Funktionieren von Märkten von entscheidender Bedeutung.

Über Jahrzehnte hinweg gingen Ökonomen davon aus, dass Transaktionen das Ergebnis rationaler Entscheidungen sind. Ein Beispiel: Jemand mag lieber Bananen als Äpfel. Werden dieser Person beide Früchte zum selben Preis angeboten, wird sie sich natürlich für Bananen entscheiden. Entscheidungen galten als logische Konsequenzen der Präferenzen der Marktteilnehmer. Vorhandene Nachfrage prüft verfügbares Angebot und umgekehrt.

Wie sich jedoch herausstellte, treffen die Marktteilnehmer weitaus häufiger schlechte Entscheidungen, als nach der Theorie zu erwarten war. Viele von uns kennen das aus dem Supermarkt. Wir legen mehr Produkte in den Einkaufswagen, wenn dieser größer ist. Wir kaufen mehr Käse, als wir tatsächlich benötigen, nachdem uns charmantes Verkaufspersonal ein paar Kostproben gereicht hat. Und wie oft geben wir der Versuchung nach und packen noch ein paar Süßigkeiten und Zeitschriften aufs Band, wenn wir gelangweilt in der Schlange vor der Kasse stehen? Schließlich müssen wir uns doch für den anstrengenden Einkauf belohnen. Unsere Transaktionsentscheidungen werden durch unsere zutiefst menschliche Irrationalität getrübt.

Der Abgleich unserer Präferenzen mit dem auf dem Markt verfügbaren Angebot ist eine schwierige Aufgabe. Sie ist selbst dann herausfordernd, wenn Kaufentscheidungen durch die Nebelkerzen des Marketings nicht zusätzlich erschwert werden. Angenommen, Sie mögen lieber Bananen als Äpfel, aber Sie ziehen auch Bioprodukte gegenüber konventionellem Anbau vor und reife Früchte gegenüber grünen. Wie würden Sie sich entscheiden, wenn Sie die Wahl zwischen grünen Bananen aus konventionellem Anbau und reifen Bioäpfeln hätten? Mit einem einfachen Abwägen der Vorzüge und Nachteile ist es in diesem Fall nicht getan. Wir müssen die Entscheidungskriterien auch nach ihrer Bedeutung gewichten – und schon stehen wir vor einer ziemlich schwierigen Entscheidung.

Natürlich ist es vorteilhaft, mehr über unsere Präferenzen und Optionen zu wissen. Doch der Aufwand, der notwendig ist, wenn wir viele Informationen in vielen Dimensionen (nicht nur die Art der Frucht, sondern auch ihren Reifegrad, wo sie angebaut, wie sie geerntet wurde, vielleicht noch Zuckergehalt, Nährwert und Mindesthaltbarkeit) gewichten, aufschlüsseln und vergleichen wollen, übersteigt oft unsere kognitiven Fähigkeiten. Das verleitet dann zu irrationalen Entscheidungen trotz oder wegen der Vielfalt der Informationen. Beim Obst im Supermarkt ist das Wagnis überschaubar. Aber das Risiko wächst mit der Bedeutung der Entscheidungen: Welches Hotel buchen wir für unseren Jahresurlaub? Welches neue Auto stellen wir uns in die Garage? Welches Haus kaufen wir, und welche Schule wählen wir für unsere Kinder? Die Qualität unserer Entscheidungen hängt maßgeblich davon ab, inwieweit wir in der Lage sind, unsere Präferenzen über viele verschiedene Dimensionen hinweg zu verarbeiten.

Oft machen Verkäufer es Kunden bewusst schwer, die angebotenen Produkte und Dienstleistungen zu bewerten und zu vergleichen, etwa indem sie für jede einzelne Dimension Informationen in nicht standardisierter Form bereitstellen. Besonders offenkundig ist dies etwa bei Mobilfunkverträgen oder Versicherungspolicen. Dann ist es schwierig, gute Entscheidungen zu treffen. Das menschliche Gehirn (mit Ausnahme der visuellen Mustererkennung) ist nicht besonders gut darin, mit großen Informationsmengen umzugehen: Der Mensch kann nur etwa ein halbes Dutzend separater Informationen gleichzeitig in Beziehung setzen.[10] Das reicht nicht einmal aus, um drei Eigenschaften von drei verschiedenen Produkten auf einmal zu vergleichen.

Wir befinden uns in einer informationellen Zwickmühle: Einerseits benötigen wir mehr Informationen, damit wir unsere Optionen bestmöglich bewerten und kluge Entscheidungen treffen. Andererseits werden wir von Informationen überflutet, können sie nicht ausreichend schnell verarbeiten und laufen deshalb Gefahr, schlecht zu entscheiden. Reflexion und guter Wille reichen leider kaum, dieser Zwickmühle zu entkommen. Mit eiserner Konsequenz können wir der Versuchung widerstehen, in der Schlange an der Supermarktkasse ins Süßigkeitenregal zu greifen. Unsere kognitiven Beschränkungen beim Vergleichen unterschiedlicher Eigenschaften jedoch lassen sich nicht so leicht überwinden. Daher sind Märkte phantastische soziale Mechanismen für die menschliche Koordination – aber leider nur im Prinzip. Denn selbst wenn uns eine kostengünstige und schnelle Methode zur Kommunikation relevanter Informationen zur Verfügung steht, bleiben wir immer noch durch unsere kognitiven Fähigkeiten beschränkt. Und selbst wenn wir diese verbessern sollten, hilft das nichts, wenn die entscheidenden Informationen uns nicht erreichen.

So vertrackt diese Herausforderung erscheinen mag, gibt es doch ein vielleicht auf den ersten Blick überraschendes Mittel, das diese Probleme mildert, ein Mittel, dessen wir uns seit Jahrtausenden bedienen: Geld. »Geld ist die wichtigste Wurzel des Fortschritts«, schreibt der Harvard-Historiker Niall Ferguson in seinem Buch *Der Aufstieg des Geldes.*[11] Die Bedeutung von Geld ist direkt verbunden mit seinem Nutzen. Seine offenkundigste Rolle ist die eines Wertträgers und Wertspeichers.

Früher, in den Zeiten von Gold- und Silbermünzen, war das zumindest teilweise einsichtig: Edelmetalle sind selten und daraus gefertigte Münzen wertvoll. Doch Geld hat noch eine andere Funktion. Mit seiner Hilfe können wir Informationen über unsere Präferenzen zu Preisen verdichten und dadurch sehr viel einfacher weitergeben und verarbeiten. Mit Geld und durch Preise bringen wir Märkte zum Laufen.

Geld dient als standardisierte Maßeinheit zur Benennung des Werts von Gütern und Dienstleistungen. Das erlaubt uns, verschiedene Produkte miteinander zu vergleichen, zum Beispiel Äpfel mit Orangen oder Teetassen mit Kaffeetassen. Als es noch kein Geld gab, mussten sich Kaufleute verständigen, wie viel der einen Sache sie für wie viel einer anderen Sache eintauschen wollten. In Ermangelung eines allgemein akzeptierten gemeinsamen Nenners war dies ein schwieriges Unterfangen. Ohne Geld als Vergleichsmaßstab ist es zudem kaum möglich, unterschiedliche Transaktionen miteinander in Beziehung zu setzen. Das Wissen, dass jemand ein Messer für einen Pelzmantel bekommen hat, hilft keinem weiter, der Rentierfleisch gegen Fischöl eintauschen möchte. Auf den Punkt gebracht heißt das: Der Tauschhandel generiert kaum relevante Informationen, es sei denn, man treibt mit exakt denselben Produkten Handel. Durch Geld und Preise werden Informationen einzelner Transaktionen in eine standardisierte, allen Marktteilnehmern verständliche Sprache übersetzt. Über Waren und Handelspartner hinweg bleibt der Informationswert jeder Transaktion in einer verständlichen Sprache erhalten und fließt in den Markt ein.

Das bietet einen weiteren Vorteil, weshalb zeit seines Lebens auch Friedrich Hayek die zentrale Rolle des Preises in Märkten betonte: Wenn zwei Personen über eine Transaktion verhandeln, werden sie alle ihnen verfügbaren Informationen berücksichtigen, einschließlich ihrer Prioritäten und Präferenzen, und diese zu einer einzigen Zahl verdichten.

Sagen wir, ein Schmied möchte ein Messer verkaufen, dessen Herstellung viel Zeit in Anspruch nahm. Er wird diesen Zeitaufwand in den Preis hineinrechnen. Darüber hinaus wird er berücksichtigen, wie viele Messer auf dem Markt angeboten und welche Preise dafür üblicherweise gefordert werden. Er wird sich deren Qualität anschauen und diese mit der Qualität des eigenen Messers vergleichen. Nachdem er diese verschiedenen Faktoren berücksichtigt hat, legt er sich auf einen Preis fest. Ein potentieller Käufer wird in einem vergleichbaren Prozess Informationen auf dem Markt einholen und diese analysieren. Anschließend werden Käufer und Verkäufer entweder ein Geschäft abschließen – weil ihre Preisvorstellungen zueinander passen. Oder sie werden über den Preis verhandeln und währenddessen möglicherweise zusätzliche Informationen erhalten oder die ihnen verfügbaren Informationen anders gewichten und ihre Preisvorstellungen korrigieren. Falls sie sich einig werden, senden sie damit ein Signal über den Wert des Messers an den Markt. Falls nicht, senden sie ebenfalls ein Signal: dass nämlich Käufer und Verkäufer den Wert dieses Messers unterschiedlich veranschlagen.

Statt in einem zeitaufwendigen Prozess eine Vielzahl von Bedürfnissen und Wünschen zu kommunizieren, teilen wir also einen Preis mit. Preise fassen unsere Präferenzen und Prioritäten in einer einzigen Informationseinheit zusammen. Die Effizienz des geldbasierten Markts spiegelt sich in der bestechenden Einfachheit des Preises als Vermittler von Informationen wider. »In einem System, in dem die Kenntnis relevanter Daten auf viele Millionen Akteure verteilt ist«, sagte Hayek, »können Preise die separaten Handlungen verschiedener Individuen koordinieren.«[12] Preise komprimieren die Menge an Informationen, die durch den Markt fließen muss. Damit kommt sogar unser menschliches Gehirn zurecht.

Geld – in Form von Preisen – informiert Marktteilnehmer nicht nur darüber, wie viel etwas wert ist. Die Marktteilnehmer können diesen Wert auch leicht in Geld übertragen. Sobald wir Dingen mit Hilfe von Geld einen Wert zuweisen, können wir diesen Wert nachverfolgen: Wir können ihren Wert über die Zeit hinweg aufzeichnen und vergleichen und somit eine informationelle Verbindung zwischen Vergangenheit, Gegenwart und Zukunft herstellen. Das schafft und bewahrt eine externe, objektivere Grundlage für gegenseitiges Vertrauen. Gerade weil wir monetäre Werte aufzeichnen und so Vertrauen begründen, können wir in unserer Lieblingskneipe anschreiben lassen oder bekommen Händler von ihren Lieferanten eine Kreditlinie eingeräumt.

Geld wurde nicht notwendigerweise erfunden, um Markttransaktionen zu erleichtern. Historiker verweisen auf eine Vielzahl von Rollen, die Geld jenseits eines ökonomischen Kontextes gespielt hat.[13] Doch dass es die Märkte geschmiert und somit effizienter gemacht hat, steht außer Zweifel. Vor der Erfindung des Geldes wurde auf Märkten oftmals ein weithin akzeptierter Platzhalter verwendet. Ein bekanntes Beispiel dafür sind die Kaurischnecken, die über fast vier Jahrtausende und zeitweise über den halben Globus hinweg als Zahlungsmittel – das sogenannte Kaurigeld – dienten. Auch Salz war in Teilen Asiens, Afrikas und Europas ein akzeptiertes Zahlungsmittel: Der Ausdruck »Salär« geht auf *salarium* zurück, das lateinische Wort für Salz. Wenn römische Feldherren neue Stämme unterwarfen, erhoben sie von diesen Steuern in Form von Getreide. In Lateinamerika waren Kakaobohnen eine verbreitete Währung. In Nordamerika wurden dafür oft Tierhäute verwendet, daher auch der Slang-Ausdruck *buck* (Hirschbock) für Dollar.

Der Wechsel zum Papiergeld hat diese Dimension von Geld weiter verstärkt. Denn das Geldstück muss nicht notwendigerweise selbst wertvoll sein. Genaugenommen ist es sogar von Vorteil, wenn Geld primär – oder ausschließlich – als die Sprache dient, in der die Markttransaktionen durchgeführt werden. In den Zeiten, als Menschen Rohstoffe wie Gerste als Zahlungsmittel für Waren oder Dienstleistungen verwendeten, konnte das zugrunde liegende Material stets auch um seinetwillen gehortet (oder verbraucht) werden. Gold und Silber mochten keinen unmittelbaren Nutzen besessen haben, aber sie waren selten und glänzten – und nicht anders als Diamanten verwandelten sie sich in begehrte Besitztümer.

Der Umstieg auf Münzen aus unedlen Metallen und Papiergeld bedeutete das Ende von Geldstücken, die selbst wertvoll sind. Anfangs glaubten die Währungshüter noch, sie müssten Geld stützen, indem sie garantierten, dieses gegen Vorlage jederzeit zu einem festgelegten Kurs in Gold oder Silber einzutauschen. Mit dem Ende dieser Praxis zu Beginn des 20. Jahrhunderts entwickelte sich Geld zu einem rein informationellen Medium. Heute bewegt es sich vom Physischen ins Virtuelle: Ziffern, die eine Transaktion auf unseren Kontoauszügen signalisieren, Bits, die einen Eintrag auf eine Bitcoin-Wallet bezeichnen – eine Entwicklung, welche die Informationsfunktion von Geld nur noch stärker hervorhebt.

Im Alltag übersehen wir oft diese Informationsfunktion von Geld und Preis. Schließlich interessiert uns die Transaktion selbst mehr als die theoretischen Hintergründe des Transaktionsprozesses. Doch ohne die durch Geld und Preis ermöglichten Informationsflüsse wüssten wir weder, was andere auf dem Markt anbieten, noch könnten wir diese Angebote relativ mühelos vergleichen und bewerten. Sie verbessern aber nicht nur die Informationsflüsse, sie vereinfachen auch die Entscheidung über Transaktionen. Wir Menschen haben Schwierigkeiten, Waren und Dienstleistungen über zahlreiche Dimensionen hinweg zu vergleichen und zu bewerten; wird dies alles im Preis – einer einfachen Zahl – zusammengefasst, reduziert das unsere kognitive Last.

Stellen Sie sich für einen Moment eine Welt ohne Geld vor: Angenommen, Sie möchten einen Laib Brot kaufen. Vielleicht bietet Ihnen ein Bäcker an, das Brot gegen ein Pfund Butter einzutauschen, ein anderer dagegen verlangt vielleicht eine Kiste Äpfel. Wie würden Sie diese beiden Angebote miteinander vergleichen? Mehr noch, wie würden Sie überhaupt erfahren, was die Bäcker im Tausch für ein Brot verlangen? Märkte besitzen ein großes Potential zur Koordination menschlicher Aktivitäten, kranken aber in der Praxis an kostspieligen Informationsflüssen und kognitiver Überlastung. *Geldbasierte Märkte* dagegen schöpfen dieses Potential aus, da sie den Informationsfluss und die erforderliche Informationsverarbeitung auf ein erträgliches Maß reduzieren.

Geld ist damit nichts weniger als eine findige Vereinfachung. Und diese Vereinfachung ist der Grund, warum geldbasierte Märkte so erfolgreich wurden und heute integraler Teil der sozialen Strukturen nahezu jeder Kultur auf der Erde sind. Menschen sind in all diesen Kulturen vertraut damit, in Preisen zu denken. Wenn wir von einem neuen Produkt oder einer neuen Dienstleistung hören, fragen wir instinktiv nach deren Preis, um ihre Bedeutung und ihren Wert für uns zu bewerten und einzuordnen.

Ein wissenschaftlich besonders spannendes Beispiel für die Rolle von Preisen auf Märkten sind sogenannte Prognosemärkte zur Vorhersage künftiger Ereignisse, zum Beispiel zum Ausgang von Wahlen. Auf denen teilen Teilnehmer zunächst ihre Vorhersagen und führen damit sämtliche Informationen zusammen, über die sie verfügen. Wie aber können wir wissen, welche Informationen zutreffend und relevant sind und welche nicht?

Den Mittelwert aus allen vorliegenden Informationen zu bilden führt uns nicht notwendigerweise zur Wahrheit. Wir könnten auch mehr Leute befragen und deren Ansichten einbeziehen, aber auch das ist keine sichere Methode, sich der Wahrheit anzunähern. Mehr Leute einzubinden hilft, wie der Marquis de Condorcet schon vor über zweihundert Jahren zeigte, nur dann, wenn die Wahrscheinlichkeit, dass jeder neu Befragte die Wahrheit kennt, mehr als 50 Prozent beträgt.[14]

Die Treffsicherheit verbessert sich deutlich, wenn Teilnehmer eines Prognosemarkts mit echtem Geld darauf wetten können, dass ihre Vorhersage zutrifft. Denn diejenigen, die mehr Vertrauen in die Korrektheit und Relevanz der ihrer Prognose zugrunde liegenden Informationen haben, setzen meist mehr Geld auf ihre »Wette«. Sie lassen also ihren Worten Geld folgen, und entsprechend stärker wird auf den Prognosemärkten ihre Vorhersage gewichtet. Das garantiert zwar keineswegs, dass alle Prognosen korrekt sind. Aber dieser Mechanismus funktioniert weitaus besser, als alle Informationen gleich zu gewichten.

Google etwa nutzt schon lange Prognosemärkte als Grundlage unternehmensstrategischer Entscheidungen. Seit 2005 befragt der Konzern Mitarbeiter zu möglichen Entwicklungen in der Hightech-Industrie. Dazu werden Fragen gestellt wie »Wie viele Nutzer wird Gmail am Ende des Quartals haben?« oder »Wird ein Google-Büro in Russland eröffnet?« und mögliche Antworten vorgegeben. Mitarbeiter erhalten eine bestimmte Anzahl an »Goobles«, mit denen sie auf ihre Antworten wetten können – das ist dann ihr »Geld«. Für korrekte Antworten erhalten sie in Goobles ausbezahlte Gewinne, die sie am Quartalsende gegen Tombolalose eintauschen können. Damit besteht für die Teilnehmer ein offensichtlicher Anreiz, mit ihren Goobles nur auf jene Prognosen zu wetten, bei denen sie über besondere Informationen oder Einsichten zu verfügen glauben. Dieser Preisanreiz funktioniert: Die Google-Prognosemärkte sind vergleichsweise gut darin, die Eintrittswahrscheinlichkeit für Ereignisse, die mit firmenrelevanten Projekten verbunden sind, abzubilden, und tragen so dazu bei, die Informationsflüsse und Informationsverarbeitung zu beschleunigen.[15]

Seit es geldbasierte Märkte gibt, wurden viel Zeit und Mühe (und auch Geld) in deren Verbesserung investiert. Das Ziel dabei war fast immer, Preisinformationen schneller zu übertragen, eine bessere Vergleichbarkeit von Preisen zu schaffen oder die Kosten für Transaktionen zu senken. 1936 – die Welt kämpfte noch mit den Nachwehen der Weltwirtschaftskrise – erschien in den USA die erste Ausgabe der Produktvergleichszeitschrift *Consumer Report*. Deren Herausgeber war überzeugt, dass eine kritische Berichterstattung – sprich ein größerer Informationsfluss – Verbrauchermärkte verbessert.[16] Schnell folgten Zeitungen und Zeitschriften dem Vorbild und verglichen ebenfalls alles von Waschmitteln und Autos bis zu Fotoapparaten. Diese neuen Informationszwischenhändler lieferten ausführliche Testberichte mit Tabellen, in denen Produkte nach Eigenschaften und Komponenten aufgeschlüsselt und einander gegenübergestellt wurden. So detailreich die Berichte aber auch waren, in aller Regel erschienen sie unter fetten, den Sachverhalt stark vereinfachenden Schlagzeilen und listeten ein paar Empfehlungen auf, etwa von Produkten mit dem besten Preis-Leistungs-Verhältnis. Geld und Preis waren einfach zu naheliegend und wurden vielleicht auch allzu sehr von den an ihre verlockende Einfachheit gewöhnten Lesern gewünscht, als dass man sie hätte ignorieren können. Preisvergleichsportale im Internet, die Anwendern versprechen, den für sie in absoluter oder relativer Hinsicht besten Deal zu finden – Seiten wie Idealo, Preisvergleich. de, Verivox, Autoscout24, Travelscout24 und natürlich Google Shopping – sind digitale Abkömmlinge dieser Informationsdienste. Dasselbe gilt für Browser-Plugins und Apps wie InvisibleHand und PriceBlink, die im Hintergrund laufen, während man auf Amazon, Walmart oder anderen Händlerseiten unterwegs ist, und die sich melden, wenn das gesuchte Produkt irgendwo im Internet günstiger angeboten wird. Auch diese Anwendungen sind auf den Preis fokussiert, getreu der Annahme: Je weniger die Preissuche und der Preisvergleich kosten, desto geringer sind die Gesamtkosten für Transaktionen auf dem Markt – und alle profitieren davon.

*Preisbasierte Märke* sind heute die Norm. Wir sind an sie gewöhnt, und sie funktionieren. Doch sind sie auch ein Anachronismus. Im Informationszeitalter, einer Ära geprägt durch beispiellose Fortschritte in unseren Fähigkeiten, Informationen zu kommunizieren und zu verarbeiten, ist deren Verdichtung in eine einzige Zahl überholt. Tatsächlich war das auf Geld und Preis basierende System von Anfang an nur die zweitbeste Lösung. Bei der Komprimierung von Informationen in Preis, eine einzige Zahl, gehen unweigerlich viele Details verloren. Preise sind wie Thumbnail-JPEG-Bilder im Internet: grobkörnige Abbilder des Originals, die uns im besten Fall einen oberflächlichen Eindruck des eigentlichen Gegenstands vermitteln. Wir haben uns mit dem Preis als marktkoordinierendes Hilfsmittel abgefunden, weil wir keine

Möglichkeit hatten, die Kosten und die Komplexität der Handhabung von Informationsflüssen auf andere Weise zu senken. Der Preis hat seinen Preis: Er reduziert die verfügbaren Informationen.

Ein einfaches Beispiel: Sie wollen ein Paar Schuhe kaufen. Wie viel Geld Sie dafür ausgeben werden, hängt von vielen Faktoren ab. Wie dringend Sie neue Schuhe benötigen, wie Sie die Qualität der Schuhe bewerten und wie sehr Ihnen (und Ihrer Peer-Group) das Design gefällt. Ein wichtiges Kriterium ist freilich auch, wie viel Geld sie in einem bestimmten Moment (statt in einer Woche oder in einem Monat) zur freien Verfügung haben. All diese Faktoren fließen in den Preis ein, den Sie für diese Schuhe zu bezahlen bereit sind. Der Verkäufer jedoch kann aus diesem Preis unmöglich ableiten, welches Gewicht Sie den einzelnen Faktoren zuweisen; er hat üblicherweise nur die Möglichkeit, Umsatzzahlen zu analysieren und anschließend seine Preise so anzupassen, dass sie der Nachfrage entsprechen und die Ware Käufer findet.

Drehen wir das Beispiel weiter. Sie entdecken im Schaufenster eines Ladens ein Paar Schuhe. Der Stil gefällt ihnen sehr, die Farbe weniger. Trotzdem würden Sie die Schuhe kaufen, wenn sie etwas günstiger wären. Wären die Schuhe hingegen in der von Ihnen bevorzugten Farbe vorrätig, wären Sie sogar bereit, einen höheren Preis zu bezahlen. Weil sie die Schuhe weder billiger noch in der gewünschten Farbe angeboten sehen, gehen sie weiter, ohne zu ahnen, dass ein anderer Laden ebendiesen Schuh in Ihrer bevorzugten Farbe vorrätig hat. Vielleicht aber sind ja auch Stil und Farbe und Passform perfekt, doch fehlt Ihnen im Moment das Geld, um die Schuhe sofort zu kaufen. Zwei Wochen später haben Sie das Geld, kehren in den Laden zurück und müssen feststellen, dass der

Händler die Schuhe herabgesetzt hat – aber die Schuhe in Ihrer Größe nun ausverkauft sind. Zwei Wochen zuvor hätte der Verkäufer Ihnen die Schuhe auf das Versprechen hin, sie in zwei Wochen zu bezahlen, womöglich mit Freuden verkauft. Dann hätte er von Ihnen einen höheren Preis gezahlt bekommen als von der Person, die die herabgesetzten Schuhe gekauft hat. Das ist ein Schaden für Sie und den Händler – und schuld ist unser Fokus auf Preis. Denn in beiden Fällen sind die Marktresultate ineffizient, weil der Preis nicht genügend Informationen über die Prioritäten und Präferenzen von Käufer und Verkäufer transportiert.

Natürlich haben wir über die Jahrhunderte hinweg Wege gefunden, um die Probleme zu reduzieren, die durch den Mangel an detaillierten Informationen hervorgerufen werden. Wenn Sie etwas sofort kaufen möchten, aber gerade nicht flüssig sind, können Sie (sofern Sie kreditwürdig sind) einen Kredit aufnehmen. Und dank Ihres Smartphones können Sie heute nach einem Laden suchen, der die gewünschten Schuhe in der richtigen Größe und der richtigen Farbe vorrätig hat. Hersteller und Händler versuchen mit Umfragen herauszufinden, welche Stilelemente – Markenname, Farbe, Form, Sitz und so weiter – ihre Zielgruppe am besten ansprechen, und passen Produktionszahlen und Preise entsprechend an. All das hilft uns zwar, treibt aber zugleich die Kosten einer Markttransaktion in die Höhe.

Die Informationsreduktion wirkt sich allerdings noch auf einer weiteren Ebene negativ aus: Sie kann Entscheidungsprobleme, mit denen sich jeder menschliche Marktteilnehmer konfrontiert sieht, nicht deutlich genug verringern. Wenn wir Informationen in eine einzige Zahl komprimieren, machen wir uns anfällig für sogenannte Entscheidungs-Bias, für kognitive Verzerrungen, die unsere Entscheidungsfähigkeit untergraben. Schlaue Verkäufer nutzen diese Bias aus, um uns von rationaler Evaluation ab- und unsere Aufmerksamkeit zurück auf den Preis zu lenken. Steve Jobs war einer von ihnen.

Im Januar 2010 trat der Apple-Gründer in seinem schwarzen Rollkragenpulli in San Francisco auf die Bühne, um der Welt Apples neueste Schöpfung vorzustellen, das iPad. »Welchen Preis sollen wir dafür verlangen?«, fragte er die begeisterte Menge im Saal, um dann die Antwort selbst zu geben: »Nun, wenn man den Experten glaubt, werden wir den Preis auf unter 1000 Dollar ansetzen, was eine andere Formulierung für 999 Dollar ist.«[17] Auf der Leinwand hinter ihm leuchtete der Preis auf. Aber, fuhr Jobs fort, Apple hatte sich sehr aggressive Kostenziele für das iPad gesetzt – und Apple hatte diese Ziele auch erreicht. Zum Klang von splitterndem Glas wurde der Betrag »$ 999« auf der Leinwand durch »$ 499« ersetzt – der Preis für die Basisversion des ersten iPad. Der Auftritt war wie immer spektakulär inszeniert, der Marketingtrick mit einem Mondpreis banal. Jobs »ankerte« den Wert des iPads in den Köpfen der Menschen an einen künstlich hohen Preis – was sie veranlasste, den eigentlichen Preis als vergleichsweise günstig zu betrachten.

»Preise verschleiern oft Informationen«, sagt der Preispsychologe Florian Bauer von der Beratungsfirma Vocatus. Der Experte für Behavioral Pricing muss es wissen, denn seine Unternehmenskunden bezahlen ihn dafür, durch geschickte Preisstrategien höhere Margen zu erzielen – auf Kosten der Markteffizienz.[18] Wir glauben nur, dass wir mit Hilfe des Preises Äpfel mit Äpfeln vergleichen können. Tatsächlich aber lässt der Preis uns *denken*, wir würden Äpfel mit Äpfeln vergleichen, während es tatsächlich darum geht, Äpfel mit Bananen oder Orangen zu vergleichen. Genau diesen Trick nutzte Steve Jobs bei der Vorstellung des iPads.

Andere Unternehmen bündeln mehrere Produkte oder Dienstleistungen zu Paketen und versehen diese mit einem Preis. Wenn wir derartige Pakete vergleichen, schauen wir erneut vorrangig auf den Preis, den anderen Unterschieden zwischen den Paketen schenken wir hingegen weniger Aufmerksamkeit. Was uns zu schlechten Entscheidungen verleitet: Wir lassen uns zum Kauf eines teureren Pakets verleiten, obwohl es eine günstigere Alternative gibt, nicht trotz, sondern *wegen* der Einfachheit des Preises. Unsere Abhängigkeit vom Preis erzeugt in Wahrheit Ineffizienzen im Markt und schränkt unsere Koordinationsfähigkeiten ein.

Ob Apple durch Marketingtricks hundert Dollar mehr oder weniger für ein neues Endgerät durchsetzen kann, hat für die Volkswirtschaft keine allzu großen Auswirkungen. Vertrauen dagegen zu viele Marktteilnehmer auf dieselben fehlerhaften Entscheidungsmechanismen, kann das verheerende gesamtwirtschaftliche Folgen haben. Die Subprime-Hypothekenkrise von 2007 bis 2009 in den Vereinigten Staaten ist hierfür das jüngste große Beispiel. Diese wird oft als Machwerk einer unheiligen Allianz zwischen unmoralisch handelnden Bankern und korrupten Analysten bei den Ratingagenturen gesehen. Sie hätten nichtsahnenden Investoren hochriskante Investmentprodukte angedreht, während die Aufsichtsbehörden wegschauten, aus welchen Gründen auch immer. Zweifelsohne gibt es viele Indizien, die diese Interpretation stützen. Es gibt aber noch eine zweite Lesart der historisch beispiellosen Kapitalvernichtung von

2007: Die Krise war zumindest auch Ergebnis einer toxischen Kombination intransparenter Informationen und fehlerhafter Entscheidungsprozesse.

Um die Jahrtausendwende fingen amerikanische Finanzinstitute an, Subprime-Hypotheken – also Hypothekardarlehen mit erhöhtem Ausfallrisiko – mit anderen Hypotheken zu Anleihen zu bündeln. Die mit diesen neuen Finanzprodukten verbundenen Risiken waren bekannt und benannt, wurden aber in sehr technische Sprache verpackt und tief in ellenlangen Prospekten vergraben, die nur mit Mühe zu lesen sind – was deshalb kaum jemand tat, obwohl es um hohe Investitionen ging. Die Ratingagenturen, deren Job es gewesen wäre, das Kleingedruckte zu studieren und die Risiken angemessen zu bewerten, versagten kläglich in ihrer Rolle als Frühwarnsystem. Unterdessen gierten die Investoren nach den hohen Renditen, die in einem scheinbar robusten Immobilienmarkt lockten. Die notwendigen Informationen waren im Markt zwar vorhanden, aber da die Käufer nicht so genau hinschauten, spiegelte der Preis der Anleihen diese nicht angemessen wider. Als immer mehr Hauseigentümer ihre Ratenzahlungen nicht mehr leisten konnten, löste das einen Dominoeffekt aus: Viele Immobilienkredite waren mit variablen Zinssätzen versehen, und als die Banken in Reaktion auf die wachsende Zahl notleidender Hypothekenkredite die Zinsen erhöhten, gerieten noch mehr Eigenheimbesitzer in Schwierigkeiten. Am Ende hatten sich Billionenwerte in Luft aufgelöst.

Doch nicht alle hatten Geld verloren. Wer sich rechtzeitig die Mühe gemacht hatte, in der Tiefe nach den richtigen Informationen zu suchen, und wer die richtigen Schlüsse aus falschen Preisen zog, konnte ein Vermögen machen, so wie Michael Burry: Der Hedgefonds-Manager hatte sich über Jahre akribisch durch Investmentprospekte gearbeitet und dann eine große Wette gegen die Ignoranz des Markts platziert. Er setzte auf den Ausfall der Hypothekenkredite, und diese Entscheidung war gut informiert. Mit einem Bestseller und dem darauf beruhenden Hollywood-Film *The Big Short* wurde Burry später zur Investorenlegende. Seine Bilanz brauchte keine erzählerische Zuspitzung, sondern sprach für sich. Der nerdige Außenseiter heimste bis 2008 einen persönlichen Gewinn von rund 100 Millionen US-Dollar ein – und mehr als das Siebenfache für die Investoren, die ihm und nicht der blinden Herde vertraut hatten.[19]

Fassen wir zusammen: Durch die Verdichtung von Informationen zu Preisen hat Geld über viele Jahrhunderte hinweg den Austausch und die Bewertung dieser Informationen in Märkten befördert. Gleichzeitig jedoch hindert Geld daran, uns mit der grundsätzlichen Frage auseinanderzusetzen: Wie übersetzen wir komprimierte Informationen in effiziente Transaktionsentscheidungen? Geldbasierte Märkte sind viel effizienter als Tauschhandel. Aber sie bleiben weit hinter den eigentlichen Möglichkeiten des Markts als Koordinierungsmechanismus menschlicher Aktivitäten zurück.

Die Digitalisierung ändert das gerade grundsätzlich. Seit Jahren diskutieren wir über die informationstechnische Revolution, aber übersehen dabei die grundlegendste Veränderung, die sie bringt: Datenreichtum ermöglicht Märkten, die nächste Entwicklungsstufe zu nehmen. Mit Daten und Analytik können wir endlich die Zwangsjacke aus Geld, Preis, beschränkten Informationsflüssen und mangelhafter Entscheidungsfindung abstreifen.

# 4

# DATENREICHTUM

»Egal wie irgendjemand künftig Poker spielt, es wird nicht mehr verrückt erscheinen«[1], sagt Jason Les im Januar 2017.[2] Les ist einer der weltbesten Spieler von Heads-up No-limit Texas Hold'em, der Königsdisziplin beim Poker, die einige Leute reich und viele arm gemacht hat. Wie viele professionelle Pokerspieler ist er ein eher introvertierter Typ mit einer leisen Stimme und ausgeprägten analytischen Fähigkeiten. Drei Wochen lang kämpften er und drei andere Profis an High-Stakes-Tischen im Pittsburgher Rivers Casino gegen das neue Wunderkind der Pokerszene: Libratus. Sie spielten 120 000 Eins-gegen-eins-Partien. Libratus blieb trotz allen Drucks stets cool: Kein »Flop«, kein »Turn« und kein »River« brachte den Neuling aus dem Konzept.[3] Er zeigte keine emotionale Regung, egal wie hoch der Einsatz im konkreten Spiel gerade war. Das freilich ist auch ziemlich einfach für ein aus Daten lernendes System auf einem Supercomputer der Carnegie Mellon University (CMU).

Das ganze Turnier über suchten die Pokerprofis nach Mustern im Spiel der künstlichen Intelligenz, die Angriffspunkte hätten bieten können. Zwei Jahre zuvor, gegen Libratus' Vorgänger Claudico, siegte die menschliche Pokerintelligenz noch knapp gegen den Computer. Claudico hatte sich schwergetan, die Wahrscheinlichkeit von Bluffs zu berechnen. Die vier Spieler saßen jeden Abend mit Ausdrucken der gespielten Blätter zusammen, spürten die Schwachstellen in Claudicos Strategien auf und spielten diese am nächsten Tag gezielt gegen das KI-System aus. Gegen Libratus – wie Claudico von einem kleinen Team um den Informatiker Tuomas Sandholm programmiert – reichte das nicht mehr. Je länger das Turnier dauerte, desto erfolgreicher spielte Libratus. »Irgendwann hatten wir das Gefühl«, erzählt Les, »dass Libratus sich immer besser auf unsere Spielweise einstellte. Gegen Ende erkannten wir, dass die KI tatsächlich dazulernte, allerdings nicht auf die Weise, wie wir das angenommen hatten. Sie entwickelte keine eigene, überraschende Strategie. Davon waren wir eigentlich ausgegangen. Das Programm lernte schlicht, unsere Setzstrategien zu durchschauen, und machte keine Fehler mehr, die wir hätten ausnutzen können.«

Zur Vorbereitung auf das Turnier hatte Libratus über Monate hinweg mehrere Billionen Spiele gegen sich selbst gespielt – und dabei seine Fähigkeit drastisch verbessert, Bluffs seiner menschlichen Gegner zu erkennen. Das erlaubte es der KI, für jede Hand den optimalen Einsatz zu berechnen. Gelegentlich hatte Les den Eindruck, als könne Libratus seinen Gegenspielern in die Karten schauen. Wenn Libratus ein Mensch wäre, welcher Spielertyp wäre er dann? Les muss für die Antwort etwas überlegen: »Wenn ich einen Menschen beschreiben sollte, der so spielt, würde ich sagen, er spielt wie eine Maschine. Er lässt sich überhaupt nicht von den Resultaten beeinflussen und ist in seiner Strategie immer konsistent.«[4] Natürlich kennt Libratus keine Emotionen. Er zögert nicht, hohe Beträge zu setzen, selbst wenn er eine schlechte Hand hält. Am Ende heimste Libratus Chips im Wert von über 1,7 Millionen US-Dollar ein und gewann das Turnier. Damit war klar: Auch beim Poker hat der Mensch keine Chance mehr gegen die Maschine.[5]

Poker ist ein faszinierendes Spiel, weil es Psychologie, Wahrscheinlichkeitsrechnung und Spieltheorie verbindet. Erinnerungsvermögen, Kopfrechnen und rationales Denkvermögen gehören zur Grundausstattung eines guten Pokerspielers. Er muss darüber hinaus herausragende Kommunikationsfähigkeiten besitzen. Spitzenspieler können die »Tells« – kleine, verräterische Signale – ihrer Mitspieler lesen und werten sie als Indizien für die Stärke oder Schwäche der gegnerischen Hände. Dazu gehört nicht nur, wie die Gegner auf ihren Stühlen sitzen, blinzeln oder ihre Karten halten. Oft gibt das Setzverhalten die entscheidenden Hinweise. Auf Letzteres mussten sich Libratus und seine menschlichen Gegner konzentrieren. Pokerprofis selbst zeigen kaum Tells – oder täuschen diese bewusst vor und hoffen darauf, dass die Gegner den Köder schlucken.

Seit 1996 haben Menschen keine Chance mehr gegen Schachcomputer. Fünfzehn Jahre später bezwang IBM Watson den Menschen im amerikanischen Kult-Quiz Jeopardy! 2016 gewann ein mit der Technik des maschinellen Lernens trainiertes Google-System gegen einen der besten Go-Spieler der Welt. Die drei Siege der Maschinen fanden weltweit große Beachtung. Libratus' Showdown in Pittsburgh war hingegen kein Medienereignis. Das ist überraschend, denn für die Übertragbarkeit der spielerischen Fähigkeiten des Computers auf nützliche Anwendungen könnte künstliche Pokerintelligenz der größere Schritt gewesen sein. In vielerlei Hinsicht ist Poker dem realen Geschäftsleben sehr ähnlich: wie Menschen in Märkten Strategien entwickeln, Signale senden, Verhandlungen führen und Geschäfte abschließen. Zudem geht es beim Poker fast immer um Geld. Wenn Sie ein guter Schach- oder Go-Spieler sind, hält man Sie für einen großen Denker. Wenn Sie bei *Jeopardy!* gewinnen, haben Sie ein gutes Gedächtnis und mögen Wortspiele. Aber wenn Sie bei Poker Erfolg haben, sind Sie *smart*.

Dass ein Computer die weltbesten Pokerspieler schlägt, wirft eine spannende Frage auf: Wie einzigartig sind wir Menschen mit unseren Fähigkeiten, zu bluffen, Strategien zu entwickeln und zu kommunizieren? Libratus' Sieg deutet an: Computer könnten auf dem Markt weit besser agieren als wir selbst. Oder doch wenigstens Menschen bei Markttransaktionen von großer Hilfe sein – nicht, weil sie viel schneller rechnen können als unser Gehirn, sondern weil sie weniger verschiedenen Bias, also den kognitiven Verzerrungen, unterliegen. Libratus' Wettstrategien liefern hier interessante Hinweise. Kaum ein menschlicher Pokerspieler setzt eine große Summe, um einen kleinen Pot zu gewinnen. Denn seine Mitspieler gehen dann davon aus, dass er entweder das Spiel nicht versteht oder schlecht blufft. Warum? Weil ein solches Verhalten nahezu sicher dazu führt, dass die anderen Spieler keine weiteren Einsätze tätigen und er damit seinen möglichen Gewinn begrenzt. Libratus jedoch setzte auch bei kleinen Pots häufig große Summen, eine Strategie, die am Ende voll aufging.

Von der falschen Einschätzung von Risiken und dem Festhalten an einer Strategie ungeachtet neuer Informationen bis hin zur irrationalen Missachtung kleiner Gewinne gibt es zahlreiche kognitive Verzerrungen, die menschliche Entscheidungsfindung beeinträchtigen und uns unter anderem davon abhalten, große Einsätze für kleine Gewinnsummen zu tätigen.

Im Gegensatz dazu überprüfte Libratus seine Strategie nach jedem Zug und analysierte jeden Abend die am Tag gespielten Hände. Daraus leitete der universitäre Superrechner Verhaltensmuster seiner menschlichen Gegenspieler ab und grub sich zudem unermüdlich durch gigantische Datenmengen, die jeden menschlichen Entscheider überfordert hätten. Konsequenterweise gewann Libratus damit weit öfter als die Pokerprofis, auch wenn die durchschnittliche Gewinnsumme pro Spiel eher gering war.[6] Das bedeutet abstrakt gesprochen: Die KI evaluierte ihre Strategie laufend neu und lernte gleichzeitig aus der Vergangenheit. Sie sah in dem Turnier nicht nur eine Vielzahl von Einzelereignissen, sondern eine Abfolge von Spielen, die das Verhalten und die Schwächen ihrer Gegner offenlegte. Als mit Daten lernendes System war Libratus selbst nicht auf ein starres Modell menschlichen Verhaltens festgelegt und agierte für die Gegner mitunter überraschend.

Das ist eine Strategie, die erfahrene Unterhändler in über viele Runden laufenden Verhandlungen ebenso anwenden wie versierte Kaufleute, insbesondere bei sich wiederholenden Markttransaktionen. Das wissen freilich auch die Entwickler von Libratus: Sandholms Team arbeitet an einer kommerziellen Version des Systems, die für Verbraucher und Unternehmen komplexe Markttransaktionen aushandelt. Libratus' Triumph ist der Vorbote einer fundamentalen Veränderung in unserer Wirtschaft, und wie bei Libratus wird auch dieser Wandel von Daten angetrieben.

Märkte sind, wie bereits ausgeführt, eine beeindruckende soziale Innovation, die Menschen Aktivitäten effizient koordinieren lässt – im Prinzip. In der Praxis leiden Märkte in vielen Fällen unter begrenzten Informationsflüssen. Weder das digitale Bezahlen noch virtuelles

Geld bieten eine Lösung für dieses grundsätzliche Problem traditioneller Märkte. Beide könnten die bestehenden Informationsflüsse unter Umständen beschleunigen oder billiger machen, aber auch bei PayPal und Bitcoin werden Informationen zu Preisen verdichtet und damit wertvolle Details eliminiert. Am Umgang mit Geld etwas zu verändern bringt uns nicht wirklich weiter. Die große Lösung lautet: Die informationelle Rolle des Geldes muss durch vielfältige und umfassende Datenströme ersetzt werden – oder wenigstens erheblich ergänzt. Daten sind der neue Schmierstoff, der Marktteilnehmern dabei hilft, bessere Transaktionen zu finden.

Der offenkundige Unterschied zwischen konventionellen und datenreichen Märkten liegt im Volumen und in der Vielfalt der Daten, die zwischen den Marktteilnehmern hin und her fließen. Statt sich auf die wenigen durch den Preis vermittelten Informationen zu beschränken, wird in datenreichen Märkten die ganze Bandbreite an Präferenzinformationen kommuniziert und von den Teilnehmern zur Entscheidungsfindung herangezogen. Die Digitalisierung ermöglicht die kostengünstige Übermittlung dieser Daten. Die Betonung liegt auf kostengünstig, denn theoretisch hätten wir auch in analogen Zeiten mehr und detailliertere Daten nutzen können. Allerdings wäre das mit hohen Kosten verbunden und oft nur mit Zeitverzögerung möglich gewesen. Heute können dank digitaler Netzwerke riesige Datenmengen schnell, problemlos und günstig zwischen den Transaktionspartnern fließen, egal ob sie in derselben Straße wohnen oder auf einem anderen Kontinent leben. Genau hierin liegt der fundamentale Unterschied zu herkömmlichen geldbasierten Märkten. Die Verbesserung des Datenflusses ist allerdings nur die eine Seite der Veränderung.

Bessere Übertragungskapazitäten überwinden zwar das Problem des Informationsdefizits. Das führt aber im Gegenzug leider oft zu *Data-Overload*, zu einer Informationsüberlastung der Marktteilnehmer. Mehr Daten bedeuten dann erst einmal mehr Verwirrung. Wir wurden mit Preisen sozialisiert – wie sollen wir auf einmal Produkte und Dienstleistungen über zahlreiche Präferenzen hinweg vergleichen? Und wie sollen wir diese unsere vielfältigen Präferenzen schnell und einfach ausdrücken? Die informationelle Zwangsjacke abzulegen, in die Geld und Preis uns zwängen, bedarf eines Entwicklungssprungs, wie wir Informationen in Entscheidungen übersetzen. Dazu benötigen wir nicht nur viel mehr Daten, sondern auch angemessene Methoden und Werkzeuge, diese zu verarbeiten.

Im Folgenden stellen wir drei Schlüsseltechnologien vor, die Märkte grundlegend verändern werden. Dank dieser Technologien können wir erstens ähnliche Informationsarten identifizieren, zum Beispiel Produktspezifikationen, und damit einen Standard zum Abgleich unserer Präferenzen entwickeln. Zweitens können wir entlang vieler Dimensionen bessere Matches, also bessere Übereinstimmungen basierend auf unseren Vorlieben, ermitteln und so die optimalen Transaktionspartner auswählen. Und drittens können wir eine effektive Methode entwickeln, unsere (uns manchmal selbst nicht bewussten) Präferenzen zu identifizieren und zu vermitteln. Alle drei Technologien helfen dabei, vielschichtige Daten in effektive Transaktionsentscheidungen zu übersetzen. Im Dreiklang bilden sie das infrastrukturelle Fundament einer ökonomischen Revolution.

Als die Babyboomer ihre ersten Urlaube ohne Eltern

buchten, mussten sie noch dicke Hotelbroschüren durchblättern. Sie gingen danach in ein Reisebüro und hofften auf kompetentes Personal, das die Werbeprosa in den Prospekten einordnete und sie fair beriet. Wenn sie Glück hatten, kannten sie jemanden, der schon einmal in diesem oder jenem Hotel Urlaub gemacht hatte und auf dessen Empfehlungen sie vertrauen konnten. Im Gegensatz dazu sichten wir heute ein Meer an Informationen – Kundenbewertungen, Reiseberichte von Journalisten, von Gästen online gestellte Fotos – und können Hotels mit ein paar Mausklicks nach Lage, Leistungen und Servicequalität vergleichen. Google Street View macht selbst einen virtuellen Rundgang durch den Zielort möglich. Und mit Preissuchmaschinen finden wir den preisgünstigsten Anbieter.

Gleiches gilt für Mietautos und Mitfahrzentralen. Nehmen wir nur das bereits zu Anfang erwähnte Start-up BlaBlaCar mit weltweit über 40 Millionen Mitgliedern. Bei BlaBlaCar finden Fahrer und Mitfahrer sich mit Hilfe vieler Informationsdimensionen, einschließlich ihrer jeweiligen Redefreudigkeit – von Bla (»Schaut sich eher die Landschaft an«) bis BlaBlaBla (»Unterhält sich gern während der gesamten Fahrt«).[7] Hingegen sind die Preise für Fahrten auf der Plattform relativ streng reglementiert: Fahrer können sich also kaum über den Preis differenzieren, so dass die Mitfahrer bei der Auswahl eines Fahrers eben auch andere Informationen heranziehen. Das Konzept kommt an: Im Frühjahr 2017 buchten weltweit pro Monat über vier Millionen Menschen eine Mitfahrgelegenheit auf BlaBlaCar.[8]

Als Kunden haben wir uns schnell an die bequemen Möglichkeiten im Umgang mit mehr Informationen gewöhnt. Wir merken, wie grobkörnig die alten Suchraster waren. Unsere Reisetransaktionen sind effizienter, weil Käufer und Verkäufer ihre Präferenzen passgenauer miteinander abgleichen können. Wenn wir online Büchern, Elektronik oder Kleidung shoppen, können wir nach zahllosen Kriterien auswählen und ausgeklügelte Such- und Filterwerkzeuge einsetzen, um gezielt Produkte zu recherchieren und zu vergleichen. Für den Grad an Effizienz bei Suche und Vergleich sind jedoch vorrangig nicht die Schnelligkeit, die geringen Kosten oder die immensen Speicherkapazitäten der von uns eingesetzten Technologien verantwortlich, auch nicht das höhere Volumen der übertragenen Daten. Wir verdanken die bessere und bequemere Suche vor allem unserer wachsenden Fähigkeit, Informationen effizient zu kategorisieren.

Nehmen wir einmal an, Sie brauchen ein neues Hemd und gehen auf die Seite Ihres bevorzugten Online-Händlers. Dort klicken Sie auf Hemden und erhalten mehrere Hundert Produkte zur Auswahl. Diese Auswahl können sie mit Hilfe von Filtern weiter eingrenzen, indem Sie für eine Vielzahl von Faktoren ihre Präferenzen einstellen: Größe, Stoff, Farbe, Passform, Ärmellänge, Kragenform und Marke. Falls Sie also ein Hemd Größe 42 Button-down mit Dreiviertelärmeln in den Farben Blau oder Türkis suchen – am besten eines, das herabgesetzt ist –, voilà, hier ist es! Falls dieser Internetshop das gewünschte Produkt nicht führt, klicken Sie sich durch zum nächsten Händler. Wie kann ein Online-Händler Sie mit so vielen Informationen über seine Hemden versorgen? Indem er jedes Produkt mit Daten versieht, die seine Eigenschaften beschreiben. Das setzt allerdings voraus, dass alle Produkte einer bestimmten Art anhand derselben Kategorien beschrieben werden. Auch diese Kategorien sind Daten, genauer Daten über Daten, sogenannte *Metadaten*.

Das ist nicht neu. Seit die Assyrer Tontafeln mit Schlagwörtern versahen, waren Informationen über Informationen hilfreich. Heute ist eine effiziente Kategorisierung wichtiger denn je. Ohne sie könnten wir ein bestimmtes Produkt online kaum finden. Gleichzeitig aber ist dieser Prozess der Kategorisierung viel aufwendiger geworden. Früher lagen die Daten hübsch und ordentlich sortiert vor – jedes Datenfeld war eindeutig definiert. Seit Ende der 1990er Jahre wird diese Ordnung vom exponentiellen Wachstum digitaler Informationen zunehmend untergraben, die in Form von E-Mails, Webseiten, Bildern und Audio- und Videodateien daherkommen und von denen sich ein Großteil nicht in simple Datenbankfelder einpressen lässt. Die Fachleute sprechen von unstrukturierten Daten.

Ein gutes Beispiel hierfür ist die Videoplattform YouTube. Auf der tätigen Uploader (Verkäufer) mit Betrachtern (Käufern) Transaktionen, finanziert durch eine dritte Gruppe von Marktteilnehmern, den Werbern. Damit viele Transaktionen zustande kommen, müssen die Betrachter die gesuchten Inhalte möglichst leicht finden. Die Content-Anbieter müssen dafür sorgen, dass ihre Inhalte leicht auffindbar sind. Der Titel eines Videos und der Zeitpunkt seines Uploads reichen da nicht aus. Wie gut die Metadaten zu dem Video sind, hängt von der Fähigkeit des Anbieters ab, die richtigen Schlagwörter auszuwählen. Je besser er das Video kategorisiert, desto leichter wird es gefunden.

Kommerzielle Content-Anbieter stehen vor, dem gleichen Problem. Die großen US-Sportsender wie etwa ESPN zeichnen für ihr Programm jede Woche mehrere Hunderttausend Stunden Videoinhalte auf. Nur wenige Fans schauen archivierte Sportereignisse von Anfang bis Ende an; die meisten springen direkt zu den wichtigsten

Spielsituationen – um sich zum Beispiel Roger Federers Comeback gegen Rafael Nadal in der Mitte des dritten Satzes im Wimbledon-Finale 2008 anzusehen. Damit große und spannende Momente leicht gefunden werden können, beschäftigt ESPN Dutzende Leute, die Sportereignisse verfolgen und jede Aktion in Echtzeit manuell mit Hilfe von Schlagwörtern, sogenannten Tags, markieren. Im Unterschied zur wilden Verschlagwortung auf YouTube nutzen die ESPN-Mitarbeiter zum Taggen eine sorgfältig entwickelte Hierarchie von Begriffen, eine sogenannte Ontologie. Sport eignet sich gut für ontologische Systeme. Jede Sportart – von Bogenschießen über Ringen bis zu Billard – hat ein definiertes Regelwerk. Das erleichtert die Kategorisierung erheblich. Auch Bücher, Elektrogeräte und Haushaltsgeräte kann man anhand eindeutiger Produktqualitäten relativ problemlos taggen. Wo immer wir es mit einer klar begrenzten Zahl an Eigenschaften zu tun haben, ist es relativ einfach, das für einen bestimmten Kunden beste Produkt zu finden. Wenn Sie ein Buch zur Geschichte des Frauenwahlrechts in Preußen suchen, werden Sie es selbst in den USA relativ leicht finden. Denn die amerikanischen Verlage klassifizieren seit über einem Jahrhundert Bücher nach der Dewey-Dezimalklassifikation oder dem System der Kongressbibliothek in präzise Kategorien und Unterkategorien. Jeff Bezos startete 1994 Amazon nicht nur deshalb als Online-Buchladen, weil sich Bücher relativ leicht verschicken lassen. Ein wichtiger Grund war auch, dass die amerikanischen Buchverlage kurz zuvor ihre halbjährlichen Kataloge digitalisiert hatten und Bezos sein Geschäft auf dem Fundament dieser Daten aufbauen wollte.

Heute steht dieser Datenreichtum für viele Gruppen

von Konsumgütern zur Verfügung, und wir können unsere Suche anhand von Marke, Preis, Kundenrezensionen und vielen anderen Details filtern. Das gilt besonders für Produktsegmente mit einfachen und allgemein anerkannten Ontologien. Eine Ontologie für einen universellen Marktplatz zu entwickeln, ist hingegen ein viel schwierigeres Unterfangen. Deshalb ist es auch viel leichter, bei Amazon nach einer bestimmten Waschmaschine zu suchen, als auf YouTube bestimmte Videos zu finden, insbesondere wenn man nicht nach einem Titel, sondern nach einem Konzept sucht, etwa eine Anleitung dafür, wie man Purzelbäume schlägt. YouTube kann Inhalte (noch) nicht so umfassend verschlagworten, wie es bei ESPN Standard ist, einfach weil es bislang niemand geschafft hat, eine leicht verständliche und vor allem fehlerfrei anwendbare Allzweckontologie zu entwickeln. Das erklärt auch, warum auf eBay Produkte lange Zeit deutlich schwerer zu finden waren als bei Amazon. EBay begann als Marktplatz, auf dem jeder alles verkaufen konnte, darunter viele schwer zu beschreibende Dinge. Also war es schwierig, eine umfassende Ontologie zu schaffen, die das Suchen und Finden von Produkten erlaubt. Jeff Bezos hingegen entschloss sich bei Amazon ganz bewusst für eine einzige Produktkategorie (Bücher) mit einer besonders gut ausgebildeten Produktontologie.

Mit der Zeit führt eine schlechte Ontologie dazu, dass in einem Markt die Anzahl der erfolgreichen Transaktionen abnimmt, weil sich Angebot und Nachfrage nicht finden und weil es keine bequemen Filter gibt, die das erleichtern. Konkurrenz belebt bekanntlich das Geschäft – auch unter den Marktplätzen selbst. Der ökonomische Druck zur Entwicklung effizienter Schlagwortstrategien steigt. Metadatenexpertin Madi Solomon weiß, wie schwierig es ist, die *richtige* Ontologie zu finden. Solomon kommt aus den »Salzminen« der Datenarbeit, wie sie selbst sagt.[9] Sie war für die (weitgehend manuelle) Verschlagwortung beim Walt-Disney-Konzern, der mit 80 Prozent an ESPN beteiligt ist, verantwortlich. Später wurde sie Direktorin für Datenarchitektur und semantische Plattformen beim Bildungsverlag Pearson. In Zukunft, so glaubt Solomon, wird der Aufbau der richtigen Ontologie von Computern übernommen: Daten werden Daten-Ontologien erzeugen.

Start-ups und große Datenspieler haben das Thema schon für sich entdeckt – und gehen es immer öfter gemeinsam an. Das ehrgeizige Datenprojekt bei eBay etwa hat genau das Ziel, durch bessere Katalogisierung die Auffindbarkeit der Produkte von 42 auf rund 90 Prozent zu steigern. Eine wichtige Rolle spielen dabei mehrere auf Metadatenmanagement spezialisierte Start-ups wie Expertmaker, Corrigon und Alation, die ebay erworben hat beziehungsweise mit denen eBay eng zusammenarbeitet. Sie sollen Produktinformationen automatisch kategorisieren.[10] Andere Marktplätze sind ebenfalls auf diesen Zug aufgesprungen und arbeiten mit Hochdruck am Aufbau einer Dateninfrastruktur, die komplexe und multidimensionale Informationsflüsse ermöglicht.

Einen Tsunami an Informationen in Entscheidungen zu übersetzen, ist eine knifflige Aufgabe. Schon heute überfordert uns die Vielzahl an Filtern und Optionen, etwa bei Flugsuche oder Hotelbuchung. Wir scheitern am Informationsüberfluss. Auch hier verschaffen neue Technologien Abhilfe. Markttransaktionen finden dann statt, wenn die Präferenzen eines Käufers mit denen eines Verkäufers übereinstimmen. In herkömmlichen Märkten lassen sich solche Übereinstimmungen relativ einfach herstellen, denn sämtliche Präferenzen sind im Preis verdichtet, den ein Käufer zu zahlen und ein Verkäufer zu akzeptieren bereit ist. Theoretisch passiert dies mehr oder weniger von alleine, solange Käufer und Verkäufer all ihre Präferenzen im Preis ausdrücken und solange es ausreichend viele und unterschiedliche Marktteilnehmer gibt. In der Praxis ist aber der Preisvergleich ein schlechter Ersatz für das Vergleichen vieler Präferenzen. Denn bei der Komprimierung auf einen Preis gehen wertvolle Informationen verloren. Marktteilnehmern gelingt es dann nicht richtig, aus dem Preis auf die Präferenzen der anderen zu schließen; und vielleicht flossen diese auch gar nicht richtig in den Preis ein. Findet eine Transaktion unter solchen Bedingungen statt, mag das oberflächlich nach einem guten Match aussehen, ist es aber nicht. Wir gewinnen in diesem Fall den Eindruck, der Markt funktioniert, doch in Wahrheit stehen am Ende alle schlechter da.

In datenreichen Märkten müssen Präferenzen nicht in eine einzige Zahl verdichtet werden – die vorhandenen Kommunikationskapazitäten ermöglichen die Übermittlung umfassender Daten. Wir müssen uns also nicht mehr damit behelfen, Präferenzen allein aus Preisen abzuleiten. Zudem haben wir meist nicht nur mehrere Vorlieben, wir gewichten sie auch unterschiedlich. Werden sie zu Preisen verdichtet, können zwei gleich stark gewichtete Präferenzen zu demselben Preispunkt führen wie zwei sehr ungleich gewichtete. In datenreichen Märkten hingegen stehen die Rohdaten der Präferenzen einschließlich ihrer Gewichtung zur Verfügung. Damit diese berücksichtigt werden, bedarf es eines ausreichend intelligenten Matching-Verfahrens. Denn alle Präferenzen im Kopf durchzugehen, mit einem Angebot am Markt abzugleichen und zu bewerten würde die meisten Menschen vor große Probleme stellen – und im Übrigen mehr Zeit und Aufwand erfordern, als wir für Transaktionen im Regelfall zu investieren bereit sind. Datenreichtum nützt nichts, solange wir daraus nicht schnell und einfach das passende Produkt oder die passende Dienstleistung ermitteln können.

Glücklicherweise haben Mathematiker und Ökonomen in den vergangenen Jahrzehnten Algorithmen entwickelt, die eine Vielzahl von Präferenzen und ihre relative Gewichtung bewerten und die besten Übereinstimmungen finden. Das ist zwar keineswegs einfach, doch dank leistungsfähigerer Muster-Matching-Algorithmen, die mit Hilfe vieler Daten »trainiert« wurden, funktioniert das immer besser. Damit finden in datenreichen Märkten Transaktionspartner zueinander.

Wegen der dezentralen Natur des Markts sind die zwischen Marktteilnehmern ausgetauschten Informationen dyadisch. Das bedeutet: Sobald ein Käufer mit einem Verkäufer kommuniziert, verfügen beide über mehr Wissen über den anderen, nicht aber über den Markt insgesamt. Auch könnten Marktteilnehmer nicht alle ihre Präferenzen dem Markt gegenüber offenlegen. Diese und ähnliche Verhaltensweisen führen zu den bereits erwähnten Informationsasymmetrien. Die gibt es auch in datenreichen Märkten, doch da die größere Verfügbarkeit von Präferenzinformationen in diesen Märkten zu passgenaueren Transaktionen führt, bestehen weniger Anreize, anderen Informationen vorzuenthalten. Datenreiches Matching zielt darauf ab, den Transaktionspartner zu identifizieren, der den größten Nutzen aus einer Transaktion zieht und deshalb bereit ist, den höchsten Preis zu zahlen. Das kann die Verhandlungsvorteile aufwiegen, die Informationsasymmetrien mitunter eröffnen.[11]

Bereits heute nutzen viele marktähnliche Anwendungen musterbasierte Matching-Verfahren. Spotify und Apple Music geben so ihren Kunden die Musik, die sie wollen; Netflix und Amazon ermitteln damit ihre individuellen Produktempfehlungen. Doch die Entwicklung steht erst am Anfang. Viele dieser Algorithmen nutzen nur wenige der verfügbaren Präferenzdimensionen. Eine neue Gattung von Start-ups hat den Bedarf an besserem Matching erkannt, darunter Saberr in London. Das Unternehmen entwickelt Algorithmen, die erfolgreiche Teams auf der Grundlage von Persönlichkeitsprofilen zusammenstellen. Saberr-Gründer Alistair Shepherd testete seinen Matching-Algorithmus unter anderem bei einem Unternehmenswettbewerb, bei dem einander unbekannte Personen zu Teams zusammengestellt wurden und gemeinsam bestimmte Aufgaben erledigen mussten. Shepherd stellte den Teilnehmern keine Fragen zum Bildungsgrad oder zur beruflichen Erfahrung. Dennoch konnte der Algorithmus nicht nur das Siegerteam richtig vorhersagen, sondern die komplette Rangfolge aller acht Teams im Wettbewerb an jenem Tag.[12] Nicht weniger erfolgreich war der Saberr-Algorithmus bei der Vorhersage der Gewinner des über acht Monate laufenden Microsoft Imagine Cup sowie dabei, welche Investitionsentscheidungen des Wagniskapitalfonds Seedcamp die höchsten Renditen abwarfen.[13] Saberrs Matching-Algorithmen sind nun selbst ein Markterfolg. Zu den Kunden des Start-ups zählen die Unternehmensberatung Deloitte, der Lebensmittelkonzern Unilever und der Luxus-Artikelanbieter LVHM.

Als Nutzer kennen wir Matching-Algorithmen bisher vor allem als Suchassistenten auf Plattformen. Genau darauf zielen die Empfehlungsalgorithmen von Apple, Amazon, eBay, Alibaba, Netflix und Spotify ab. Bessere Algorithmen verschaffen den Plattformen einen Wettbewerbsvorteil: Je stärker die Märkte sich vom Preisvergleich ab- und dem datenreichen Matching zuwenden, desto intensiver wird das Wettrennen um leistungsfähigere Algorithmen. Matching-Dienstleistungen werden sich zu zentralen Wettbewerbsfaktoren für Marktplätze entwickeln – und auf lange Sicht zum Standard auf allen Plattformen werden. Gutes Matching wird dann für die Plattformen zur Basisdienstleistung, die Nutzer ganz selbstverständlich erwarten.

Dabei müssen Matching-Dienstleistungen nicht unbedingt von den Marktplätzen selbst angeboten werden. Neue Intermediäre können das Finden optimaler Transaktionspartner versprechen, sofern Letztere ihre Daten teilen. In diesem Fall verlagert sich die Wertschöpfung durch den Matching-Prozess vom Betreiber eines Marktplatzes zum datenreichen Matchmaker. Die Marktplätze könnten dadurch zum margenschwachen Infrastrukturanbieter werden, wie es heute bereits viele Telekommunikationsunternehmen sind. Die datenreichen Vermittler hingegen werden dann einen großen Teil der Profite abschöpfen, und die heute so starken Plattformbetreiber müssten feststellen, dass sie nicht nur untereinander konkurrieren, sondern vor allem mit diesen neuen Matching-Diensten. In der Konsequenz heißt das dann: Konventionelle Plattformen müssen mit ansehen, wie sich ihre einst margenreiche Dienstleistung in ein billiges Standardprodukt verwandelt.

Damit datenreiche Märkte funktionieren, bedarf es jedoch noch eines dritten Elements: Marktteilnehmer müssen ihre Präferenzen einfach ausdrücken (und in Daten umwandeln) können. Andernfalls entwickeln umfassende Datenströme und bessere Matching-Fähigkeiten so viel Zugkraft wie ein Auto ohne Motor.

Transaktionen finden statt, wenn Marktteilnehmer sich darauf einigen. Wie aber können die Marktteilnehmer ihre Präferenzen und ihre relative Gewichtung ohne großen Aufwand formulieren und untereinander austauschen? Das ist eine große Herausforderung, für die unbedingt eine Lösung gefunden werden muss. Schließlich möchte niemand stundenlang Fragen zu seinen Vorlieben beantworten.

Der technische Fortschritt bringt uns auch hier einer praktikablen Lösung deutlich näher. Ein gutes Beispiel ist erneut das Empfehlungssystem von Amazon: Auf den ersten Blick handelt es sich dabei um ein Matching-System, das unsere Präferenzen mit dem Angebot abgleicht und Empfehlungen für Produkte liefert, die uns interessieren könnten. Doch das ist nur eine Seite der Medaille. Genauso interessant ist, wie Amazon unsere Vorlieben aus dem Datenstrom ermittelt, den das Unternehmen bei jeder unserer Interaktionen in seinem Online-Shop erfasst: welche Produkte wir uns anschauen, wann und wie lange wir sie betrachten und welche Produktbewertungen wir lesen. Amazon sucht in den Daten nach Mustern, die unsere Vorlieben verraten. Wenn ein Algorithmus ein Muster erkennt, kann Amazon mit statistischen Verfahren Rückschlüsse auf unseren Bedarf und unsere Wünsche ziehen, ohne uns direkt befragen zu müssen. Die Ergebnisse sind nicht perfekt, sondern Annäherungen – weshalb die Software mitunter unpassende Empfehlungen macht. Amazon weiß auch nicht, warum wir ein Produkt einem anderen vorziehen. Das

System berücksichtigt nur, dass wir dies tun. Doch das genügt Amazon, um seinen Matching-Algorithmus zu füttern und jene Produkte aufzuspüren, die wir am ehesten als nächste kaufen werden.

Amazons Empfehlungssystem ist eines der bekanntesten Beispiele für eine Big-Data-Anwendung[14] – für einen datenanalytischen Ansatz, der große Datenmengen zu einem bestimmten Phänomen erfasst und diese nach komplexen Mustern durchsucht. Der Fokus auf die Musteranalyse unterscheidet diesen Ansatz von konventionellen statistischen Verfahren, bei denen es vornehmlich darum geht, Daten zusammenzufassen. Eine besondere Qualität vieler Big-Data-Ansätze liegt also darin, dass die gesuchten Muster nicht vorab festgelegt sind, sondern sich erst durch die Analyse vieler Trainingsdaten herausbilden. Im Klartext: Das Amazon-Empfehlungssystem weiß nicht im Vorhinein, welche Datenmuster auf bestimmte Kundenpräferenzen hindeuten. Es kann erst nach der Analyse von zahllosen aufgezeichneten Interaktionen und Käufen die Muster aufspüren, die am wahrscheinlichsten mit einer bestimmten Vorliebe korrelieren.

Weil das System hinzulernt, indem es Trainingsdaten durchforstet, wird es oft mit »künstlicher Intelligenz« in Verbindung gebracht. Ursprünglich beschrieb künstliche Intelligenz vorwiegend Systeme, die mit fixen Entscheidungsregeln programmiert wurden und diese in menschlichen Kontexten anwenden konnten. Heute jedoch betonen die KI-Fans gerne die Lernfähigkeit der Systeme basierend auf Feedbackdaten. Wir werden die Folgen von Feedbackeffekten bei lernenden Systemen in Kapitel 8 analysieren. An dieser Stelle ist wichtig: KI-Systeme »verstehen« Daten nicht im menschlichen Sinne durch Einordnung in Sinnzusammenhänge. Sie identifizieren nur die Muster, die sie »sehen«, so wie Libratus, wenn er den Pokerprofis keine Chance lässt.

Damit ein solcher Ansatz des maschinellen Lernens funktionieren kann, müssen zwei Bedingungen erfüllt sein. Erstens müssen vorab gewaltige Datenmengen zur Verfügung stehen, anhand derer die lernenden Systeme sich selbst trainieren und explizit machen können, welche Informationen in den Daten eingebettet sind. Google beispielsweise hat für seine Sprachübersetzung alle zugänglichen Texte aus dem Web genutzt, um Wahrscheinlichkeitsmuster in der Wortverwendung aufzudecken. Zweitens müssen die Systeme häufig Feedback erhalten, damit sie sich im Lauf der Zeit an sich verändernde Bedingungen anpassen können, die über ihr anfängliches Training hinausgehen.[15]

Feedback spielt in diesen Systemen eine zentrale Rolle, insbesondere wenn sie bei kritischen Entscheidungsprozessen assistieren sollen. Der Tesla-CEO Elon Musk prahlte Ende 2016 auf Twitter, die Autos seines Unternehmens hätten inzwischen mehrere Hundert Millionen Kilometer im Autopilot-Modus zurückgelegt, dem von der Firma entwickelten teilautonomen Fahrsystem.[16] Hinter Musks Tweet steckt mehr als Zahlenhuberei im Angeber-Modus: Wenn der Autopilot eingeschaltet ist, generiert und sammelt das System wertvolle Feedbackdaten, die es an Tesla schickt und die dort zum Training der nächsten Softwareversion des Autopilot-Systems verwendet werden. Teslas werden also mit jedem Kilometer besser, den die Wagen teilautonom zurücklegen.

Ein vergleichbarer Feedbackprozess kann auch verwendet werden, um sich verändernde Präferenzen von Marktteilnehmern zu erkennen. Ein Kunde, der regelmäßig und unabhängig vom Preis eine bestimmte Tonerkartusche für seinen Drucker vom Anbieter mit der höchsten Qualität bestellt, bringt damit seine Vorliebe für hohe Qualität zum Ausdruck. Das System muss nicht wissen, warum dem Kunden der Preis bei diesem Produkt ziemlich egal ist. Kauft dieser Kunde plötzlich den billigsten Toner, signalisiert er damit, dass sich seine Präferenzen möglicherweise verändert haben, und das System wird sich entsprechend anpassen.

Die leistungsfähigsten KI-Systeme werden anfangs mit riesigen Datenmengen trainiert, bevor sie lernen, sich an konkrete Individuen anzupassen. Zu ihnen zählen auch die intelligenten Assistenten, die in Amazons Alexa oder Apples Siri mit uns kommunizieren. Diese können gesprochenes Wort in Text umwandeln, weil sie vorab viele Milliarden Audiodatenpunkte analysiert haben, die eine große Bandbreite an Aussprachevarianten abdecken. Sobald wir einen dieser Assistenten benutzen, passt er sich durch unsere Rückmeldungen fortlaufend an unsere Sprache und unsere Präferenzen an. Neben den bekannten (und bereits erwähnten) Systemen arbeiten auch eine Reihe von Start-ups in aller Welt an dieser lernenden Erkennung von Vorlieben durch Beobachtung, etwa der in Israel entwickelte Präferenzassistent Infi, der Smartphone-Daten und viele unterschiedliche Informationskanäle nutzt und auswertet.

Diese Kombination eines massiven datenbasierten Trainings gefolgt von auf Feedback basierendem Lernen eröffnet auch Märkten das Potential für erhebliche Effizienzgewinne. Diese Systeme können den Einfluss kognitiver Verzerrungen auf unsere Entscheidungsprozesse reduzieren. Das heißt nicht, dass sie unsere Persönlichkeit verändern und wir im Wortsinn nicht mehr wir selbst sind. Die anfänglichen Trainingsdaten gründen auf den gesammelten Feedbacksignalen zahlreicher, sehr unterschiedlicher Individuen. Natürlich unterliegt jedes Individuum einem einzigartigen Mix kognitiver Verzerrungen. Doch wenn das System mit den Feedbacksignalen sehr vieler Personen gefüttert wird, kann das extreme Bias ausgleichen. Die in unseren Präferenzen enthaltenen kognitiven Beschränkungen verschwinden damit zwar nicht, aber das System hilft, Extreme in unseren Entscheidungen zu vermeiden – sofern wir das wünschen.

Fortschrittliche Feedbackmechanismen werden lernende Systeme dazu befähigen, Präferenzdaten von Personen mit geringerer kognitiver Verzerrung zu identifizieren und solche Daten entsprechend stärker zu gewichten. Im Gegensatz zu uns verfügen diese Systeme über unbegrenzte Lernkapazitäten. Das ermöglicht Systeme, die von vornherein mit einem umfassenden und ausgewogenen Set an Präferenzen ausgestattet sind. Diese können als intelligente Entscheidungsagenten immer dann eingreifen, wenn man seinem eigenen Urteil nicht traut. Indem diese Agenten beobachten, wie wir entscheiden und wie wir auf die uns vom System präsentierten Entscheidungsvorschläge reagieren, könnten sie sich darüber hinaus an unsere spezifischen Vorlieben (und somit unsere individuellen kognitiven Verzerrungen) anpassen.

Mit anderen Worten: Mit der Zeit könnte das System uns ähnlich werden. Wie sehr oder wie wenig es das tun soll, könnte das System möglicherweise selbst aus der Analyse unseres Feedbacks auf seine Vorschläge ableiten. Wenn wir positiv auf seinen Versuch reagieren, eine unserer kognitiven Verzerrungen zu vermeiden, wird es das ebenso registrieren wie im umgekehrten Fall. Lernende Entscheidungsassistenten könnten uns also, kurz gesagt, das Beste aus beiden Welten bieten: Sie werden einerseits die Entscheidungskompetenz von Tausenden oder Millionen anderer Marktteilnehmer erschließen und andererseits unsere ureigenen Präferenzen und Prioritäten »verinnerlichen« und nach diesen handeln, soweit wir das wünschen.

Mit Daten lernende Systeme können in fast jedem Kontext von Nutzen sein. Allerdings sind bestimmte soziale Strukturen besser als andere dazu geeignet, die passenden Feedbackdaten zu erzeugen. Märkte bieten hierfür nahezu ideale Rahmenbedingungen. Mit ihrer dezentralen Struktur erzeugen Märkte einen einzigartigen Strom an Signalen, die KI-Systeme absorbieren und aus denen sie lernen können. Jedes Signal im Markt besitzt Informationswert – von dem Betrag, der nach Abschluss einer Transaktion gezahlt wird, bis zu einer noch so minimalen Interessensbekundung (oder deren Ausbleiben), während jemand verfügbare Optionen scannt. Selbst die Abfolge der Interaktionen ist nützlich – sprich die Reihenfolge, in der Signale gesendet werden. Einerseits sind die Signale in Märkten so klein, dass ein großer Datenstrom gewährleistet ist, andererseits sind die Datenpunkte ausreichend eng mit anderen Datenpunkten und Menschen verknüpft, um sie für die Präferenzanalyse zu nutzen.

Unter dem Strich heißt das: Märkte können sich heute neu erfinden, weil alle erforderlichen Werkzeuge zur Verfügung stehen. Dank besserer Ontologien können wir aus riesigen Datenströmen nützliche Daten herausfiltern und diese entlang unterschiedlichster Dimensionen kategorisieren. Leistungsfähigere Matching-Algorithmen versetzen uns in die Lage, auf dem Marktplatz unserer Wahl den optimalen Transaktionspartner zu finden und auszuwählen. Und lernende Systeme identifizieren unsere

Präferenzen, während sie unser Verhalten beobachten. Das erspart uns die Mühe, diese Präferenzen und ihre jeweilige Gewichtung explizit zum Ausdruck zu bringen. Als bewährte Assistenten beraten sie uns in Entscheidungsprozessen und können uns warnen, wenn wir eine fehlerhafte Entscheidung treffen – am Ende könnten sie uns sogar viele Entscheidungen ganz abnehmen.

In der Summe werden uns diese Technologien zu besseren Käufern und Verkäufern machen, aber nicht, weil wir jede Verhandlung gewinnen oder jede Transaktion erzwingen können, sondern weil wir effizient handeln und die Resultate unablässig auf der Basis unserer Präferenzen optimieren. Die Werkzeuge des Datenreichtums werden damit nicht nur jenen zugutekommen, die sie anwenden. Auch der Markt als Ganzes wird profitieren und so zum effizientesten Ort für die Koordination menschlicher Aktivitäten aufsteigen.

Jede der in diesem Kapitel vorgestellten technischen Innovationen spielt eine eigenständige Rolle bei der Überwindung der beiden grundlegenden Herausforderungen des Markts: einen kostengünstigen und vielfältigen Informationsfluss zu ermöglichen und diese Informationen anschließend in Entscheidungen umzusetzen. Mit Hilfe von Datenontologien können wir diese Informationsflüsse erschließen, während KI-Systeme sowie Matching-Algorithmen uns helfen, diese Informationen effizient zu verarbeiten. Zugleich verstärken sie einander in ihrer Wirkung. So können wir lernende Systeme nicht nur dazu verwenden, aus Datenströmen Vorlieben abzuleiten. Wir können mit ihrer Hilfe auch Matching-Algorithmen für Präferenzen verbessern und Wortmuster aufspüren, die zu leistungsfähigeren Ontologien führen. Im Gegenzug helfen Matching-Algorithmen nicht nur bei der Suche nach optimalen Transaktionspartnern. Durch sie können wir auch die passendsten Bewertungskriterien für die eigenen Bedürfnisse identifizieren.

Das Zeitalter datenreicher Märkte hat begonnen. Doch es wird keinen einfachen, schnellen oder linearen Übergang geben. Marktplätze, die sich neu erfinden, werden viel experimentieren müssen, bis sie die Verbindung aus neuen Technologien und Marktdesign entdecken, die den Bedürfnissen ihrer Teilnehmer am besten entspricht. Doch sobald ein geldbasierter Marktplatz den Übergang zu einem datenreichen Marktplatz vollzogen hat, gibt es keinen Weg zurück. Eine solche Entwicklung sehen wir schon heute beispielhaft in einem besonders alten Markt, zu dem Technologie in der Regel nicht die erste Assoziation ist: dem Marktplatz für Liebe.

Seit vielen Jahrtausenden bedienen sich Menschen auf Partnersuche der Hilfe von Vermittlern. Und in jeder Kultur gibt es zuhauf gesellschaftliche Ereignisse, die zumindest zum Teil dafür gedacht sind, Menschen zusammenzubringen, die auf der Suche nach einem Partner sind. Denn seit jeher ist die Partnersuche auch durch geographische Barrieren und Informationsdefizite beschränkt. Vielleicht lebt unser Traumpartner nur zwei Straßen weiter, doch weil wir das nicht wissen, werden wir ihn oder sie niemals treffen.

Dating-Webseiten waren eines der ersten großen Angebote im Internet der 1990er Jahre – und eines der ersten Online-Geschäftsmodelle, mit denen ihre Betreiber tatsächlich Geld verdienten. Die ersten erfolgreichen Dating-Portale im Netz boten (zumindest anscheinend) einen sogenannten dichten Markt für Partner – einen Markt, in dem die große Zahl der Teilnehmer die Erfolgschancen für jeden Einzelnen deutlich steigert. Eli Finkel, Professor für Psychologie und Management an der Northwestern University in Chicago und ein weltweit bekannter Experte für Online-Partnervermittlung, nennt diese Dating-Portale der ersten Generation »Supermärkte der Liebe«[17]. Deren Schwerpunkt lag laut Finkel darauf, möglichst viele potentielle Partner anzubieten. Sosehr das den Nutzern zunächst gefiel, fühlten sie sich doch schnell vom Angebot überfordert. Sie mussten nämlich einen erheblichen Suchaufwand betreiben, um in der Masse der Kandidaten einen passenden Partner zu finden – sozusagen ihre persönliche Nadel im Heuhaufen.

Die zweite Generation der Vermittlungsplattformen entwickelte daher umfangreiche und ausgeklügelte Fragenkataloge, um die Präferenzen der Nutzer zu erfassen. Das sollte diesen helfen, die am besten zu ihnen passenden Kandidaten zu identifizieren. Im Prinzip wechselten die Dating-Webseiten zu umfassenden Informationsströmen und implementierten Algorithmen für das Präferenz-Matching. Das erschien als ein sinnvoller Schritt – und scheiterte kläglich: Die Teilnehmer brauchten Stunden, bis sie Hunderte Fragen zu ihren Vorlieben und Wünschen beantwortet hatten, und das Ergebnis war kaum besser als Zufallsfunde im Supermarkt der Liebe.

Die Online-Dating-Branche reagierte auf diesen Fehlschlag wie viele konventionelle Märkte. Start-ups wie Tinder oder Lovoo erkannten das Problem der kognitiven Überlastung der Kunden und gelangten zum Schluss: Die Nutzer brauchen nicht noch mehr, sondern weniger Informationen. So wie geldbasierte Märkte die Komplexität des Präferenz-Matchings reduzieren, indem sie den Preis in den Vordergrund rücken (und damit ein Gefühl der Vergleichbarkeit erzeugen), kondensiert die dritte Generation von Online-Partnerbörsen die Präferenzen in einer einzigen Dimension: Attraktivität. Ein rascher Wischer mit dem Daumen entscheidet, wer wen kontaktieren darf. Die Verdichtung der Entscheidung auf diese einzige Dimension vereinfacht den Matching-Vorgang stark. Doch wie beim reinen Preisvergleich ist eindimensionales Matching beim Online-Dating nur die bessere unter den schlechten Lösungen. In ihrem Bemühen, die Informationsüberlastung zu reduzieren und ihre mäßigen Vermittlungsquoten zu verbessern, haben die Dating-Anbieter den Prozess übermäßig vereinfacht und damit de facto das Niveau ihres Service gesenkt. Der frühere Umstieg auf umfassende Informationen war eigentlich der richtige Schritt gewesen, hatte für sich genommen aber nicht ausgereicht. Der gute Wille der zweiten Generation war da, wie Eli Finkel beobachtet.

Mit den vielen Hundert Fragen an die Mitglieder wollten Plattformen den Charakter der Befragten ermitteln. Doch wissenschaftliche Studien belegen, dass Menschen mit ähnlichen oder völlig entgegengesetzten Persönlichkeiten häufig nicht gut zusammenpassen.[18] Die Fragebögen waren zu einseitig strukturiert, zielten nur darauf ab, Ähnlichkeiten oder Gegensätze zu identifizieren – und erhoben zudem die falschen Daten. Der Online-Dating-Markt bräuchte, in unserer Terminologie ausgedrückt, leistungsfähigere Matching-Algorithmen und eine Datenontologie, die erfasst, was Menschen aneinander bindet.

Finkel und andere Online-Dating-Experten sind überzeugt: Künftig werden die Plattformen ihre Nutzer nicht mehr stundenlang Fragenkataloge abarbeiten lassen, sondern KI-Systeme einsetzen. Die erforderlichen Daten werden sie aus Videos, Fotos, Tonaufnahmen und vielleicht sogar aus vernetzten Sensoren an unserem Körper, aus sogenannten Wearables, ableiten, die dem System mitteilen, wann wir in Gegenwart von jemandem, den wir mögen, lächeln oder erröten – oder zwei Herzen plötzlich im Gleichtakt schlagen. Auf diese Weise lernt das System unsere Vorlieben kennen, ohne dass wir viel dafür tun müssten. In der Kombination mit den passenden multidimensionalen Informationsflüssen und Matching-Algorithmen wird das zu einer sehr viel höheren Erfolgsquote führen und die Dating-Märkte der nächsten Generation effizienter machen. Für Romantiker mag das eine Horrorvision sein, für einsame Herzen aber eine technische Lösung für ein soziales Problem. Die Technologien für die vierte Generation von Online-Partnerbörsen existieren, sie müssen nur noch kombiniert werden. Aber das gilt im Grunde für fast alle Märkte fast aller Branchen.

Der Datenreichtum wird alle Marktplätze erobern. Und Märkte, die Datennutzung erschweren, werden selbst vom Markt verschwinden. In ein paar Jahren werden wir über Systeme verfügen, die uns dank Trainings- und Feedbackdaten so gut kennen, dass sie uns bei Markttransaktionen wirkungsvoll unterstützen. Im Gegenzug werden wir weniger Ressourcen und Zeit aufwenden müssen, um bessere Transaktionen abzuschließen. Wir werden bewusst entscheiden, langweilige und nervige Entscheidungen an digitale Assistenten zu delegieren. Wir werden uns auf die Entscheidungen konzentrieren, die uns am meisten Genuss und Freude bereiten, die uns am stärksten am Herzen liegen. Mit anderen Worten: Wir werden die Wahl der Wahl haben.

Aber indem wir den Markt mit Datenreichtum neu erfinden, werden wir auch die Rolle von Unternehmen neu überdenken.

# 5
# UNTERNEHMEN

Disruption gehört zum Geschäft, zumindest bei Amazon. Der »Everything-Store« aus Seattle stellt den Kunden ins Zentrum allen Handelns. Das ist mehr als Marketingsprech. Amazon bietet eine besonders nutzerfreundliche Webseite. Die Datenwissenschaftler des Unternehmens analysieren unsere Einkaufskörbe und leiten daraus überdurchschnittlich gut passende Produktempfehlungen ab. Die Firma hat eine exzellent funktionierende Logistik aufgebaut und zeigt sich, wenn dem Kunden etwas nicht passt, meist kulant. Amazon macht heute über 100 Milliarden US-Dollar Umsatz jährlich.[1]

Zuerst der Buchhandel, später Elektronik, jetzt Lebensmittel und Mode – seit seiner Gründung 1994 setzt der Online-Riese eine Handelssparte nach der anderen unter Druck. Amazon kann nicht nur weitaus mehr Produkte im Sortiment vorhalten als jeder Offline-Händler. Es lädt seine Kunden auch noch ein, sich selbst als Verkäufer zu registrieren, von kleinen Käsereien bis zu Autoren im Selbstverlag. Und schließlich macht sich Amazon das Marktmodell auf eine weitere Weise zu eigen: Mit Produktbewertungen und -besprechungen, durch die potentielle Käufer schnellen und direkten Zugang zu relevanten Informationen erhalten, verleiht das Unternehmen seinen Kunden eine aktive Stimme auf seinem Marktplatz. Der »Allesverkäufer« ist das Lehrbuchbeispiel einer erfolgreichen Organisation, die sich eher wie ein Markt verhält denn wie ein Unternehmen.

Dennoch baut Amazon als Unternehmen auf eine hierarchisch organisierte Kommando- und Kontrollstruktur. Amazon ist eine traditionelle Firma, und Jeff Bezos ein traditioneller CEO auf der Suche nach immer effizienteren und effektiveren Möglichkeiten, wie er seine Organisation bis ins kleinste Detail kontrollieren kann. 2011 erregte der ehemaliger Amazon-Programmierer Steve Yegge große Aufmerksamkeit, als er in einem eigentlich nicht für die Öffentlichkeit gedachten Posting auf Google Plus über seinen Ex-Boss herzog. »Um Missverständnissen vorzubeugen: Bezos ist superintelligent«, schrieb Yegge da. »Aber er lässt durchschnittliche Kontrollfreaks wie bekiffte Hippies aussehen.«[2]

Auf Glassdoor, einer Webseite, auf der Mitarbeiter ihre Arbeitgeber und Vorgesetzen anonym bewerten, schneidet Amazon im Vergleich zu anderen großen Online-Disruptoren notorisch schlecht ab. Viele, die sich auf Glassdoor ihren Frust von der Seele schreiben, beklagen die extremen Anforderungen, die Amazon an seine Mitarbeiter stellt,[3] und monieren, sie hätten keinerlei Autonomie.[4] 2015 erschien in der New York Times eine große, umfassend recherchierte Geschichte zu den Arbeitsbedingungen von Angestellten bei Amazon.

Der Artikel zeichnet das Bild einer menschenfeindlichen Effizienzmaschine, in der Amazon-Mitarbeiter Rechenschaft »über eine schwindelerregende Menge von Kennziffern« zu unterschiedlichen Aspekten des Firmengeschäfts ablegen und in wöchentlichen und monatlichen Geschäftsanalysesitzungen etwaige Ineffizienzen detailliert begründen müssen.[5] »Wenn du ein guter Amazonier bist, wirst du zu einem Amabot«, erzählte ein Mitarbeiter den *Times*-Reportern.⁶ Die besten »Amabots« reißen nach eigenem Bekunden 100-Stunden-Wochen herunter, um die Unmengen an Daten durchzugehen und jede Frage zu beantworten, wie die darin enthaltenen Informationen in Unternehmensentscheidungen einfließen sollten. Andere sind frustriert, brechen heulend am Schreibtisch zusammen, leiden unter Burn-out und wechseln das Unternehmen. Wenn US-Mitarbeiter gemäß den umfangreich erhobenen Kennziffern zur Mitarbeiterleistung zu den schlechtesten 10 Prozent im Unternehmen zählen, erhalten sie eine Abmahnung oder werden direkt gefeuert.⁷ Im volldigitalen Unternehmen skalieren auch die Kontrollmöglichkeiten der oberen Hierarchieebenen.

Der Bericht der *New York Times* traf offenkundig einen Nerv. Er wurde 5858 Mal kommentiert, ein neuer Rekord in der Geschichte der Webseite der Zeitung. Viele Kommentatoren behaupteten, wie *The Economist* anmerkte, »dass bei ihren Arbeitgebern vergleichbare Regeln gelten«. Offenbar ist Amazon alles andere als ein extremer Einzelfall, sondern verkörpert vielmehr einen neuen Trend« – den »digitalen Taylorismus«, wie das Magazin ihn in Anspielung auf die Managementprinzipien Frederick Winslow Taylors taufte.⁸ Digitale Technologien, so die These, ermöglichen eine Turboversion des Kommando- und Kontrollmanagements, angetrieben von immer umfassenderen Daten über Mitarbeiter, Prozesse, Produkte, Dienstleistungen und Kunden.

Das wirft einige interessante Fragen auf: Warum bedient sich ein großer Innovator des Markts wie Jeff Bezos der zentralisierten Strukturen, Regeln und Abläufe der traditionellen Firma, um den weitaus größten Teil seines Geschäftsimperiums zu managen? Warum entwickelt er nicht Technologien, die es ihm erlauben, die dezentralen Kräfte des Markts für sich zu erschließen? Kann es sein, dass Amazon und andere Unicorns – digitale Einhörner, die mit mehr als einer Milliarde US-Dollar bewertet werden – mitsamt vieler ihrer kleineren Geschwister nicht erkennen, dass die datenreichen Marktplätze, deren Entwicklung sie vorantreiben, auch für sie selbst Konsequenzen haben und sie möglicherweise zwingen, ihre eigene Daseinsberechtigung oder doch wenigstens ihre Organisationsstruktur zu überdenken?

Um diese Fragen zu beantworten, müssen wir verstehen, wie Informationen in Unternehmen fließen und wie diese Informationen in Entscheidungen umgesetzt werden. Das ist unser Ziel in diesem Kapitel.

Ein Unternehmen kann vieles sein: eine juristische Person etwa, um Kapital einzusammeln, Risiko zu bündeln und Management und Eigentümer zu trennen.[9] In unserem Kontext betrachten wir die Firma – ähnlich wie den Markt – als einen Mechanismus zur Koordination menschlicher Handlungen. Ähnlich wie der Markt streben auch Unternehmen danach, zu möglichst geringen Kosten zu koordinieren. Und ähnlich wie der Markt sind sie grundsätzlich auf eine gute Skalierbarkeit ausgelegt – sprich darauf, auch dann effizient zu koordinieren, wenn sie wachsen (oder schrumpfen). Der große Unterschied zwischen Markt und Firma liegt darin, wer Entscheidungen trifft und wie diese getroffen werden. Im Markt ist die Entscheidungsfindung dezentral und auf alle Marktteilnehmer verteilt, in Unternehmen hingegen sehr viel stärker zentralisiert und auf einen vergleichsweise kleinen Kreis von Menschen beschränkt. Dieser Unterschied spiegelt sich in der Art und Weise, wie die Entscheider in Firmen mit Informationsflüssen umgehen und diese in Entscheidungen umsetzen.

Wollen wir die Firma verstehen und wie es ihr vor dem Hintergrund sich verändernder Datenströme und -technologien ergeht, müssen wir einen genaueren Blick darauf werfen, wie dort Informationen erstens gesammelt und zweitens verarbeitet werden. In historischer Perspektive stellen wir fest: Der Umgang mit Informationen in Unternehmen war sehr oft Triebfeder grundlegender Veränderungen ihrer organisatorischen Strukturen – aus gutem Grund.

Unternehmen sind nur so effizient wie die vom Management geschaffenen Informationskanäle, denn Informationen sind die Grundlage von Entscheidungen. Für eine gute Entscheidungsfindung ist die Firmenführung auf ausreichende, rechtzeitige und korrekte Informationen aus allen Teilen der Organisation angewiesen. Über Jahrhunderte hinweg hat diese Erkenntnis die Entwicklung wirksamer Verfahren für die betriebliche Berichterstattung im Allgemeinen und die Buchführung im Besonderen vorangetrieben.

Es wird häufig übersehen, dass erst die Praxis des Berichtswesens den Aufstieg und Erfolg von Unternehmen ermöglichte und deren Beitrag mindestens so wichtig war wie jener von Massenproduktion und Globalisierung. Anfangs umfassten diese Berichte vor allem Informationen zum finanziellen Ergebnis, doch nach und nach wurden sämtliche Aspekte der Unternehmensaktivitäten erfasst. Ein umfassender Blick ist notwendige Grundlage dafür, dass anhand dieser Informationen nicht nur über die Vergangenheit (und wer sie zu verantworten hat) geurteilt wird, sondern sie als Basis für die strategische Zukunftsplanung verstanden werden. Daten treten dann an die

Stelle von Gefühl, rationales Management an die Stelle idiosynkratischer Entscheidungsfindung.

In der Frühphase der wirtschaftlichen Entwicklung waren interne Berichte über die Geschäftsaktivitäten einer Firma Narrative: Erzählungen darüber, was bei einer Transaktion passierte, die persönlich einem anderen Teilhaber vorgetragen oder in zunehmendem Maß in Schriftform festgehalten wurden, um Raum und Zeit zu überbrücken. Numerische Berechnungen kamen in diesen »Berichten« nur selten vor, waren die frühen Zählsysteme doch selbst für rudimentäre Mathematik allzu kompliziert und beschwerlich. Das änderte sich mit der Ausbreitung arabischer Ziffern, die Händlern eine einheitliche, leicht lesbare Sprache in die Hand gaben, um ihre Rohstoffbestände, Inventare, Umsätze und Bargeldreserven anzugeben.[10]

Die Berichterstattung innerhalb von Firmen gewann stark an Bedeutung, schreibt Jacob Soll in seiner großen Geschichte der Buchführung, als Unternehmer erkannten: Die Steuerungsfähigkeit der Aktivitäten innerhalb ihres Unternehmens nimmt zu, je mehr Informationen ihnen zufließen. Der Aufstieg italienischer Handelsfamilien wie den Medici, den Bardi und den Peruzzi zu den beherrschenden Bankhäusern im Europa des 15. Jahrhunderts ist ein Meilenstein dieser Entwicklung.[11]

Die herausragende Gestalt dieser Zeit war Cosimo de' Medici, genannt der Alte. Als er die Geschäfte übernahm, war die doppelte Buchführung – die bahnbrechende Idee, jede Geschäftstransaktion zweimal im Buchführungssystem abzubilden, nämlich als Wertzufluss und als Wertabfluss – längst gängige Praxis. In Florenz mussten alle Händler ihre Bücher zur Berechnung ihrer Steuerschuld nach diesem Grundsatz führen.[12] Doch die umfangreiche

Buchführung galt als lästige Pflicht gegenüber dem Staat, nicht als ein Instrument, das auch intern Übersicht und Transparenz schafft. Cosimo erkannte das eigentliche Potential der doppelten Buchführung. Er verwandelte sie in ein mächtiges Werkzeug der informationellen Herrschaft und machte sie zu einem integralen Bestandteil der Unternehmensführung.

Jede Zweigstelle musste regelmäßig umfangreiche Berichte an sein Büro schicken. Diese wurden in übersichtlichen und standardisierten Büchern zusammengefasst, so dass Cosimo Fehler und Ungereimtheiten schnell aufspüren konnte. Die Zweigstellenleiter mussten darüber hinaus einer jährlichen Prüfung ihrer Bücher zustimmen.[13] So scharfsinnig Cosimo als Geschäftsmann auch in vielen anderen Details war, der Schlüssel zu seinem Erfolg lag in der Erkenntnis: Mit Hilfe des durch Buchführung erzeugten Informationsflusses lässt sich ein Finanzimperium zentral steuern – in seinem Fall von einem herrlichen Anwesen in Florenz aus.

In den folgenden Jahrzehnten bauten die Medici ihr Geschäft aus und gründeten in ganz Europa Dutzende von Niederlassungen und Agenturen, unter anderem in Brügge und London. Cosimos Erfolg beruhte nicht, wie lange angenommen, auf dem Prinzip, diese weit verstreuten Büros der Leitung von Verwandten zu unterstellen und durch enge familiäre Bindungen Loyalität und Aufrichtigkeit zu garantieren. Die Medici-Bank prosperierte unter Cosimo, weil er die persönliche Kontrolle über die (täglich aktualisierten und häufig abgeglichenen) Bücher der Firma bewahrte und damit über die zentralen Informationsflüsse.

Das bot eine Reihe von Vorteilen: Rechenfehler ließen sich so leichter erkennen. Die Banker konnten anhand von Diskrepanzen in den Daten zudem ihre Statthalter in den Niederlassungen einfacher kontrollieren und feststellen, ob Geld unterschlagen oder unliebsame Neuigkeiten über die Leistungen einer Filiale vertuscht wurden.[14] Mit Hilfe des umfassenden Zahlenwerks konnte die Zentrale beurteilen, ob eine Filiale gute oder schlechte Arbeit geleistet hatte – um dann entsprechende Maßnahmen zu ergreifen. Das half bei der operativen Geschäftsführung, schuf aber zugleich die Basis dafür, Umfang und Reichweite der Unternehmenstätigkeiten strategisch zu erweitern.

Cosimo hat viele moderne Managementprinzipien antizipiert. Doch bis die doppelte Buchführung für die meisten Firmen zur Norm wurde, vergingen noch mehrere Jahrhunderte. Cosimos Nachkommen führten genau wie andere reiche italienische Dynastien die Praxis der peniblen Buchhaltung nicht fort. Sie interessierten sich mehr für Politik und Kunst, die Buchhaltung erschien ihnen unter ihrer Würde. Das moderne Konzept des Unternehmens steckte noch in seinen Anfängen, und viele damalige Unternehmer und »Manager« – etwa in den unter der Schirmherrschaft europäischer Königshäuser gegründeten legendären Ostindien-Aktiengesellschaften – interessierten sich mehr für den Kurs der Aktien als für interne Kontrolle, Effizienz und stabile Wertschöpfung. Die meisten Firmen führten zwar Hauptbücher, die sie abglichen, wenn das Gesetz dies verlangte. Aber die Abschlüsse waren häufig ungenau, und nicht selten wurden die Bücher »frisiert«, um finanzielle Probleme eines Unternehmens zu verschleiern und einen steten Geldzufluss von Investoren zu ermöglichen.[15] Das volle Potential der Buchhaltung sollte erst im 18. Jahrhundert erkannt werden, als sich der junge englische Keramikhersteller Josiah Wedgwood daranmachte, in seinem Unternehmen die Produktionskosten unter die Lupe zu nehmen. Der englische Adel schätzte die Töpferwaren aus Wedgwoods Manufaktur. Queen Charlotte erlaubte es Wedgwood gar, einige Muster als »Queen's Ware« auf den Markt zu bringen. Doch auch dieser PR-Coup machte den jungen Unternehmer nicht reich. Weil Wedgwood akribisch Buch führte, wusste er, dass seine Ausgaben für Rohstoffe und Arbeit die Verkaufserlöse nahezu aufwogen. Er machte kaum Gewinn, aber seine Bücher verrieten ihm nicht, warum das so war. Also nahm Wedgwood sich jeden Arbeitsschritt in Herstellung und Vertrieb vor und hielt die mit jedem Schritt verbundenen Kosten fest – und erfand so die Kostenrechnung. Damit konnte er feststellen, wo Ressourcen verschwendet wurden, an welchen Prozellanmustern und -dekoren zu viele Leute arbeiteten und welche Produkte die höchsten Gewinnmargen erzielten. Durch Analyse und Zuordnung konnte er dann die Kosten fortlaufend senken und den Profit steigern.

Wedgwood knüpfte also an Cosimo de' Medicis Ideen an und verwandelte Informationsflüsse, die bisher der Abbildung der Vergangenheit gedient hatten, konsequent in ein strategisches Instrument zukunftsgerichteter Unternehmensplanung. Die Kostenrechnung verbesserte fortan die wirtschaftliche Leistung von Organisationen mit zentraler Entscheidungsinstanz. Dass sich Berichtswesen und Buchhaltung im 19. Jahrhundert zu Instrumenten der Formalisierung und Standardisierung der Informationsflüsse verwandelten, trug in hohem Maße zum Aufstieg der Firma als einer effizienten Methode der Koordination menschlicher Aktivitäten bei. Kapitalgesellschaften, die Anteile ausgaben, waren eine wichtige Innovation zur besseren Risikoverteilung und Kapitalakkumulation. Das Bevölkerungswachstum und die Globalisierung des Handels eröffneten Unternehmen die Chance zu skalieren. Doch erst durch umfangreiche Datenflüsse konnte das Management eine ausreichende Informationskontrolle erlangen, um ihr Unternehmen auf den Weg zu langfristigem Profit zu steuern.

Die Kontrolle von Organisationen durch Informationen verlangt mehr als die Techniken des Berichtswesens. Diese entfalten ihre produktive Wirkung nur mit besonders redlichen und sorgfältig arbeitenden Mitarbeitern innerhalb des Unternehmens, die akkurat aufzeichnen und damit eine vergleichbare Datengrundlage schaffen. Die Buchhalter sind die eigentlichen und meist übersehenen Helden des Aufstiegs der Firma. Ihre Arbeit ist oft undankbar, monoton und repetitiv – und wenn Buchhalter mal kreativ werden, ist das bekanntlich selten von Vorteil.[16] Die Effizienzgewinne von Unternehmen hängen von genauen Daten ab, doch sie können nichts ausrichten, wenn diese von der Führungsspitze nicht ernst genommen werden. Damit diese grundlegende Eigenschaft der Firma ihr volles Potential erschließen kann, muss es tief in den inneren Abläufen verankert werden.

Zum ersten Mal konsequent und umfassend zum Einsatz kam das Berichtswesen in den 1890er Jahren, als der amerikanische Ingenieur Frederick Winslow Taylor eine neue Denkschule begründete. Bis heute ist der Name Taylor hauptsächlich verbunden mit seiner Idee, detaillierte Daten über sämtliche Arbeitstätigkeiten in einer Fabrik zu erheben.[17] In manchen Fällen, etwa bei Bethlehem Steel, war das zwar erfolgreich, doch häufig lehnten die

Mitarbeiter den »Taylorismus« ab. Sie hatten das Gefühl, durch die Quantifizierung aller Arbeitsschritte auf die Rolle von Zahnrädern in einer Maschine reduziert zu werden.

Doch Taylor ging es um weit mehr, als nur die Bewegungen von Arbeitern an einem Fertigungsband zu beschleunigen. Für ihn waren umfassende Informationsflüsse und deren Verarbeitung die Grundlage einer neuen Art der Unternehmensführung, die er »Scientific Management« nannte und die vor allem auf zahlenbasierte Vergleichbarkeit gründete. Dieses durchstrukturierte System konnte und sollte nach Taylors Überzeugung jedem Manager beigebracht werden. In der durch den Siegeszug der Massenfertigung geprägten Zeit fand er ein großes Publikum, das begierig darauf war, die für eine höhere Effizienz erforderlichen Kontrollmethoden festzuschreiben. Taylors Ideen bildeten unter anderem die Grundlage für den Lehrplan des ersten MBA-Studiums an der Harvard Business School.[18] Viele andere sollten folgen.

Technische Entwicklungen erleichterten die Erhebung und Übertragung der für die Zeit sehr großen Datenmengen, die Taylors wissenschaftliche Betriebsführung erforderte. Eine neue Generation von Managern bediente sich der von Herman Hollerith erfundenen Lochkarten-Tabelliermaschinen, aus dessen Firma später IBM hervorging. Als Hollerith seine Erfindung Unternehmen anbot, verlangten diese mehr als nur eine simple Zählmaschine: Sie wollten die erfassten Daten analysieren, um damit bessere Entscheidungen zu treffen. Hollerith passte sein Angebot entsprechend an. Für einen seiner ersten Kunden, die New York Central Railroad, entwickelte der Sohn deutscher Einwanderer ein Verfahren, mit dem man die auf einem definierten Feld auf Lochkarten verzeichneten Zahlen addieren konnte. Damit konnte die Eisenbahngesellschaft auf effiziente Weise ihre Frachtbriefe auswerten, auf denen dokumentiert war, wie viel Fracht sie über welche Entfernungen auf ihren Zügen transportiert hatte. Auf dieser Basis konnte die Gesellschaft ihren Kunden nicht nur korrekte Rechnungen stellen, es ließen sich auch potentielle neue Frachtkunden identifizieren.[19]

Taylors Scientific Management führte zu einem gewaltigen Anstieg des Sammelns und Verarbeitens von Informationen innerhalb von Unternehmen. Seitdem ist die Verbesserung des Informationsflusses der Motor von Wachstum und Effizienz von Organisationen. Und genau das ist der Grund, warum Jeff Bezos von den Amazon-Managern verlangt, eigenverantwortlich große Mengen an Daten zu erheben und zu kommunizieren. Doch die Optimierung des Stroms an Informationen innerhalb eines Unternehmens erfordert vom Management, diese vielen Informationen tagtäglich in Entscheidungen umzusetzen. Informationsüberlastung der Entscheidungsträger ist die Kehrseite des immens verbesserten Informationsflusses.

Wenn mehr und vielfältigere Informationen ins Zentrum einer Organisation fließen, muss sichergestellt sein, dass diese Informationen in gute Entscheidungen umgesetzt werden. Zu entscheiden ist seit jeher eine zutiefst menschliche Aufgabe; das hat die Möglichkeiten zum Einsatz technischer Werkzeuge begrenzt. Deshalb haben bislang vor allem organisatorische Innovationen die Entscheidungsprozesse in Firmen verbessert: Dazu gehört vor allem das Delegieren von Entscheidungen an kompetente Mitarbeiter. Dabei helfen auch klare Richtlinien, die relativ gleichartige Entscheidungen gewährleisten können. Auch die richtige Auswahl und Fortbildung von Führungskräften zu besseren Entscheidern wird immer wieder als Methode zu besseren Unternehmensentscheidungen angeführt. So wirksam diese Strategien auch sein mögen, sie weisen doch inhärente Schwächen auf. Umfangreiches Delegieren von Entscheidungen etwa geht trotz aller Richtlinien zu Lasten der Kohärenz. In der Regel müssen dann weitere Maßnahmen ergriffen werden, um negative Effekte abzumildern, die neue komplexere organisatorische Strukturen zur Folge haben. Im Gegensatz zu Innovationen bei Informationsflüssen lassen sich bei den Entscheidungsprozessen in Firmen keine schnellen Erfolge erzielen.

Die Verlagerung von Entscheidungen auf niedrigere Hierarchiestufen ist eine naheliegende Lösung. Damit wird die Verantwortung für Entscheidungen nicht nur auf eine größere Gruppe verteilt, sondern auch dafür gesorgt, dass lokale Entscheidungen vor Ort getroffen und nur die wichtigsten Entscheidungen an die Spitze weitergereicht werden. Dabei handelt es sich aber um einen heiklen Balanceakt: Werden zu viele Entscheidungen delegiert, verringert das zwar die Entscheidungslast im Zentrum, zugleich aber reduziert es die auf der Zentralisierung der Informationsflüsse und Entscheidungsfindung beruhende Effizienz und Effektivität. Wird hingegen zu wenig delegiert, droht eine Überlastung der Unternehmensführung.

Die Entwicklung von General Motors ist in diesem Zusammenhang ein spannendes Anschauungsbeispiel. GM war Anfang des 20. Jahrhunderts der größte Hersteller für Pferdekutschen in den Vereinigten Staaten. Als die Buick Motor Company 1904 kurz nach Markteinführung eines der ersten Serienautomobile mit Verbrennungsmotor ins Straucheln geriet, erkannte GM-Gründer William Durant seine Chance – und übernahm den technisch avancierten Wettbewerber. Das war der Startschuss für eine Übernahmerallye: In den folgenden Jahren kaufte Durant einen unabhängigen Autohersteller nach dem anderen. 1920 war GM zu einem mächtigen Konglomerat herangewachsen.

Während der Übernahmephase war allerdings nicht ausreichend darauf geachtet worden, wie die vielen Unternehmen zusammenpassten und wie der Informationsfluss an zentrale Entscheidungsträger organisiert werden sollte.[20] Trotz der Größe und der breiten Produktpalette des Konzerns konnte GM mit seinen vielen Marken dem Verkaufserfolg des Model T von Ford wenig entgegensetzen. Unzufriedene Investoren engagierten einen externen Berater, um »die Effizienz von General Motors« zu bewerten. Der stellte fest: Das Problem hieß Durant. Sämtliche Informationen, Entscheidungen und Finanzressourcen liefen über seinen Tisch, was den Konzern in der schweren Wirtschaftskrise der 1920er nahezu lähmte. Die Investoren zogen die Konsequenz und setzten den Gründer als obersten Entscheider ab.[21]

Durants Nachfolger, der Ingenieur Alfred P. Sloan, war ein Organisationsgenie und machte sich sofort daran, die betrieblichen Abläufe effizienter zu gestalten. Doch statt an der Fertigung herumzudoktern, nahm Sloan die Optimierung der Informationsflüsse und Entscheidungsprozesse ins Visier. Um die Datenerhebung zu verbessern, zentralisierte er mehrere wichtige Funktionen, darunter auch das Berichtswesen. Und weil es Sloan zu lange dauerte, bis die Umsatzberichte und -prognosen der Händler durch die Hierarchie bis zu ihm gelangten, beauftragte er eine externe Firma, die Daten für ihn zu sammeln.[22]

Sloan restrukturierte das schwerfällige Konglomerat in mehrere Unternehmensteile, die sich jeweils auf ein klar definiertes Marktsegment fokussierten, und delegierte die Entscheidungskompetenz an das Management der einzelnen Geschäftsbereiche. Das beschleunigte die Informationsverarbeitung innerhalb des Konzerns erheblich, da die Bereichsmanager nur die für ihr jeweiliges Marktsegment relevanten Daten analysieren mussten. Bald darauf hatte GM Ford als größten Autohersteller der USA abgelöst. Sloans Buch über seine Zeit an der Spitze des Konzerns, *Meine Jahre mit General Motors*, wurde zur Managementbibel. Die im Konzern installierten Finanzkontrollen »lieferten klare, standardisierte und regelmäßige Leistungsinformationen«, so heißt es in einer im *Harvard Business Review* publizierten Studie. »Ausgerüstet mit diesen Instrumenten konnte das Management Entscheidungen auf der Grundlage fortlaufend aktualisierter Daten treffen, was den Einfluss persönlicher Loyalitäten oder überkommener Sichtweisen minderte.«[23] General Motors verdankte seinen Aufstieg vor allem einem verbesserten Informationsfluss und der Beseitigung von Flaschenhälsen in den Entscheidungsprozessen.

Diese Strategie versuchte wiederum Ford zu kopieren, als das Unternehmen nach dem Zweiten Weltkrieg eine ganze Reihe von »Whiz Kids« in den Konzern holte. Dazu gehörte auch Robert McNamara, den jemand einmal als »eine IBM-Maschine auf Beinen« bezeichnet und der dem US-Militär während des Kriegs geholfen hatte, mehrere Milliarden US-Dollar an Beschaffungskosten einzusparen. McNamara führte bei Ford ein modernes Informationsmanagement ein – und wurde später Vorstandsvorsitzender des Konzerns.[24] Der kognitiven Beschränkungen des Menschen war sich Robert McNamara voll bewusst – der Stärken von Holleriths Lochkartensystem ebenfalls. In seiner Zeit bei Ford, später als US-Verteidigungsminister und schließlich als Präsident der Weltbank kämpfte er gegen die Unfähigkeit des menschlichen Gehirns, große Informationsmengen zu verarbeiten, indem er gnadenlos Komplexität reduzierte und Kennziffern vereinfachte, um sie leichter zugänglich zu machen – ähnlich wie Märkte das mit Hilfe von Preisen machen.[25] McNamara fehlten bei seinem Kampf für evidenzbasierte Entscheidungen damals noch umfassende Echtzeitdaten. Die Berichte von Mitarbeitern und Ergebnisse aus Lochkartenauswertungen mussten zudem einzeln gelesen und analysiert werden. Vereinfachte Kennziffern zeigten oft ein unscharfes Bild. Erst mit den digitalen Großrechnern wurde es ab den 1970er Jahren möglich, die vielen unterschiedlichen Datenquellen in Firmen – von der Finanzbuchhaltung und dem Berichtswesen über die Personalabteilung und die Fertigung bis zur Lagerhaltung und zum Vertrieb – in einer einzigen Datenbank zusammenzuführen. Neue Software zur Planung von Prozessen und Ressourcen spielte dabei eine entscheidende Rolle, und ein deutsches Start-up namens SAP, gegründet von ehemaligen IBM-Mitarbeitern, leistete hierbei Pionierarbeit. Sogenannte ERP-Systeme – das Kürzel steht für »Enterprise Resource Planning« – gaben Managern in aller Welt die Mittel in die Hand, den Informationsfluss schneller, umfassender und intelligenter zu gestalten, als das bis dahin möglich gewesen war. SAP ermöglichten sie wiederum den Aufstieg von einer kleinen Programmiererbude zum größten europäischen Software-Unternehmen.[26]

Beim Delegieren von Entscheidungen lautet die große Herausforderung: Wie bewahren Unternehmen die Vorteile zentralisierter Informationsflüsse und Entscheidungsprozesse, darunter eine reduzierte Informationslast bezogen auf die Gesamtorganisation bei gleichzeitiger hoher Entscheidungskohärenz? »Standard Operating Procedures« (SOPs) und andere Richtlinien und Leitfäden zur Vereinheitlichung der Entscheidungsfindung sind oft ein hilfreiches Werkzeug. Auf der einen Seite dienen solche Regeln der Kommunikation von oben nach unten, da sie den Mitarbeitern klare, umfassende Anweisungen liefern, wie sie in bestimmten Situationen entscheiden sollen. Zugleich aber zielen derartige Standardisierungen darauf ab, die Zahl der Entscheidungen zu verringern, die der Unternehmensführung vorgelegt werden müssen.

Ähnliche Vorteile bieten Checklisten, die im Kern vereinfachte Standardarbeitsanweisungen sind. In der Luftfahrt konnte durch solche Checklisten nachweislich die Zahl der Pilotenfehler insbesondere in extremen Stresssituationen gesenkt werden.[27] Und wie Atul Gawande, Professor an der Harvard Medical School, zeigte, führt die Arbeit mit Checklisten auf den Intensivstationen von Krankenhäusern zu einem deutlichen Rückgang der Infektionsraten unter Patienten.[28] Ein Kästchen nach dem anderen abzuhaken mag zwar mühselig sein, aber es sorgt in vielen Kontexten für durchschnittlich bessere Entscheidungen. Checklisten und SOPs funktionieren gut in Routinesituationen, die sich weitgehend vorhersehen lassen. Und sie eignen sich für Entscheidungen, die, wenn sie wiederholt werden, die gleichen oder zumindest sehr ähnliche Resultate erzielen.

SOPs können auch in Maschinen und Software eingebettet werden. Das passiert etwa oft, wenn wir ein Callcenter für die Behebung eines technischen Fehlers anrufen. In Hardware integriert, dienen sie mitunter dem Arbeitsschutz. Muss zum Beispiel ein Schutzschild manuell geschlossen werden, bevor eine Schweißmaschine gefahrlos benutzt werden kann, ist es sinnvoll, einen Sensor mit der Maschine zu verbinden und ihre Inbetriebnahme erst dann zu ermöglichen, wenn dieser Sensor einen geschlossenen Schild meldet.

Je komplexer die Maschinen aber sind, umso vielfältiger werden auch die einzubettenden Regeln. Maschinen- beziehungsweise softwarebasierte Regelprozeduren sind zudem nur für bis ins Detail untersuchte Routinetätigkeiten geeignet. Andernfalls werden die Regeln und Maschinen versagen und muss die Informationsverarbeitung von neuem beginnen. Auch das kennen wir aus dem Callcenter, wenn die Mitarbeiter anhand der vorgegebenen Fragen und Antworten mal wieder nicht herausfinden, warum der Router den Zugang zum Internet verwehrt.

Natürlich gibt es sehr viele Varianten dieser Strategien, darunter deutlich weniger rigide Ansätze. Ihnen allen ist gemein, dass sie einen Teil der Entscheidungsmacht auf nachgeordnete Hierarchieebenen verlagern. Die oberen Ebenen hoffen darauf, die richtige Balance zwischen der Reduzierung ihrer eigenen Informationslast einerseits und der Bewahrung der Kontrolle und Konsistenz über das gesamte Unternehmen hinweg andererseits zu finden. Genau das gelang Alfred P. Sloan auf eindrucksvolle Weise bei GM: das Gleichgewicht aus zentralisierten und delegierten Entscheidungskompetenzen.[29] Sloan selbst nannte es »Dezentralisierung mit koordinierter Kontrolle«[30].

Ende des 20. Jahrhunderts hatten die Entscheidungsträger in Firmen Zugriff auf deutlich mehr Informationen als je zuvor – ein gewaltiger Entwicklungssprung, der mit der Einführung der doppelten Buchführung über ein halbes Jahrtausend zuvor seinen Anfang genommen hatte. Die Notwendigkeit, umfassende Informationsströme zu erzeugen und aufrechtzuerhalten, war fest in den vorherrschenden Konzepten guter Betriebsführung verankert. Und wie das Beispiel Amazon belegt, halten selbst Daten-Champions an den bewährten und vertrauten Konzepten zur Organisation des betrieblichen Informationsflusses fest.

Natürlich leiden Entscheidungen in Firmen nach wie vor unter falschen und unvollständigen Informationen. Und manchmal gelangen wichtige Informationen nicht rechtzeitig zu den Entscheidern – aus Angst, Gruppendenken oder nicht-böswilliger Nachlässigkeit. Doch im Großen und Ganzen haben Unternehmen sich zu einem höchst effektiven Instrument der effizienten Koordination menschlicher Aktivitäten entwickelt. Sie haben ihre Informationseffizienzdividende eingefahren und damit gegenüber dem Markt als bevorzugtem Koordinationsmechanismus beträchtlich Boden gutgemacht. Doch ein Großteil der aus besseren Informationsflüssen resultierenden Effizienzgewinne ist inzwischen realisiert – es ist nicht mehr viel rauszuholen. Betriebswirtschaftlich gesprochen hat die Optimierung von Informationsflüssen den Bereich der Grenzkosten erreicht. Für den nächsten Entwicklungsschritt müssen Unternehmen also die Entscheidungsfindung innerhalb ihrer Führungsebene verbessern. Dabei stehen sie aber vor einer sehr schwierigen Herausforderung: der beschränkten menschlichen Fähigkeit zur Informationsverarbeitung.

Wir Menschen sind nicht gut darin, große Mengen an Informationen zu analysieren und in Entscheidungen umzusetzen. Das ist nicht nur, wie bereits in Kapitel 3 ausgeführt, im Zusammenhang mit Preisen ein Problem. Die Psychologen Daniel Kahneman und Amos Tversky haben in ihren bahnbrechenden Studien, mit denen sie die Grundlagen für die neue Wissenschaft der Verhaltensökonomie legten, gezeigt: Menschen leiden unter einer ganzen Reihe fundamentaler kognitiver Beschränkungen, die zu Lasten unserer Fähigkeit gehen, gute Entscheidungen zu treffen.[31] So bewerten wir neue Informationen zumeist relativ zu Informationen, an die wir uns leicht erinnern. Das führt dazu, dass wir die Wahrscheinlichkeit dramatischer Ereignisse systematisch zu hoch einschätzen. Ebenso neigen wir dazu, den Nutzen zu unterschätzen, den uns eine Veränderung bringt. Deshalb verharren wir viel zu oft im Status quo. Die Verhaltensökonomie hat Dutzende unterschiedliche kognitive Fehlleistungen dokumentiert.

Natürlich sind nicht alle Menschen auf gleiche Weise von diesen Verzerrungen betroffen – manche neigen mehr zu bestimmten Verzerrungen als andere. In Märkten trägt die Vielfalt und Vielzahl der Entscheidungsträger dazu bei, die Folgen dieser kognitiven Beschränkungen abzumildern – ohne sie ganz zu eliminieren. Anders dagegen in Unternehmen: Die Zentralisierung der Entscheidungsfindung birgt das Risiko, die Auswirkungen dieser kognitiven Verzerrungen zu verstärken. Um Unternehmen noch erfolgreicher zu machen, müsste man also die kognitiven Fähigkeiten ihrer Entscheidungsträger verbessern. Ist das möglich? Vielleicht könnten Firmen gezielt Menschen für Führungspositionen auswählen, die weniger zu kognitiven Verzerrungen bei der Entscheidungsfindung neigen.

In der Tat gibt es Hinweise, dass bestimmte Gruppen von Menschen bei der Bewertung von Informationen besser abschneiden als andere. Männer etwa, haben Studien gezeigt, tendieren eher als Frauen zu *Bestätigungsfehlern* – sprich Informationen so auszuwählen oder zu interpretieren, dass sie den eigenen Erwartungen entsprechen.[32] Menschen aus dem westlichen Kulturkreis wiederum sind überdurchschnittlich anfällig für den sogenannten *Attributionsfehler* – die Überzeugung, dass Leistung und Verhalten anderer hauptsächlich auf deren charakterlichen Eigenschaften und weniger auf übergreifenden kulturellen oder allgemeinen situativen Faktoren beruhen.[33] Allerdings scheinen diese relativen Vorteile jeweils nur in Bezug auf eine kognitive Verzerrung zu gelten. Es besteht auch keine direkte Verbindung zwischen Intelligenz und der Anfälligkeit für solche Denkfehler. Zumindest in diesem Kontext führt eine höhere Intelligenz also nicht notwendigerweise zu besseren Entscheidungsfähigkeiten.

Unter dem Strich heißt das: Es gibt keine verlässliche Methode zur Auswahl von Entscheidungsträgern, die immun gegen eine große Bandbreite von kognitiven Defiziten sind. Wir können also durch Auswahl von Entscheidern nicht dem entkommen, was der Politikwissenschaftler Herbert Simon als »eingeschränkte Rationalität« bezeichnet – unsere begrenzte Fähigkeit, gute Entscheidungen zu treffen.[34]

Eine alternative Strategie wäre, eine Gruppe von Personen auszuwählen, deren kognitive Stärken einander so gut ergänzen, dass die kognitiven Schwächen innerhalb des Teams aufgehoben oder zumindest reduziert werden. Doch selbst wenn das möglich sein sollte, steht längst noch nicht fest, ob derartige kognitive Stärken nicht mit Defiziten in anderen Verantwortungsbereichen einhergehen. Schließlich müssen Manager nicht nur Entscheidungen treffen, sondern Mitarbeiter inspirieren und motivieren, Produkte und Dienstleistungen entwickeln und mit Kunden und Anteilseignern kommunizieren. Charisma, Expertenwissen und Tatkraft sind in Führungspositionen ebenso wichtig wie eine gute Entscheidungsfähigkeit.

Ein Auswahlprozess, der vorrangig auf die Fähigkeiten einer Person zur Informationsverarbeitung abzielt, geht mit hoher Wahrscheinlichkeit zu Lasten ihrer Leistung in anderen Bereichen. Im Bereich des Topmanagements führt einseitige Auswahl also kaum weiter. Stattdessen suchen viele Unternehmen nach Mitteln und Wegen, das Entscheidungsgeschick im Management zu verbessern. Sie verpflichten und befördern systematisch Mitarbeiter, die wirtschaftswissenschaftliche Studiengänge und Managementtrainingsprogramme absolviert haben, in denen besseres Entscheiden auf dem Lehrplan steht. Einige Studien kommen zu dem Ergebnis, dass man das in bestimmten Kontexten tatsächlich trainieren kann. Voraussetzung hierfür ist allerdings, dass die Studenten ein eindeutiges Feedback zu ihren Entscheidungen erhalten – vergleichbar einem Pilotenschüler, der lernt, in welcher Ausnahmesituation er eine Landung abbrechen und wieder voll durchstarten muss, oder einem Arzt, der sieht, dass ein bestimmtes Medikament den Blutdruck eines Patienten senkt. Bei den meisten Führungsentscheidungen jedoch gibt es diese eindeutigen Rückmeldungen nicht, was die Effektivität solcher Programme einschränkt. Die Dinge im Management sind nun mal vielfältig und kompliziert.

In den vergangenen zehn Jahren hat eine Denkschule an Popularität gewonnen, die auf heuristische Entscheidungsfindung setzt. Der Kerngedanke hier ist: Menschen sind gar nicht so schlecht darin, Informationen zu verarbeiten. Die Verarbeitung läuft nur nicht bewusst ab, sondern findet Eingang in unsere Intuition. Die sagt uns oft genauer, wo es langgeht, als endlose Reflexion. Viele Entscheidungen sollten daher auf Basis von einfachen Daumenregeln getroffen werden, die wiederum auf Erfahrungswissen beruhen. Welche Daumenregel in welcher Situation zur Anwendung kommt, spüren gute Entscheider. Die Befürworter dieser vereinfachenden Form von Entscheidungsfindung, darunter Gerd Gigerenzer, Direktor am Berliner Max-Planck-Institut für Bildungsforschung, bestreiten dabei keineswegs die umfangreichen Belege für im Menschen selbst angelegte Entscheidungsfehler. Vielmehr gehen ihrer Ansicht nach die konstruierten Experimente der Verhaltensökonomen auf denen diese Belege basieren an der Realität weit vorbei.

Diese Kritik ist nachvollziehbar. Mit dem Ziel möglichst eindeutiger Ursache- und Wirkungsbeziehungen wird bei fast allen wissenschaftlichen Experimenten die Zahl der involvierten Variablen so weit wie möglich reduziert. Doch das echte Leben ist bekanntlich selten schwarz oder weiß. Nach Einschätzung von Gigerenzer haben wir Menschen Informationsfilter entwickelt, »die uns vor der Gefahr schützen, zu viel Information zu verarbeiten«[35]. Die Antwort, sagt er, liegt nicht darin, nach Wegen zu suchen, wie wir unsere kognitiven Einschränkungen ausgleichen können. Stattdessen sollten wir auf die »Bauchgefühle« vertrauen, die wir über Jahrtausende hinweg erfolgreich genutzt haben.

Einem kognitiv überlasteten Manager, der jeden Tag viele wichtige und unterschiedliche Entscheidungen treffen muss, dürfte das sehr verlockend erscheinen. Bei zu vielen Informationen für zu viele Entscheidungen ist die einfache Lösung sehr willkommen: Ignorieren wir doch einfach die Komplexität der Welt und zelebrieren die Einfachheit. Sich auf seine Intuition zu verlassen ist allemal billiger und schneller, als sich einem Überfluss an Informationen zu stellen.[36] Gigerenzers Ratschläge sind im Management populär. Das ist wiederum kein vages Gefühl, sondern lässt sich mit Daten belegen. Laut einer Studie der *Economist Intelligence Unit* vertrauen drei Viertel aller Topmanager bei Entscheidungen auf ihre Intuition. Selbst zwei Drittel der Manager, die sich selbst als »data-driven« bezeichnen – also der Aussage zustimmen, dass sie so viele Informationen wie nur möglich sammeln und analysieren, bevor sie eine Entscheidung treffen –, gaben an, ihr Bauchgefühl ernst zu nehmen.[37]

Wer würde nicht lieber den schnellen, einfachen und zudem kostengünstigen Weg der Heuristik wählen, statt stundenlang Informationen zu analysieren und daraus Entscheidungen abzuleiten? Wer würde nicht Erfolg haben wollen, ohne hart dafür arbeiten zu müssen? Doch die Heuristik krankt am selben Problem wie der mittelalterliche Aderlass: Mit dem musste man leben (oder sterben), solange es keine bessere Alternative gab. Heuristik ist nur dann in Ordnung, solange wir umfassende Informationen nicht sammeln, nicht verarbeiten und nicht in angemessene Entscheidungen umsetzen können.[38] Wenn uns die Aufklärung eines gelehrt hat: Unwissenheit ist kein Segen, sondern vielmehr die Ermahnung, nach besseren Alternativen zu suchen.

Auch mit der vermeintlich einfachen Lösung der Heuristik können wir das komplexe Problem der unter kognitiven Einschränkungen leidenden Entscheidungsfindung in Firmen kaum bewältigen.

Über die Jahrhunderte hinweg haben Unternehmen ihre internen Informationsströme verbessert und Informationen als Rohstoff für Innovationen genutzt; sie haben daraus einen Wettbewerbsvorteil gegenüber den auf den Preis fixierten und Informationen reduzierenden geldbasierten Märkten errungen – und sich so in vielen Bereichen menschlicher Aktivität als unser bevorzugter Koordinationsmechanismus etabliert. Weniger große Fortschritte wurden bei der Umsetzung von Informationen in Entscheidungen erzielt. Nicht, weil Unternehmen das nicht versucht hätten, sondern wegen der beschränkten menschlichen Fähigkeit zur Informationsverarbeitung. Delegieren von Entscheidungen, Standardisierung (durch SOPs et cetera) und geschickte Auswahl (der fähigsten Individuen) können – ebenso wie heuristische Ansätze – nur in begrenztem Maße Abhilfe schaffen.

Der eigentliche Grund, warum Jeff Bezos Amazon in seiner Organisationsstruktur als konventionelle Firma aufgesetzt hat, dürfte daher weniger in seiner Persönlichkeit als datengetriebener Kontrollfanatiker liegen, als vielmehr der simplen Tatsache geschuldet sein, dass in der Anfangszeit der digitalen Revolution das traditionelle hierarchische Setup die größten Erfolgsaussichten versprach. Seitdem sind die Datenmengen exponentiell angewachsen. Jetzt ziehen wir mit unseren Fähigkeiten nach, die Massendaten zu verarbeiten und zu analysieren. Das verändert die Situation grundlegend. Bislang hat die Digitalisierung uns vor allem geholfen, was wir tun, schneller zu tun. Zunehmend erkennen wir jetzt, dass Daten uns helfen werden, die sozialen Koordinierungsmechanismen auf die nächste Stufe zu heben.

Indem wir das Problem der Informationsströme in Märkten mit neuen Werkzeugen bearbeiten, werden

Marktteilnehmer weitaus effizienter bessere Matches finden und Märkte viel effizienter funktionieren. Aus Sicht von Unternehmen stellt sich damit natürlich die Frage: Wenn die Märkte sich weiterentwickeln, werden dann die traditionellen Unternehmen beim Übergang von geldbasierten zu datenreichen Märkten die großen Verlierer sein? Und im Umkehrschluss: Könnten Unternehmen nicht dieselben digitalen Instrumente wie datenreiche Märkte nutzen, um die Informationsüberlastung in den Griff zu bekommen, die erdrückende Vielzahl von Entscheidungen zu reduzieren und ihre Entscheidungsfindungsprozesse zu verbessern?

Die Kurzfassung der Antwort lautet: Ja, aber nicht im selben Maße wie Märkte. Die ausführliche Antwort geben wir im nächsten Kapitel. Der Datenreichtum wird viele Unternehmen zwingen, ihre Organisationsstruktur grundlegend zu überdenken. Interessanterweise machen zurzeit viele Traditionsfirmen den Anfang, die großen Veränderungsdruck durch digitale Disruptoren spüren. Und irgendwann könnte sogar Jeff Bezos gezwungen sein, sich Gedanken darüber zu machen, ob *command and control* als Führungsprinzip noch zeitgemäß ist. Und ob der »digitale Taylorismus« ein Übergangsphänomen an der Schnittstelle von Finanz- zu Datenkapitalismus bleibt, den innovative Organisationen alsbald hinter sich lassen werden.

# 6

# AUTOMATISIERUNG

Der 26. Dezember 2016 war kein guter Tag für Sachbearbeiter in Versicherungen, doch das bekam zunächst kaum jemand mit. Der japanische Versicherungsriese Fukoku Mutual Life Insurance kündigte in einer harmlos klingenden Presseerklärung an, zur Bewertung von Ansprüchen bei Krankenversicherungsverträgen künftig ein KI-System auf Basis der IBM-Watson-Plattform einzusetzen. Man sei zuversichtlich, mit diesem Schritt »den Arbeitsaufwand um rund 30 Prozent reduzieren zu können«[1]. Drei Tage später berichtete die Tageszeitung *Mainichi Shimbun*: Die Entscheidung für künstliche Intelligenz war eine auf Kosten der menschlichen Belegschaft. Rund ein Drittel der Mitarbeiter in der zuständigen Abteilung von Fukoku werde gekündigt.

In den Monaten davor mussten auch viele Mitarbeiter des Automobilherstellers Daimler in Stuttgart ihre alten Büros räumen – allerdings aus einem ganz anderen Grund. Die Wissensarbeiter wurden nicht wegautomatisiert, sondern in flexiblen Teams und flacheren Hierarchien umorganisiert. Im Sommer 2016 hatte Daimler-CEO Dieter Zetsche eine radikale Umstrukturierung des Konzerns angekündigt. Die ging nicht auf Kosten der Belegschaft, sondern der traditionellen Top-down-Managementkultur bei Daimler. Zetsche gab das Ziel aus: Binnen eines Jahres sollten sechzigtausend Mitarbeiter – rund ein Fünftel der weltweiten Konzernbelegschaft – unabhängig von ihren bisherigen Berichtsketten und Abteilungsgrenzen arbeiten.[2]

Der Elektroingenieur mit Schnurrbart und Sinn für Humor hatte entschieden, auf die Umbrüche in der Automobilindustrie früher und entschiedener zu reagieren als die Konkurrenten in Ingolstadt, München oder Wolfsburg. Selbstfahrende Autos, Elektromobilität, neue Geschäftsmodelle wie Carsharing und Ridehailing-Dienste sowie aufstrebende neue Konkurrenten wie Tesla und dessen chinesische Pendants erforderten mehr als nur kosmetische Veränderungen. Daimler schaltet in den Start-up-Modus. Damit das gelingen kann, sucht der Konzern Inspiration bei zellularen Organisationsstrukturen der großen Internetunternehmen wie Google. Daimler will damit »die hierarchische Managementpyramide mit funktionsübergreifenden und interdisziplinären Gruppen erweitern und schließlich ersetzen«, erklärte Zetsche.[3] Das Ziel sei, den Innovationsprozess zu beschleunigen, und dafür bedürfe es drastisch verbesserter Entscheidungsprozesse. »Im Moment haben wir noch bis zu sechs Hierarchieebenen«, so Zetsche. »Bis 2020 wollen wir das auf zwei Entscheidungsstufen reduzieren.«

Fukoku und Daimler stehen für zwei unterschiedliche Strategien im Umgang mit der Datenrevolution. Ihr Ziel ist allerdings dasselbe: die Firma im Zeitalter datenreicher Märkte zu retten. Beide Konzerne handeln dabei nicht in Panik, denn sie sind in ihren wichtigen Geschäftsbereichen überdurchschnittlich erfolgreich. Der japanische Versicherer setzt auf eine Automatisierungsstrategie: den Einsatz künstlicher Intelligenz für Entscheidungen, die bislang von Menschen getroffen wurden. Der deutsche Premiumautohersteller wiederum verschlankt in erster Linie die Entscheidungsprozesse (und treibt parallel dazu die Automatisierung der Fertigung voran). Beide wollen nicht nur alte und neue Wettbewerber auf Distanz halten, sondern auch ihr Unternehmen gegen einen effizienteren, selbstbewussteren Markt verteidigen. Interessanterweise bedient sich Daimler dabei eines Werkzeugs aus dem Werkzeugkasten des Markts. Aber kann das funktionieren?

Firmen existieren überall dort, wo sie menschliche Aktivitäten effizienter als der Markt organisieren. Und sie sind erfolgreich, solange sie effizienter arbeiten als Konkurrenzunternehmen. Die nächstliegende Antwort auf die Renaissance des Markts durch Daten ist es daher, die Effizienz von Unternehmen zu steigern. Das ist der Weg, den Fukoku mit der Entscheidung für Watson eingeschlagen hat. Es ist die gleiche Strategie, die Firmen seit langem dazu veranlasst, Menschen durch Maschinen zu ersetzen. Dampfmaschinen und mechanische Webstühle sind die historisch bekanntesten Beispiele für Effizienzgewinne mit technischer Innovation. Aber Automatisierung ist kein Kind der industriellen Revolution – schon lange zuvor ersetzten Windmühlen Menschen, die Getreide von Hand mahlten, und verdrängten Druckerpressen die Kopisten.

Auch die frühgeschichtliche Entwicklung (oder vielleicht Entdeckung) des Rads ermöglichte einen deutlich effizienteren Lastentransport als mit Hilfe menschlicher Träger. Die Erfindung des Schnellschusswebstuhls durch John Kay und der Dampfmaschine durch James Watt im 18. Jahrhundert beschleunigte diese Entwicklung. Anfangs arbeiteten Maschinen nur selten effizienter als Menschen. Zudem waren sie in erheblichem Maße auf institutionelle Unterstützung wie entsprechende Gesetze, Finanzinstrumente und dergleichen angewiesen.[4] Doch mit jeder technischen Verbesserung nahm ihre Effizienz zu. Vergleichbare Effizienzgewinne wurden durch die Optimierung der Unternehmensabläufe erzielt, sei es im Namen von Taylorismus, Six Sigma oder Lean Management.

Ob Effizienzstrategien wirken, hängt weitgehend von zwei Faktoren ab: Erstens davon, ob es in einer Branche Ineffizienzen gibt, die sich beseitigen lassen. Der zweite Schlüsselfaktor ist die Zeit. Viele Effizienzgewinne sind nur temporär, weil die Konkurrenz früher oder später aufschließt. Aus diesem Grund starten viele Firmen, die vor allem über den Preis konkurrieren, in dem Moment schon eine neue Rationalisierungsrunde, in dem sie die letzte abgeschlossen haben. Das strukturelle Problem dabei ist: Je mehr Ineffizienzen eliminiert werden, desto schwieriger ist es, weitere Potentiale zu heben. Automatisierungsstrategien unterliegen den Logiken von Grenzkosten und Grenznutzen. Aus diesem Grund ist es auf lange Sicht nur selten erfolgreich, ausschließlich auf Automatisierung, effizientere Prozesse und andere kostensenkende Maßnahmen zu setzen. Natürlich: Die wenigsten Unternehmensstrategien sind langfristig erfolgreich. Der Schlüssel zum Erfolg liegt in der Regel in der kontinuierlichen Anpassung an die Rahmenbedingungen und der Fähigkeit, in jedem Kontext die richtige Strategie zu wählen.

Fukoku hat mit der Entscheidung für Watson eine vergleichsweise konventionelle Vorgehensweise gewählt. Das ergibt Sinn, denn der Versicherungssektor ist noch relativ ineffizient organisiert. Die Arbeit ist personalintensiv, jede Menge Dokumente müssen verarbeitet und durch die Gegend geschickt werden, und der Automatisierungsgrad ist gering. Die Profitabilität eines Unternehmens hängt davon ab, die Versicherungstarife richtig zu kalkulieren und Schadensereignisse zuverlässig zu bewerten und effizient abzuarbeiten. Dabei handelt es sich um Entscheidungen, die nicht so weit standardisiert sind, dass man sie bisher problemlos hätte automatisieren können. Mit vielen Daten und lernenden Systemen ändert sich das gerade. In dieser Hinsicht ähnelt die Versicherungsbranche der Stahlproduktion vor der Erfindung der Dampfmaschine.

Im Kern zielt die Strategie von Fukoku darauf ab, Entscheidungsprozesse auf Sachbearbeiterebene möglichst weitgehend zu automatisieren. Das dürfte sich auszahlen. Die Anschaffungskosten für Watson beliefen sich auf 1,7 Millionen US-Dollar, die jährlichen Betriebskosten werden mit rund 130 000 Dollar veranschlagt. Im Gegenzug spart die Firma 1,1 Millionen Dollar pro Jahr an Gehältern. Damit amortisiert sich die Investition innerhalb von zwei Jahren – deutlich schneller als etwa bei Automatisierungsmaßnahmen im Fertigungssektor. Die von dem neuen System vorgeschlagenen Entscheidungen müssen nach Konzernangaben zurzeit noch von erfahrenen Mitarbeitern geprüft und genehmigt werden. Doch man überlegt bei Fukoku bereits, ein weiteres lernendes System zu installieren, das auch diese Aufgabe übernimmt.

Seit Jahrzehnten kündigen Sprecher auf Technologiekonferenzen an, dass KI-Systeme menschliche Wissensarbeiter ersetzen werden. Das schien immer theoretisch möglich, ist aber in der Praxis fast nie passiert. Selbst Routineentscheidungen bei Versicherungsunternehmen waren nicht einfach und einheitlich genug, um sie mit KI-

Systemen zu automatisieren, die feste Regeln abarbeiten. Fukokus Umstellung auf Watson war für die automatisierte Entscheidungsfindung, die auf mit Daten lernenden Systemen basiert, eine Art »Kitty-Hawk-Moment« – vergleichbar mit dem ersten Motorflug der Brüder Wright für die Luftfahrt 1903: Zwei Jahrzehnte später gab es eine boomende Luftfahrtindustrie. Wir wagen zu prognostizieren: Von nun an wird die Automatisierung von Routineentscheidungen in allen Branchen ähnlich schnell voranschreiten. Wie Henry Ford seine Kosten durch die Automatisierung der Automobilherstellung senkte, senkt Fukoku seine Kosten durch die Automatisierung der Abwicklungsprozesse – andere Branche, gleiche Idee. Und wie Ford wird Fukoku dank der Automatisierung eine Effizienzdividende einstreichen und so seine Wettbewerbsposition stärken.

Mit Watson hat das Fließband die Büros erreicht, was einige interessante Anschlussfragen aufwirft: Warum sollte die Automatisierung auf der Ebene der Sachbearbeiter anhalten? Kann man dann nicht auch mittlere Managemententscheidungen automatisieren? Oder könnte gar ein KI-gestützter Robo-Boss eine Firma führen? Der größte Hedgefonds der Welt, Bridgewater Associates, lotet bereits die Antworten hierauf aus.

Algorithmen unterstützen dort die Fondsmanager seit Jahren bei Investitionsentscheidungen. Das ist in der Branche üblich. Bei Bridgewater jedoch soll datenbasierte KI zunehmend allgemeine Managemententscheidungen treffen, beispielsweise wer eingestellt, wer befördert und wer gefeuert wird. Ziel des datenbesessenen Fondsgründers Ray Dalio ist es, bis 2022 drei Viertel aller Managemententscheidungen in seinem Unternehmen zu automatisieren.[5] Die Ausgangslage für die Nutzung lernender

Systeme ist bei diesem Hedgefonds – im Unterschied zur Konkurrenz – denkbar günstig: Denn während kaum ein Unternehmen der Welt seine Entscheidungsprozesse routinemäßig in Datenform erfasst – bestenfalls gilt das für die Resultate dieser Prozesse –, werden bei Bridgewater bereits heute die meisten Meetings und Geschäftsgespräche aufgezeichnet und für künftiges Data-Mining geloggt. Und Mitarbeiter werden gebeten, die Leistungen ihrer Kollegen regelmäßig zu bewerten.

Um aus diesen Daten schlau zu werden, holte Dalio den KI-Experten David Ferruci an Bord, der Watson 2011 bei *Jeopardy!* zum Sieg geführt hatte. Bei Bridgewater leitet Ferruci das »Systemized Intelligence Lab«, wo er mit seinem Team eine alle Unternehmensfunktionen umfassende Managementsoftware mit dem Kürzel PriOS entwickelt. In einigen Bereichen wird das neue System menschliche Entscheidungsprozesse eher ergänzen statt ersetzen. So soll es bei unterschiedlichen Auffassungen oder Vorschlägen in Teambesprechungen ein Ranking der Alternativen erstellen. Bei der Bewertung der einzelnen Optionen wird es einberechnen, wer den Vorschlag gemacht hat, wie hoch der Sachverstand der Person in diesem Themengebiet ist und wie gut die Entscheidungen in der Vergangenheit derjenigen waren, die den Vorschlag unterstützen. Solche Rankings ergeben dann eine quantifizierte Entscheidungsassistenz für das Team. Die Hauptfunktion der Menschen wird darin bestehen, die Kriterien festzulegen, anhand derer PriOS Entscheidungen trifft – und nicht mehr der Mensch.

Es ist gewiss kein Zufall, dass Entscheidungsfindung mit KI in der datengetriebenen Welt des Investmentbankings mit besonderer Energie vorangetrieben wird. Andere Branchen werden nachziehen, und die automatisierte Entscheidungsfindung wird am Ende selbst in Unternehmen funktionieren, die Dienstleistungen am Menschen anbieten. Ein Robo-Boss, der über ausreichend Daten verfügt, könnte zum Beispiel ein großes Pflegeteam zuverlässig und effizient leiten. Das System würde stets den Überblick über Nacht- und Wochenendschichten behalten, niemals vergessen, für besonders pflegeintensive Patienten zusätzliche Zeiteinheiten zu buchen, oder in Notfällen ohne Verzögerung einen benachbarten Pflegedienst suchen und kontaktieren. Das hört sich unmenschlich an? Vielleicht gäbe es in einem solchen System unter dem Strich mehr Fairness: Einem Robo-Boss passt jede Nase. Er würde bei der Dienst- und Einsatzplanung niemals aus Sympathiegründen einen Mitarbeiter oder einen Patienten bevorzugen.

Oder stellen wir uns vor, ein KI-System entscheidet in einer kleinen Baufirma darüber, ob ein zusätzlicher Schaufelbagger gekauft, geleast oder nur geliehen werden soll.[6] Der Geschäftsführer dort trifft heute seine Entscheidung in der Regel auf der Grundlage begrenzter Informationen und nach seinem Bauchgefühl. Er könnte sich von dem Aussehen des glänzenden, schicken neuen Baggers beeinflussen lassen oder allein auf die tägliche Mietgebühr schauen. Ein lernendes System dagegen wird Daten aus den Orderbüchern und der Buchhaltung sammeln, weitere Informationen über die voraussichtlichen Betriebskosten und regionalen Wirtschaftstrends erheben und dann sagen: »Tut mir leid, lieber Geschäftsführer. Aber ich kann den Kauf dieses phantastischen Baggers nicht unterstützen, obwohl ich weiß, dass seine Leistungswerte exzellent sind und er in Online-Foren für Baugeräte-Nerds hervorragende Kritiken bekommt.« In solchen Szenarien könnten wir am Ende besser geführte Firmen mit weniger Führungskräften haben. Allerdings gibt es ein grundlegendes Problem bei der Automatisierung von Managemententscheidungen: ein Datenproblem.

In Märkten ähneln sich alle Transaktionsentscheidungen strukturell. Wir vergleichen unsere Präferenzen mit denen der anderen Marktteilnehmer und entscheiden dann, ob und mit wem wir ein Geschäft abschließen. Die Details mögen variieren, doch grundsätzlich stehen wir jedes Mal, wenn wir auf dem Markt aktiv werden, vor dieser Art von Entscheidung. Dagegen müssen Manager eine Vielzahl sehr unterschiedlicher Entscheidungen treffen.

Hinzu kommt: In datenreichen Märkten haben wir Zugriff auf umfassende Daten der Teilnehmer, und da Transaktionsentscheidungen dort einander recht ähnlich sind, können KI-Systeme aus diesen Daten lernen. In Unternehmen hingegen ist das kaum möglich, da Entscheidungen derselben Art weitaus seltener und die für eine bestimmte Entscheidungsart verfügbaren Daten begrenzt sind. Hier beißt sich die Katze in den Schwanz: Da Unternehmen genau so organisiert sind, dass Führungskräfte mit weitaus vielfältigeren Entscheidungsarten konfrontiert werden als Marktteilnehmer (die nur entscheiden müssen, ob sie eine Transaktion abschließen oder nicht), sind in Unternehmen deutlich mehr und nicht weniger Daten notwendig, damit lernende Systeme funktionieren. Das hat zur Folge, dass selbst die fortschrittlichsten KI-Systeme weitaus nützlicher bei Markttransaktionen sind als bei der vielfältigeren Entscheidungsfindung in Unternehmen.

Und selbst wenn ausreichend Informationen vorhanden sind, fehlt es immer noch an Daten über die tatsächlichen Entscheidungsprozesse: wie die verschiedenen Informationen bewertet, gewichtet, abgeglichen und dann in eine Entscheidung umgesetzt werden. Denn ohne solche Prozessdaten ist maschinelles Lernen stark gebremst und können diese Systeme nicht richtig funktionieren. Anders gesagt: Das schmale Bächlein relevanter, vergleichbarer Daten in Unternehmen kann mit der Datenflut der Märkte nicht mithalten. Natürlich könnten Firmen versuchen, mehr derartige Daten zu erheben, doch in Anbetracht der großen Unterschiedlichkeit der zu treffenden Entscheidungen ist es schwer vorstellbar, dass KI-Systeme in absehbarer Zukunft allgemeine Managemententscheidungen übernehmen.

Könnten Unternehmen dann aber nicht ihre Organisationsstruktur so umkrempeln, dass alle vergleichbaren Entscheidungen in einer Abteilung gebündelt und so für KI-Systeme ausreichende Datenmengen erzeugt werden? Immerhin konnte Fukoku auf Watson umstellen, gerade weil es dort eine Abteilung gibt, die ausschließlich ähnlich gelagerte Anspruchsfälle bearbeitet – und damit genügend Daten für ein lernendes System vorhanden waren. Vielleicht unterscheiden sich routinemäßige Entscheidungsprozesse auf der Führungsebene daher gar nicht so sehr von solchen auf der Sachbearbeiterebene, und lernende Systeme funktionieren in beiden Bereichen, solange nur die Datenbasis groß genug ist? Könnte vielleicht eine weitreichende Arbeitsteilung zu einer Bündelung von Entscheidungen je nach Entscheidungstyp führen und damit die Voraussetzungen für deren Automatisierung schaffen? Genau betrachtet unterscheidet sich das gar nicht so sehr von dem altbekannten Prinzip des Delegierens von Entscheidungen. Dabei werden ja Aufgaben mit dem Ziel aufgeteilt, dass spezifisches Expertenwissen entsteht und Entscheidungsprozesse effizienter ablaufen. So könnte der logisch nächste Schritt sein, datengestützte Automatisierung von Managemententscheidungen in immer mehr Abteilungen eines Unternehmens einzuführen.

Es gibt einige vielversprechende Ansätze in dieser Richtung. Das amerikanische Start-up Daisy Intelligence beispielsweise bietet Einzelhändlern bereits heute einen Werkzeugkasten von aus Daten lernenden Systemen, die sie bei Sortimentsauswahl, Bestellung und Lagerhaltung, Sonderangeboten, Produktplatzierung und Preisgestaltung unterstützen. Das ist natürlich nichts für Tante-Emma-Läden oder Modeboutiquen mit spezieller Klientel, weil sie nicht ausreichend Daten erzeugen. Aber einem mittelgroßen Einzelhändler mit mehreren Tausend Produkten, der eine große Zahl ähnlicher Warenbestands- und Preisentscheidungen treffen muss, könnte es entscheidende Wettbewerbsvorteile bringen.

Lernende Systeme dieser Art versprechen nicht nur, bessere Routineentscheidungen zu treffen. Sie sind auch viel günstiger als menschliche Entscheider. Das bedeutet letztlich: Routinemäßige, faktengestützte und auf der unteren Führungsebene angesiedelte Entscheidungen, ohne Querbezüge zu anderen Unternehmensbereichen und gestützt auf ausreichend viele Daten, werden zunehmend automatisiert. Umgekehrt gilt: Managemententscheidungen, für die nicht ausreichend viele Daten vorliegen, die nicht standardisiert sind oder die ein hohes Maß an Koordination mit anderen Abteilungen erfordern, bleiben auf absehbare Zeit weitgehend immun gegen Automatisierung. Nach wie vor können Menschen in einer komplexen Organisation Informationen einfacher austauschen als smarte Roboter und ihre Tätigkeiten mit anderen informell koordinieren – etwa bei einem Bier nach der Arbeit. In gewissem Sinn sind KI-Systeme (zumindest noch) Fachidioten: Ihnen fehlt der Überblick auf das große Ganze. Ein lernendes System, das nur Daten aus einer bestimmten Einheit verwendet, mag auf der Grundlage dieser Daten eine richtige Entscheidung treffen, doch für die Firma als Ganzes könnte es die falsche sein.

Erfolgreiche Führungskräfte tun sich mit solchen Situationen leichter – in vielen Fällen vereinen sie Kompetenz in ihrem Fachgebiet mit der Fähigkeit, mit Kollegen in anderen Abteilungen zu kommunizieren und zusammenzuarbeiten. Solche Manager besitzen ein sogenanntes T-förmiges Qualifikationsprofil[7] – sie kombinieren Expertenwissen (vertikaler Balken im T) mit sozialen Kompetenzen (horizontaler Balken im T). KI-Systeme können sich zunehmend vertikales Fachwissen aneignen, aber zur horizontalen Kooperation sind sie nicht geschaffen. Doch jedes Unternehmen braucht Entscheider, die über die Grenzen ihres Bereichs hinauszublicken imstande sind.

Für uns Menschen ist das auf der einen Seite beruhigend: Auf den oberen Führungsebenen bleiben wir vorerst unersetzbar, zumindest bis mit einer Unmenge an Daten aus einer Vielzahl unterschiedlicher Entscheidungen trainierte lernende Systeme allgemeine Entscheidungskompetenzen entwickeln. Dann wären wir aber ohnehin relativ nah an der Entwicklung von sogenannter »starker KI«, die noch viel grundsätzlichere Fragen aufwerfen würde.

Auf der anderen Seite gilt: Das Verständnis der Grenzen lernender Systeme hilft uns zu erkennen, welches Qualifikationsprofil erfolgreiche Führungskräfte auf mittlere Sicht haben müssen. Profundes Fachwissen bei mäßiger sozialer Intelligenz wird immer seltener für eine Managementkarriere reichen. Die effektiven Führungskräfte von morgen werden sich wieder stärker am Ideal des Universalgelehrten der Renaissance orientieren. Auf Grundlage einer soliden und breiten Wissensbasis können diese Manager einzelne Informationen in die großen Zusammenhänge einordnen. Die Führungskräfte der Zukunft werden damit eine Reihe von Kompetenzen stärken müssen, die über die direkt mit der Entscheidungsfindung verbundenen Fähigkeiten hinausgehen. Dazu gehört etwa, abteilungsübergreifendes und interdisziplinäres Arbeiten zu fördern und anzuleiten. Das Unternehmen der Zukunft wird herausragende Geschichtenerzähler benötigen. Denn nach innen fördern überzeugende Unternehmensgeschichten die Kohärenz und motivieren die Mitarbeiter; nach außen liefern sie gute Verkaufsargumente.

Zuletzt, und das ist womöglich der wichtigste Punkt, braucht es Manager aus Fleisch und Blut, um radikale Innovationen voranzutreiben. Lernende Systeme können lediglich kontinuierliche Verbesserungen hervorbringen, denn sie kommen nur auf Ideen, die in den Daten bereits enthalten sind. Im Gegensatz zu Menschen, die über Phantasie verfügen, haben die aktuellen KI-Systeme keinen Referenzpunkt, anhand dessen sie völlig neue Situationen einschätzen können. Natürlich könnte sich auch das irgendwann ändern. Vielleicht ist radikale Innovation gar nicht so radikal, wie wir glauben, sondern bloße Verbindung und Erweiterung von bereits Bekanntem. Oder vielleicht lassen sich radikale Innovationen mit Hilfe des Zufalls algorithmisch hervorbringen. Softwarehersteller wie Autodesk versuchen seit einigen Jahren, ihren Systemen Kreativität beizubringen, bislang allerdings mit überschaubarem Erfolg. Bis sich das ändert, dürften menschliche Manager auch weiter den komplexen Prozess der schöpferischen Zerstörung steuern, in dem der österreichisch-amerikanische Ökonom Joseph Schumpeter die Quelle tiefgreifender Innovationen verortete.

Fukokus Strategie – die wir als Option 1 bezeichnen – konzentriert sich auf massive Effizienzsteigerungen. Die besten Unternehmen werden bei Einsatz dieser Strategie Routineentscheidungen erfolgreich automatisieren und dabei Kosten und Arbeitsplätze kontinuierlich reduzieren. Im Kern aber ist Option 1 eine Wette auf die Vergangenheit: eine Wette für Firmen, die sich nicht von ihren traditionellen Strukturen, sondern von ihren Mitarbeitern trennen wollen. Von außen wirkt der japanische Versicherungskonzern, der auf Daten und die neuesten digitalen Werkzeuge setzt, wie eine durch und durch digitale Firma. Aber auch wenn künstlich intelligente Werkzeuge menschliche Arbeit ersetzen, bleibt die interne Struktur des Unternehmens – die Hierarchien und Abteilungen – unberührt. Daten fließen weiterhin zentralisiert an die Firmenführung. Dort mögen zwar Renaissancemanager schneller Karriere machen als einseitig begabte Experten, aber insgesamt wird so die traditionelle Kommando- und Kontrollkultur überleben. Die größte Neuerung für Topmanager wird vielleicht in der Erkenntnis bestehen, dass Maschinen ihre Befehle schneller und genauer ausführen als Menschen – und niemals widersprechen.

Die Alternativstrategie, Option 2, die Daimler verfolgt, greift deutlich weiter. Automatisierung mit Maschinen in den Werkshallen beherrscht man in Untertürkheim seit Jahrzehnten: Roboter schweißen genauer als die besten Facharbeiter. Doch ab sofort verdrahtet der Premiumautohersteller seine Entscheidungsprozesse neu, um sich nicht nur im Vergleich zu Konkurrenten wie BMW, Lexus und Tesla besser zu positionieren, sondern auch gegenüber dem Markt. Organisatorisch gesehen ist das eine Wette auf die Zukunft. Daimler ist bereit, traditionell gewachsene Hierarchien hinter sich zu lassen, um mit einem wiedererstarkenden Markt und digitalen Wettbewerbern Schritt zu halten.

Die Herausforderung, vor der Daimler steht, ist typisch für erfolgreiche Konzerne: Wenn Unternehmen glauben, sie hätten die perfekte Balance zwischen Zentralisieren und Delegieren von Entscheidungen gefunden, halten sie daran oft um jeden Preis fest. Sie glauben, die innerbetrieblichen Entscheidungsprozesse funktionierten, weil sie das eine Zeitlang taten – und das führt zu einer in der Organisation selbst begründeten Unfähigkeit, sich strukturell anzupassen und weiterzuentwickeln. Wenn Dieter Zetsche einen fundamentalen Wandel fordert, zielt er damit auf verknöcherte Managementstrukturen und eingefahrene Entscheidungsprozesse. Entscheidungen dauerten, klagt der CEO, zu lange. Zetsche hat die Notwendigkeit erkannt, dass Daimler in allen Bereichen innovativer wird – mehr Ideen entwickelt, die traditionelle Muster sprengen. Konkret fordert er mehr Verantwortlichkeit unter den Entscheidungsträgern. Zetsche drängt nicht auf eine neue Automatisierungsrunde, vielmehr nimmt er die Organisationsstruktur ins Visier und will sie auf ein einfacheres, schnelleres und flacheres Modell mit dezentralisierten Entscheidungsprozessen trimmen. Das kennt man von Start-ups wie Spotify.[8]

Das schwedische Unternehmen betreibt den größten Musikstreaming-Dienst der Welt mit über 100 Millionen Nutzern. Spotify hat mit seinem Geschäftsmodell iTunes, den digitalen Musikshop von Apple, in Bedrängnis gebracht, der seinerseits einem lange Zeit vorherrschenden Geschäftsmodell den Boden unter den Füßen weggezogen hatte, dem Verkauf von Schallplatten und CDs in Ladengeschäften. Die Musikindustrie verbindet mit iTunes eine Hassliebe: Einerseits hat Apples digitaler

Content-Shop ihr einen erheblichen Teil der Profite weggenommen, andererseits beteiligt Apple im Unterschied
zu illegalen Filesharing-Diensten die Produzenten und
Verwerter an seinen Umsätzen.

Verglichen mit iTunes und ähnlichen digitalen Musik-
verkäufern sind Streaming-Dienste eine fundamentalere
Disruption, denn sie schaffen eine Plattform, die Preis
von Produkt und Kosten von Konsum entkoppeln. Ungefähr die Hälfte der Spotify-Nutzer beschränkt sich auf
das kostenlose Angebot: Sie bezahlen keine monatliche
Abogebühr, geben aber persönliche Daten preis und
akzeptieren damit auf sie zugeschnittene Werbung. Die
rund 50 Millionen »Premium-Nutzer« von Spotify bekommen für 10 Euro im Monat unbeschränkten Zugang
zu über 30 Millionen Songs; dabei ist es egal, ob ein Nutzer rund um die Uhr Musik streamt, von einem Lied zum
nächsten springt oder den Dienst gar nicht nutzt – der
Preis ist immer derselbe. Anders als auf konventionellen
Marktplätzen hat der Preis auf Spotify seine traditionelle
Informationsfunktion eingebüßt und wird durch eine
Vielzahl unterschiedlicher Signale ersetzt – etwa nach
welchen Songs oder Interpreten gesucht wird, welche
Tracks von wem übersprungen werden, welche Titel die
Nutzer mit Freunden teilen und vieles mehr. Spotify
hat ein wirtschaftlich angeschlagenes klassisches Pipe-
line-Geschäft in einen datenreichen Markt – zwischen
Hörern und Musik sowie zwischen Werbetreibenden
und Zielpublikum – verwandelt, auf dem direkte Zahlungen nur eine untergeordnete Rolle als Informationsträger spielen. Was Spotify für dieses Buch aber
besonders interessant macht, ist seine Organisationsstruktur.

Das Unternehmen wurde 2006 in Stockholm gegründet. Es dauerte zwei Jahre, bis sein Portal online ging, denn zunächst musste die Musikindustrie überzeugt werden, Inhalte zur Verfügung zu stellen. Die Gründer Daniel Ek und Martin Lorentzon waren zu dem Zeitpunkt nicht die Einzigen, die mit Musikstreaming Internetmilliardäre werden wollten. In den Jahren nach Gründung folgte ein heftiger Konkurrenzkampf mehrerer Streaming-Startups, in den später auch Apple und Amazon einstiegen. Spotify jedoch machte das Rennen.

Der Erfolg hat bekanntlich viele Väter, aber im Fall Spotify spielt einer der Gründer eine herausragende Rolle: Daniel Ek war mit dem Musikgeschäft, bei dem Preis keine Rolle spielt, in besonderer Weise vertraut. Er war zuvor CEO von μTorrent, eine Softwarefirma, die das (meist illegale) Filesharing bequem nutzbar gemacht hatte. Vor allem aber verfügte Ek über eine Vision, wie er ein ultraschnell wachsendes Digital-Start-up voller selbstbewusster Programmierer im Kontext der egalitären schwedischen Unternehmenskultur führen wollte. Daniel Ek gilt als der Tom Sawyer der umtriebigen Stockholmer Start-up-Szene. Er findet Zäune und lässt sie von anderen streichen.[9] Sein Trick dabei ist: Er lässt die anderen die Zäune so streichen, wie sie das am besten finden. Die Managementkultur von Spotify ist der Gegenentwurf zu althergebrachten Kommando- und Kontrollkulturen. Sie hat die Prinzipien der agilen Softwareentwicklung übernommen und in ein Managementsystem übersetzt, das Ek »Squadifiction« nennt.

»Squads« sind kleine Teams mit der alleinigen Verantwortung für bestimmte Aspekte eines Produkts (etwa für die Suchfunktion oder das Nutzer-Interface) oder bestimmte Geschäftsbereiche (etwa den Vertrieb in einem bestimmten Markt). Die Squads haben keinen klassischen Chef, sondern sogenannte »Product Owner«. Deren Aufgabe ist es nicht, Entscheidungen für andere zu treffen. Sie sollen vor allem dafür sorgen, dass die Teammitglieder alles haben, was sie brauchen, um gute Arbeit zu machen. Die »Product Owner« haben zudem die selbst definierten Ziele und Fertigstellungsfristen des Teams im Blick und erinnern nötigenfalls an diese. Sie verfügen aber anders als herkömmliche Teamleiter über keine besondere Autorität. Dasselbe gilt für den »Agile Coach« der Squads, der die Zusammenarbeit innerhalb des Teams fördern und erleichtern soll.

Die Grundhaltung dahinter lautet: Komm erst gar nicht auf den Gedanken, einen Manager nach einer Entscheidung zu fragen, denn du hast keinen. Spiel mit den Daten herum, um Nachweise für deine Idee zu sammeln. Dann präsentiere sie deinen Teamkollegen, den Squads, die an verwandten Themen arbeiten, und überhaupt allen im Unternehmen, von denen du glaubst, dass sie sich mit der Materie auskennen. Besorg dir Feedback, dann triff selbst (oder als Squad) die Entscheidungen und setze sie schnellstmöglich um. Wenn es Probleme gibt, liegt es an dir, diese zu lösen.

Um der Entstehung von Silos in der Organisation vorzubeugen und die Zusammenarbeit über Squads hinweg zu fördern, kommen Spezialisten verwandter Fachgebiete in »Chaptern« zusammen. Squads, die an ähnlichen Themen arbeiten, bilden »Tribes«, denen nicht mehr als hundertfünfzig Mitglieder angehören sollen. Über diesen Stämmen stehen die »Guilds«, also Gilden. Deren Hauptaufgabe ist es, den Informations- und Wissensfluss innerhalb des Unternehmens zu fördern. Um Kohärenz von Strategie und Entscheidungen zu gewährleisten, weist das durchlässige Organigramm von Spotify die Po-

sitionen des »System Owner« und des »Chief Architect«
aus. Doch in der Praxis erteilen auch diese beiden Topmanager allenfalls in Ausnahmefällen Befehle. Im Regelbetrieb agieren sie wie die »Product Owner« und »Agile
Coaches« im Moderatorenmodus: Wenn sie ihre Meinun-
gen in Handlungen umgesetzt sehen wollen, bedienen sie
sich der sanften Macht der Überzeugung und der harten
Fakten datengestützter Beweise.

Bei Spotify ist man stolz auf eine Kultur, die Feedback
und Coaching in den Vordergrund rückt. Scheitern ist
okay, solange man daraus lernt – in einigen Squads gibt
es sogar »Fail Walls«, um die Lektionen zu verdeutlichen,
die daraus gezogen werden können. Feedback und Lernen werden grundsätzlich getrennt von formalen Diskus-
sionen über Gehalt und Leistung, die sich ja eher an einer
traditionellen Hierarchie orientieren. Während für Sach-
fragen der Input von anderen auf gleicher Ebene geför-
dert und gefordert wird, werden Gehalt und Leistung der
Teammitglieder nicht in der gesamten Squad basisdemo-
kratisch diskutiert. Dadurch hat niemand einen Anreiz,
andere »aus politischen Gründen« günstig zu beurteilen.
Auch das fördert nach Überzeugung von Spotify offenes
Feedback. Ein eigens für den Prozess entwickeltes digitales Werkzeug beschleunigt schließlich den Feedbackprozess.[10]

Das Squadification-Modell von Spotify ist zumindest
zum Teil Ausdruck der Ideale und Werte, die seine Gründer und Mitarbeiter vertreten. Zum Teil ist das Modell
auch möglich, weil Streaming-Dienste kein stark staatlich
regulierter Sektor sind, wie etwa die Gesundheitsbranche
oder Finanzdienstleistungen. Das bedeutet, dass Spotify
sich in scharfem Wettbewerb bewähren muss, in dem
laufende Innovation unerlässlich ist. Spotifys Struktur ist

eben auch die richtige Organisationsform für ein digitales Start-up mit vielen Daten.

Doch es gibt noch einen weiteren Grund, warum sich Spotify für den Squadification-Ansatz entschieden hat. Wenn wir die Scrum-Rhetorik und Euphorie für kleine selbstorganisierte Gruppen einmal beiseiteschieben, zeigt sich: Das Unternehmen hat ein Stück Markt-DNA in seine Struktur eingesetzt. Schließlich ist dezentrales Entscheiden *das* Merkmal des Markts. Dezentrale Entscheidungsprozesse in einer Firma zu verankern bedeutet also nichts anderes, als den Markt in die Firma zu holen. Unter Organisationsberatern wird »Squadification« zurzeit gerne als Modell diskutiert, wie Führung im Zeitalter der Agilität funktioniert. Das ist eine mögliche Betrachtung, doch sie übersieht eine größere Veränderung: Spotify ist ein faszinierendes Beispiel für eine Firma, die bewusst versucht, kein traditionelles Unternehmen zu werden. Der Marktplatz für Musik, auf dem Preis keine Rolle spielt, hat sich gegen die traditionelle Firmenstruktur und für eine organisatorische Hybridform entschieden: teils Firma, teils Markt.

Den Markt in Unternehmen zu integrieren ist keine radikal neue Idee mehr, er gibt schon viele Varianten. Ihnen allen ist gemein, dass Unternehmen einen Teil der Managemententscheidungen an dezentralisierte, stärker am Markt orientierte Mechanismen delegieren.

John Deere beispielsweise gelang der Wandel von einem Landmaschinenhersteller mit traditionellem Vertrieb zu einem der weltweit führenden Anbieter für *connected farming* erst, als die Unternehmenskultur auf schnellere, dezentralisierte Entscheidungsfindung in selbstorganisierten Teams ausgerichtet wurde.[11] General

Electric und Siemens dezentralisieren ihre Lieferketten und Produktion in regionale Einheiten, weil die zentralisierte Entscheidungsfindung zu häufig zu weit danebenliegt.[12] Und der Medienriese Thomson Reuters will Innovationen mit Ideenwettbewerben beschleunigen, bei denen es nicht nur Preise zu gewinnen gibt, sondern die siegreichen Ideen auch realisiert und durch einen internen Risikokapitalfonds finanziert werden.[13] Alle Transformationsgeschichten verbindet, dass Marktelemente traditionelle Organisationsstrukturen teilweise ersetzen. Daimler-CEO Zetsche spricht in diesem Zusammenhang zu Recht von einer »kulturellen Revolution«.

Die Renaissance des Markts im Zeitalter des Datenreichtums wird viele Firmen zwingen, die Revolution der Organisation zu wagen. Wir werden in den Firmen der Zukunft mehr Unternehmen mit mehr Markt-DNA, mehr Dezentralisierung und mehr internem Wettbewerb sehen. Unternehmen, die sich Marktmechanismen zu eigen machen wollen, stehen dabei vor schwierigen strategischen Entscheidungen: Wenn der Markt selbst sich vom Geld als Schmiermittel ab- und komplexen Datenströmen zuwendet, könnte es für viele lohnender sein, auf die datenreichen Märkte zuzugehen, als mit ihnen zu konkurrieren. Dabei kommt es entscheidend darauf an, die Funktionsweise dieser Märkte zu verstehen: Vielfältige Informationsströme werden durch Matching-Algorithmen und KI-Systeme ergänzt. Miteinander kombiniert können diese Elemente Unternehmensentscheider ebenso wie Marktteilnehmer dabei unterstützen, aus den Präferenzen von Angebot und Nachfrage die optimalen Transaktionen zu identifizieren. Vorreiter ist hierbei zurzeit ein Bereich, der oft als wenig innovativ gilt: die Personalentwicklung.

Bei einer 2016 von der Beratungsfirma Deloitte durchgeführten Umfrage gaben 39 Prozent der befragten Führungskräfte in Großunternehmen an, sie seien »kaum« oder »gar nicht« in der Lage, ausreichend geeignete Mitarbeiter für ihr Unternehmen anzuwerben. [14] Je schwerer es ist, außerhalb der eigenen Organisation neue Mitarbeiter zu finden, desto wichtiger wird die interne Suche nach passenden Talenten für bestimmte Aufgaben. Zu diesem Zweck haben viele große Unternehmen in den vergangenen Jahren ihr Talentmanagement um datengestützte interne Marktplätze erweitert. Das mag wie eine simple Lösung klingen, ist aber eine effektive Antwort auf eine Reihe von Herausforderungen im Personalwesen und eignet sich hervorragend als Anschauungsobjekt für praktikable Nutzung datenreicher Märkte.

Unternehmen mit einer zentralen Personalabteilung konzentrieren ihr Wissen um das Anwerben und Binden von Talenten in einer organisatorischen Einheit, damit Best Practices geteilt und, falls erforderlich, rasch angepasst werden können. Doch wie bei jeder Zentralisierung erzeugt dies einen Flaschenhals bei der Informationsverarbeitung. Die Mitarbeiter der Personalabteilung mögen erfahren sein, aber in dem Bemühen, die Talentsuche innerhalb des Unternehmens zu optimieren, werden sie mit vielen Informationen konfrontiert. Sie müssen Kandidaten für die entsprechenden offenen Stellen anhand zahlreicher Faktoren wie Berufserfahrung, spezifisches Fachwissen oder Gehaltsrahmen finden. Das ist für Menschen eine große Herausforderung, selbst wenn sie kompetent, engagiert und guten Willens sind.

Bei der internen Mitarbeitersuche gibt es ein weiteres Problem: Manager mit klugen, fleißigen und zuverlässigen Assistenten werden nach Kräften versuchen, diese

Talente in ihrem Team zu behalten. Das bedeutet im Umkehrschluss: Führungskräfte haben einen starken Anreiz, gegenüber der Personalabteilung die positiven Eigenschaften ihrer kompetentesten Mitarbeiter herunterzuspielen, damit diese nicht »weggenommen« und intern versetzt werden.

Um solche Ineffizienzen zu vermeiden, haben unter anderem American Express, AT&T und IBM Softwareplattformen eingeführt, die weit über die üblichen Stellenanzeigen im Intranet der Unternehmen hinausgehen und detaillierte (gleichwohl standardisierte) Stellenbeschreibungen mit detaillierten (und ebenso standardisierten) Bewerberprofilen abgleichen. Mit Filtern lässt sich das Angebot an verfügbaren Talenten und offenen Stellen sowohl von wechselbereiten Mitarbeitern wie von Managern mit Personalbedarf bequem durchsuchen. Digitale Empfehlungsfunktionen helfen mit, über eine Vielzahl von Dimensionen hinweg passende Treffer zu finden.

Solche innerbetrieblichen Talentbörsen bieten eine Reihe von Vorteilen: Erstens dezentralisieren sie »Transaktionen« (in diesem Fall das Matching von Mitarbeitern und Aufgaben) und verringern damit die Informationsüberlastung der Personalabteilung. Suche und Abgleich erfolgen außerhalb der Personalabteilung durch jene, die es tatsächlich betrifft. Dank reicher Informationsströme und entsprechender Matching-Software sind die Suchkosten vergleichsweise gering. Und keine Seite hat einen Anreiz, Kompetenzen zu verheimlichen, Präferenzen zu verbergen oder den Bedarf zu übertreiben. Das gewährleistet umfassende und relativ genaue Information am internen Talentmarkt – und damit effiziente Transaktionen. Damit freilich »besitzen« Manager ihre Talente auch

nicht mehr und können Informationen nicht mehr ge-
oder missbrauchen, um die Versetzung von Mitarbeitern
auf die Positionen zu verhindern, die ihren Fähigkeiten
am besten entsprechen. Das macht menschliche Arbeitskraft in Organisation beweglicher und stärkt die Fähigkeit von Firmen, rasch und flexibel auf Veränderungen zu
reagieren. Zudem erlaubt es Mitarbeitern, sich mehr wie
freie Marktakteure zu verhalten, auch wenn das Management sich das Recht vorbehalten dürfte, Positionen mit
bestimmten Talenten zu besetzen.[15]

Ein weiteres wichtiges Ziel interner Talentmärkte ist
die Abkehr vom Fokus auf Preis, also Gehalt und anderen
Gegenleistungen. Das ist einerseits sinnvoll, weil Unternehmen keinen Mechanismus für einen offenen internen
Gehaltswettbewerb institutionalisieren möchten, andererseits sollen die Beteiligten eher die vielfältigen Dimensionen eines Arbeitsplatzes bewerten und nicht bloß
das Gehalt. Würde in internen Personalbörsen das Gehalt
im Vordergrund stehen, wären Manager und Mitarbeiter
versucht, vor allem den Preis zu optimieren, und könnten
andere für die Jobzufriedenheit wichtige Punkte igno-
riert werden. Die zentrale Bedeutung des Gehalts kann
auf solchen internen Jobvermittlungsplattformen etwa
durch unternehmensweit festgelegte Gehaltsspannen
reduziert werden, an die sich alle Marktteilnehmer der
»Partnerbörsen« halten müssen und die nicht individuell
verhandelbar sind.

Mit diesen Plattformen für die Talentvermittlung haben zumindest erste Elemente datenreicher Märkte Eingang in die Organisationsstruktur von Unternehmen
gefunden. Vor etwa einem Jahrzehnt eingeführt, werden
sie inzwischen langsam auch für Kandidaten von außen
geöffnet, zumeist für qualifizierte freie Mitarbeiter. Der

nächste Schritt wäre, die Plattformen mit den in Kapitel 3 vorgestellten Kernelementen datenreicher Märkte weiterzuentwickeln: Informationsontologien (Hierarchien von Schlüsselbegriffen) müssen weiter standardisiert und Matching-Algorithmen weiter verfeinert werden. Wichtiger aber noch: Bislang fehlt es diesen Mitarbeiterbörsen meist an mit Daten lernenden Systemen, welche die Präferenzen der Entscheider durch Beobachtung erfassen. Im Laufe der kommenden Jahre werden immer mehr Unternehmen solche Systeme installieren. Den Anfang werden Großunternehmen mit vielen internen Stellenausschreibungen machen, die ausreichende Datenmengen erzeugen – eine Grundvoraussetzung, damit derartige Systeme gut funktionieren. Im Lauf der Zeit werden auch mittelgroße Unternehmen auf den Zug aufspringen. Anfangs werden diese Systeme wohl hauptsächlich im Personalwesen eingesetzt, doch ist ein derartiger Ansatz keineswegs nur für die Mitarbeiterauswahl geeignet. Auch in Marketing, Einkauf, Lagerhaltung, Finanzwesen und selbst in der Produktentwicklung können sie zum Einsatz kommen.

Ist ein solcher Marktmechanismus erst einmal in einer Firma installiert, kann er recht leicht weiter geöffnet werden. Warum Angebot und Nachfrage intern begrenzen, wenn der Mechanismus auch Teilnehmer von außerhalb anziehen könnte? Natürlich gibt es hierbei viele Hürden: Einige interne Märkte dürfen aufgrund rechtlicher Vorgaben nicht von außen zugänglich werden, zum Beispiel zum Schutz vor wettbewerbswidrigen Absprachen zwischen Unternehmen oder aus Arbeitsschutz- und Sicherheitsgründen. Und natürlich sind, wo immer interne Märkte für externe Teilnehmer geöffnet werden, sorgfältige Anpassungen erforderlich. So müssen Geschäftsgeheimnisse bei Open-Innovation-Projekten verlässlich geschützt werden – und dennoch machen viele Unternehmen wie Procter & Gamble oder Beiersdorf gerade hier seit Jahren gute Erfahrungen und öffnen ihre internen Börsen für externe Freiberufler und kleine Firmen.[16] Es ist gut möglich, dass die schleichende Einführung von Marktmechanismen langfristig für die Firma zum trojanischen Pferd wird und diese immer mehr Koordinierungsaufgaben an den Markt überträgt. Indem sie interne Märkte aufbauen, schaffen Unternehmen die Voraussetzungen für eine weitergehende Koordination durch dessen Instrumente. Von der Öffnung dieser Plattformen für externe Teilnehmer ist es dann nur noch ein kleiner Schritt hin zu einem Unternehmen, das sich wie der Markt verhält. Die Hoffnung, sich durch die Übernahme zentraler Marktelemente gegen datenintensive Märkte behaupten zu können, birgt insofern eine gewisse Ironie. Doch es gibt noch eine weitere ironische Pointe: Indem Firmen in größerem Umfang Marktelemente in ihrer Organisation verankern, zum Beispiel im Personalwesen, entstehen massenhaft Daten. Diese wiederum könnten der Automatisierung von Entscheidungen neuen Schub geben.

Fassen wir zusammen: Unternehmen stehen angesichts der Renaissance des Markts zwei Strategien zur Verfügung. Sie automatisieren ihre Entscheidungsfindung (Option 1), oder sie richten ihre Organisation und damit auch ihre Entscheidungsstruktur neu aus (Option 2).

Wenn Amazon sich intern wie ein datenreicher Markt organisiert, passt das gut zu dem, was dieser Online-Händler für viele seiner Kunden ist – ein nützlicher und effizienter Marktplatz. Ebenso aber bietet sich die Automatisierung der Entscheidungsprozesse als logische Fortführung der Organisations- und Entscheidungsstrukturen des Konzerns an. Welchen Weg Amazon für welche Unternehmenseinheit einschlägt, hängt wohl von den Wettbewerbsvorteilen ab, die sich jeweils eröffnen. Durch seinen Fokus auf Hierarchie unterscheidet sich Amazon deutlich von Streaming-Anbieter Spotify, der mehr wie ein Markt organisiert ist. Mit seinen lernenden Systemen und gewaltigen Rechenressourcen hat der Allesverkäufer die einzigartige Chance, auf Grundlage seiner umfassenden internen Datenströme einen großen Schritt in Richtung automatisierter Managemententscheidungen zu machen. Bis Amazon seine KI-Systeme aber weit genug entwickelt hat, könnte der Konzern mit organisatorischen Innovationen experimentieren – wenn auch nicht unbedingt in seinem stark effizienzabhängigen Kerngeschäft.

Die richtige Strategie hängt daher nicht nur von den Unternehmenszielen ab, sondern auch von den vorhandenen Fähigkeiten zu deren Umsetzung. Ebenfalls offenkundig ist: Die beiden von uns skizzierten Strategien schließen sich gegenseitig nicht aus. Viele Unternehmen werden zentrale Elemente beider Strategien vereinen. Das wird zwar oft beträchtliche Effizienzgewinne mit sich bringen, aber aller Wahrscheinlichkeit nach nicht genug, um die Firma, so wie wir sie kennen, zu retten. Denn beide Optionen stellen die traditionelle Rolle der Firma als vorherrschenden und effizientesten Mechanismus zur Koordination *menschlicher* Aktivitäten in Frage.

Ja, Option 2 betont die Umstrukturierung der Organisation, ein durch und durch menschliches Konstrukt. Doch die Entscheidungsmacht wird dabei vom Management auf ein internes Marktsystem verlagert, in dem

Entscheidungen von einem mit lernenden Systemen ver-
schränkten, mächtigen Strom umfassender Daten abhängen und hochentwickelte Algorithmen Transaktionen
vermitteln. Der Prozess mag nach wie vor menschliche
Beteiligung erfordern, doch mit der Zeit könnten die
meisten Entscheidungen nicht mehr von Menschen getroffen werden. Bei Option 1 bleiben die Organisationsstrukturen erhalten: Der Markt dringt nicht in die Firma
vor, aber die Entscheidungsfindung verlagert sich zunehmend von Menschen auf Maschinen.

In ferner Zukunft könnten daher zwei Archetypen
von Unternehmen übrigbleiben. Beim ersten besitzt ein
Unternehmen den Großteil der Ressourcen, die es für
seine Geschäftstätigkeit benötigt, wird aber weitgehend
von Maschinen verwaltet und geführt. Bei Unternehmen, die auf Marktmechanismen setzen, verschwinden
hingegen die organisatorischen Funktionen. Letzteres
Modell könnte am Ende in eine *organization of one* münden – ein Alleinunternehmer, der bloß noch mit Marktmechanismen koordiniert. Weder die eine noch die andere Organisation wird dann in sich noch sonderlich viele
menschliche Aktivitäten organisieren, zumindest nicht
im Vergleich zu heutigen Firmen.

Diese Szenarien liegen natürlich noch Jahrzehnte weit
in der Zukunft. Sie sind theoretische Endpunkte, nützlich
für Gedankenspiele und langfristige Überlegungen. Bis
dahin jedoch sind die Aufgaben, die existierende Firmen
und Start-ups gleichermaßen in Angriff nehmen müssen,
klar vorgezeichnet: Sie müssen entscheiden, welche Entscheidungen sie an Maschinen delegieren. Und sie müssen die Macht des Markts für sich nutzen, um effizienter
zu koordinieren.

# 7
# GELD

Bob Case erschrak, als er am 27. Oktober 1991 die Satellitenaufnahmen und Wetterdaten für den Nordwestatlantik sah. Der Meteorologe arbeitete schon seit mehreren Jahrzehnten für die nationale amerikanische Wetterbehörde NOAA, aber eine so extreme Wetterlage war ihm noch nie untergekommen. Eine gewaltige nach Norden ziehende Kaltfront traf auf ein sich südwärts bewegendes Hochdrucksystem an der kanadischen Küste. »Allein das hätte schon für die Entstehung eines starken Sturms gereicht«, sagte Case. »Aber als würde man Benzin ins Feuer kippen, steuerte der abziehende Hurrikan Grace seine gewaltige tropische Energie bei und schuf so den perfekten Sturm.«[1]

Ein perfekter Sturm, mit Winden in Orkanstärke und bis zu 30 Meter hohen Wellen, wie er nur alle fünfzig bis hundert Jahre die Küste von Neuengland heimsucht. Die Schäden, die er anrichtete, summierten sich auf 200 Millionen US-Dollar.[2] Ein Fischerboot mit sechs Mann Besatzung wurde von den Wellen verschluckt. Die Arbeit von Bob Case bei der Vorhersage war Grundlage des Blockbusters von Wolfgang Petersen *The Perfect Storm* – und machten den Ausdruck im Englischen zum stehenden Begriff.

Ein perfekter Sturm bedroht heute große Teile des Banken- und Finanzsektors. Und wie beim Zusammentreffen der drei separaten Wetterphänomene, die im Herbst 1991 den Jahrhundertsturm vor Neuengland hervorbrachten, verstärken sich in der Finanzwelt zurzeit drei eigentlich unabhängige Herausforderungen gegenseitig. Jede für sich hat das Potential, Banken und Finanzdienstleistern Schwierigkeiten zu bereiten, aber zusammen könnten sie einen beträchtlichen Teil der Branche zum Kentern bringen.

Die beiden ersten Herausforderungen sind die strukturellen Schwächen des Bankensektors, die im Verlauf und der Folge der Subprime-Hypothekenkrise zutage getreten sind. Wie in Kapitel 3 beschrieben, wurde diese Krise zumindest teilweise durch Informationen ausgelöst, die entweder fehlerhaft und unvollständig waren oder falsch interpretiert wurden. Schätzungen zufolge vernichtete die Krise Vermögenswerte in Höhe von acht Billionen US-Dollar.[3]

Zudem musste der Staat in mehreren Ländern Banken mit riesigen Bail-out-Programmen vor dem Ruin retten. Allein in den USA stellte die Regierung im Emergency Economic Stabilization Act von 2008 über 700 Milliarden US-Dollar an Krediten zur Stützung und Rekapitalisierung in Schieflage geratener Finanzinstitute bereit. Diese Kapitalspritze sorgte auf dem Höhepunkt der Krise für eine dringend erforderliche Stabilisierung des amerikanischen Bankensystems. Auch in Deutschland, Großbritannien und Italien schnürten die Regierungen mehrere Hundert Milliarden Euro schwere Rettungspakete. Allerdings verstaatlichten die europäischen Länder Banken durch den Ankauf von Bankaktien weitgehend, statt wie die US-Regierung notleidende Anleihen aus dem Bestand der Banken zu übernehmen. Die Banken waren die

Hauptverantwortlichen der Subprime-Hypothekenkrise. Mit Schwinden des Vertrauens in ihre Stabilität geriet der Sektor unter großen Druck, sein Geschäftsmodell anzupassen.

Die Zentralbanken reagierten auf die weltweite Wirtschaftskrise mit der Senkung der Leitzinsen. Das erzeugte den zweiten Sturm: Die Zinsen fielen auf immer neue Tiefststände, was Banken in einigen Ländern veranlasste, Strafzinsen auf Einlagen zu erheben. Doch die Sparer sind nicht die Einzigen, die darunter leiden. Zinsen auf Einlagen können in der Praxis nicht dauerhaft und im großen Stil unter null reduziert werden, denn Negativzinsen sind unpopulär und ermuntern Sparer, ihre Einlagen abzuziehen. Sehr niedrige Zinsen verringern auch den sogenannten Zins-Spread – die Differenz zwischen dem Zinssatz, den eine Bank ihren Gläubigern bezahlt, und dem, den sie ihren Schuldnern berechnet – und damit die Gewinnspanne der Banken. Die Margen der US-Banken verringerten sich von knapp 5 Prozent 1994 auf etwa 3 Prozent 2016.[4] In Europa, wo der Zins-Spread auf 1,4 Prozent gesunken ist, sieht es mindestens genauso schlecht aus.[5] Gleichzeitig haben neue Finanzregeln die Gemeinkosten der Banken erhöht. Viele Geschäftsbanken erwirtschaften mit dem herkömmlichen Darlehens- und Spargeschäft keine nennenswerten Gewinne mehr. In einem Bericht der Deutschen Bundesbank gehen Experten davon aus, dass bei anhaltend niedrigen Zinsen in den kommenden Jahren nur eine von fünf Banken in Deutschland eine zufriedenstellende Kapitalrendite erzielen wird.[6]

Negativ wirken sich auch Veränderungen bei der Zahlungsabwicklung aus. Online-Banken beschäftigten pro Kundenkonto wesentlich weniger Mitarbeiter als traditionelle Banken und verfügen damit über einen erheblichen Kostenvorteil. Folglich können sie ihren Kunden deutlich geringere Gebühren für ihre Dienstleistungen berechnen. Zudem geraten auch bislang lukrative internationale Geldüberweisungsdienste durch Start-ups wie TransferWise immer mehr unter Konkurrenzdruck. Oder etwas allgemeiner formuliert: Den traditionellen Banken fällt es wegen ihrer aus dem 20. Jahrhundert stammenden, kostspieligen Informationsinfrastruktur immer schwerer, mit digitalen Wettbewerbern wie PayPal, Apple Pay oder AliPay mitzuhalten, die ihre Dienstleistungen sehr günstig anbieten. Das können sie, weil ihre Gemeinkosten so niedrig sind: PayPal muss kein großes Filialnetz finanzieren, und Apple Pay nutzt für die Abwicklung einfach die »Infrastruktur« des iPhones.

Die Banken reagieren darauf bisher vor allem mit weitreichenden Kostensenkungen, verstärkter Automatisierung und dem Abbau von Personal. 1990 beschäftigten die amerikanischen Geschäftsbanken noch 1,365 Millionen Mitarbeiter. Nach einem zwischenzeitlichen Rückgang stieg die Zahl der Beschäftigten erneut an, sackte aber im Nachgang der Finanzkrise von 2007 wieder ab und liegt heute unter dem Stand von 1990.[7] In Europa ist die Lage noch dramatischer: Seit der Weltwirtschaftskrise ist die Zahl der Bankfilialen um 27 000 und die der Mitarbeiter um 212 000 gesunken (Stand 2016).[8] Allein 2015 schlossen in der Schweiz zehn Privatbanken ihre Schalter, darunter Urgesteine der Branche wie die 1787 gegründete Bank La Roche.[9] In Deutschland hat die Commerzbank angekündigt, bis 2020 jede fünfte Stelle zu streichen,[10] und die italienische Großbank UniCredit will über ein Viertel ihrer Filialen abwickeln.[11] Als ob das nicht alles schlimm genug wäre, droht am Horizont eine neue Gefahr, und zwar eine, die auch viele Supertanker der Bankenwelt zum Kentern bringen könnte.

In datenreichen Märkten dient der Preis nicht länger als primärer Informationsträger, das haben wir bereits gesehen. Natürlich fungiert Geld auch in diesen Märkten nach wie vor als Wertspeicher und wird weiter zum Ausgleich von Transaktionen verwendet. Doch die traditionelle Rolle von Geld, Informationen auf effiziente Weise zu verdichten, ist dann nicht mehr erforderlich, zumindest nicht im selben Maß wie früher. Damit wird eine der zentralen Funktionen geschwächt, die Geld bisher innehatte.

Dieser Funktionsverlust setzt sich mit der weitergehenden Transformation zu datenreichen Märkten fort – in dem Maß, wie Daten-Ontologien, Matching-Algorithmen und KI-Systeme immer leistungsfähiger werden und immer mehr Marktteilnehmer diese effizienteren, auf umfassenden Informationsflüssen basierenden Transaktionsprozesse nutzen.

Für die meisten von uns wird sich auf den ersten Blick nicht viel ändern: Wir werden weiter Geschäfte auf Märkten tätigen und weiter mit Geld bezahlen. Die Kosten für Bankgeschäfte werden sinken, und darüber werden wir uns freuen. Die eigentlichen Veränderungen aber vollziehen sich, wie in Kapitel 4 ausgeführt, auf den Märkten: Wenn wir vergleichen, was potentielle Partner entlang vieler verschiedener Präferenzen anzubieten haben, werden wir Informationen anders gewichten. Das wird zu weitaus effizienteren Transaktionen führen, und der Preis ist dann nur noch ein Datenpunkt unter vielen.

Das hat wiederum für alle, die im Geldgeschäft tätig sind, weitreichende Folgen. Je mehr Marktteilnehmer umfassende Daten nutzen, umso weniger werden sie bereit sein, so viel wie bisher für die Informationsfunktion von Geld zu bezahlen. Das betrifft den gesamten Finanzsektor, doch die Lasten werden nicht auf allen Schultern gleichmäßig verteilt. Und mit der schwindenden Bedeutung von Geld wird sich auch unser Blick auf die Wirtschaft verändern: Wir werden Märkte nicht mehr mit Geld gleichsetzen.

Umfassende Informationen erfordern zudem neue Methoden der Informationsübertragung und -vermittlung. Nehmen wir die Schaufenster von Ladengeschäften. Bis heute zeigen sie die angebotenen Produkte mit den dazugehörigen Preisschildern. In Zukunft erwarten wir, mehr über die einzelnen Produkte (und vielleicht auch die Verkäufer) zu erfahren als nur den Preis. Weil sich diese Informationen aber nicht mit einer einfachen Zahl auf einem Pappschild ausdrücken lassen, müssen sie auf irgendeine andere Weise vermittelt (digital natürlich und aller Wahrscheinlichkeit nach drahtlos) und anschließend durch eine App oder andere technische Funktion analysiert werden, die auf der Grundlage unserer Präferenzen nach den besten Treffern sucht.

Die Infrastruktur zur Übertragung solch detaillierter Informationen entsteht bereits. Viele fortschrittliche digitale Marktplattformen bieten schon heute umfassende Produktinformationen an, die unsere Präferenzen abbilden. Physische Märkte, aber auch Ladengeschäfte suchen hingegen noch nach Wegen, wie sie diese Technologie auf ihre Bedürfnisse anpassen können. Der Einzelhandel experimentiert unter anderem mit »Augmented Reality«, die erweiterte Realität, die uns zusätzliche Informationen über das Warenangebot in Geschäften liefert. Denkbar hierfür ist eine stark verbesserte Version einer Datenbrille wie Google Glass. Sie müssen sich damit nur im Laden umschauen, und schon werden Ihnen die drei Produkte angezeigt, die Ihren Präferenzen am besten entsprechen. Für unsere Zwecke kommt es nicht darauf an, exakt vorherzusagen, welche technische Lösung uns die besten Informationen und auf welche Weise anzeigt. Wichtiger ist, dass – egal welches System sich durchsetzen wird – dieses nicht von der bestehenden Infrastruktur von Geld und Preis abhängen wird, die Banken und andere Finanzinstitute aufgebaut haben.

Die Abkehr vom Preis markiert einen grundlegenden Wandel: die Trennung der Zahlungsabwicklung von der Bereitstellung umfassender Informationen. Geldbasierte Märkte wiesen dem Zahlungsmittel eine herausragende Funktion in der Wirtschaft zu, eben weil Geld in allen Phasen einer Transaktion eine zentrale Rolle spielt – von der Suche und Identifikation potentieller Geschäftspartner bis zur Durchführung der Transaktion.

Banken und andere Finanzdienstleister förderten ein System, in dem Geld fast schon zu einem Synonym für die Marktwirtschaft selbst wurde. Die Finanzindustrie gefiel sich darin, sowohl als Verwahrer von Vermögen als auch als ein Quell der Erkenntnis gesehen zu werden – und das nicht einmal zu Unrecht. Banken waren die Kanäle eines großen Teils der durch den Markt fließenden Preisinformationen. Insoweit die Banken diese Informationen analysierten, konnten sie ihren Kunden bei der Entscheidungsfindung helfen. Die Resultate waren zwar nicht perfekt – nicht einmal annähernd, um ehrlich zu sein. Aber aufgrund ihres Zugangs zu Informationen fuhr man in vielen Fällen immer noch besser, wenn man den Empfehlungen der Banken folgte, als ohne diese Informationen selbst zu entscheiden – zumindest bis zur nächsten Finanzkrise.

Das Bessere ist bekanntlich der Feind des Guten. Entscheidungen auf der Grundlage komplexer Informationsflüsse zu treffen ist besser, als allein auf Preise zu setzen. Mit der zunehmenden Verlagerung der Ökonomie auf datenreiche und damit effizientere Märkte werden immer weniger der für das Funktionieren dieser Märkte notwendigen Informationen durch Banken fließen. Banken werden nach wie vor Werte bewahren und übertragen, weiter Zahlungen im Rahmen von Transaktionen durchführen und damit in bescheidenem Maß zum Informationsfluss insgesamt beitragen. Der informationelle Schwerpunkt in Märkten jedoch verlagert sich immer weiter weg vom Geld – und damit auch weg von den Banken.

Als bloße Zahlungsdienstleister bieten Banken weitgehend standardisierte Dienste an und werden mit neuen Anbietern konkurrieren, die unbelastet von überkommenen Infrastrukturen agieren können. Das ist ungefähr so, als würde man mit einem lecken Rettungsboot in einem heftigen Sturm rudern: Sie gehen vielleicht nicht sofort unter, aber sie kommen auch nicht wirklich voran, geschweige denn näher an ihr selbstgestecktes Ziel.

Vielleicht wird der Sturm durch das Dickicht der Bankenregulierung etwas gemildert. Die geltenden Rechtsvorschriften einzuhalten ist nicht nur teuer und erfordert viel Kompetenz und Erfahrung, ihre Komplexität schützt Banken teils auch vor neuen Konkurrenten aus der Startup-Szene. Gleichzeitig können rechtliche Vorgaben jedoch den Wandel des Bankensektors sogar beschleunigen. Denn die Aufsichtsbehörden erkennen langsam die Informationsdimension des Bankgeschäfts und die Macht, die Finanzinstitute gegenwärtig dank ihrer Rolle als Informationsbroker besitzen. Vollkommen zu Recht gehen sie davon aus, dass diese Macht über Informationen erhebliche Transaktionsineffizienzen nach sich ziehen, und drängen auf Gegenmaßnahmen.

Die Europäische Union beispielsweise schreibt in ihrer 2018 in Kraft tretenden Zweiten Zahlungsdiensterichtlinie vor, dass jede Bank auf Verlangen ihrer Kunden anderen Banken sowie Dritten die von ihr gespeicherten digitalen Daten der Kunden zugänglich machen muss.[12] Das soll Kunden erstens helfen, einfacher von einer Bank zur anderen zu wechseln – ähnlich wie das Recht auf Rufnummernmitnahme den Wechsel eines Mobilfunkanbieters erleichterte. Zweitens soll das einen neuen Markt von Finanzinformationsvermittlern fördern, die durch den Zugang zu umfangreichen Bankdaten Kunden bei ihrer Entscheidungsfindung unterstützen können. Die Richtlinie ist nur ein Beispiel für die Veränderungen des rechtlichen Rahmens im Bankwesen, das auf der einen Seite mehr und mehr standardisiert und sich auf der anderen Seite für Wertschöpfungsmodelle auf Grundlage umfassender Informationen öffnet. Die europäischen Bankenaufseher – das lassen eine Reihe von Verordnungen erkennen – scheinen dabei mehrheitlich der Meinung zu sein: Innovationen im Bereich von Finanzinformationen werden vor allem von neuen Akteuren und weniger von traditionellen Banken vorangetrieben.

Traditionelle Finanzdienstleister, insbesondere solche, die stark auf die Informationsfunktion von Geld ausgerichtet sind, werden noch mehr in Schwierigkeiten geraten als Banken. Dazu zählen zum Beispiel Finanzbroker und klassische Versicherungsagenten. Denn sie bieten keine Zahlungsdienstleistungen an, auf die sie sich zurückziehen können, oder um im Bild zu bleiben: Sie verfügen über keinen Rettungsring, an den sie sich klammern könnten.

Mit der Ablösung von Geld als zentralem Informationsmedium wird auch die Rolle des Kapitals schwinden. In unserem Marktsystem kommt Finanzkapital eine Schlüsselfunktion zu, weil es ein hochflexibler Produktionsfaktor ist: Wann immer erforderlich, kann es problemlos in dringend benötigte Ressourcen umgetauscht werden – und umgekehrt – und ermöglicht so deren effiziente Nutzung. Zugleich aber ist Kapital auch ein Informationsträger. Es zeigt der Welt, dass ein Unternehmen diese flexible Ressource besitzt, die es in andere Produktionsfaktoren umtauschen kann.

Kapital bedeutet Wahlfreiheit genauso wie relative Macht. Zusätzliches Kapitel von Investoren kann diese Freiheit verstärken, sendet aber auch ein Signal – über die Konkurrenzfähigkeit von Unternehmen sowie das Vertrauen, das Investoren in sie setzen. In manchen Fällen ist der Informationsfaktor einer Beteiligung durch einen Investor wertvoller als der Kapitalzufluss selbst. Wenn etwa eine bekannte Wagniskapitalfirma wie Sequoia Capital in ein Start-up im Silicon Valley investiert, ist das wie der Ritterschlag im England des 19. Jahrhunderts. Das Unternehmen erlangt schlagartige Bekanntheit und gewinnt in der Regel deutlich an Wert.

In datenreichen Märkten sind die beiden Funktionen von Finanzkapital – Information und Wert – nicht mehr unbedingt miteinander verknüpft. Natürlich wird dem Kapital in seiner Funktion als Wertträger weiterhin eine wichtige und nützliche Rolle in unserer Wirtschaft zukommen, aber seine Rolle als Informationsträger wird zurückgehen. Entkoppelt man diese beiden Funktionen, erkennen wir, dass deren relative Bedeutung vom Kontext abhängt. Oft sind Unternehmen auf den tatsächlichen Zufluss von Kapital angewiesen. In anderen Situationen dagegen könnte ein Signal an den Markt, dass weithin anerkannte Experten an das Unternehmen glauben, völlig ausreichen. Natürlich sind nicht alle Signale gleichermaßen zuverlässig. »Talk is cheap«, sagen die Amerikaner, und eine Empfehlung, die niemand ernst nimmt, ist nicht viel wert, schon gar nicht im Vergleich zu einer Bewertung, die mit einem dicken Scheck gedeckt ist. Aber auch Geld ist nicht immer ein gutes Signal, etwa wenn Geld im Überfluss vorhanden ist. Das Gesamtbild unserer Beziehungen in sozialen Netzwerken könnte dann ein viel ehrlicheres und fälschungssicheres Signal abgeben, argumentiert MIT-Professor Alex Pentland.[13] Auch so verliert Kapital an Bedeutung als Informationsträger.

Denn der datenreiche Markt wird solche neuen, ehrlicheren Signale problemlos verarbeiten und weitergeben, und die Marktteilnehmer werden sie ohne Schwierigkeiten in ihre durch lernende Systeme unterstützten Entscheidungsprozesse einbinden können. Das gilt insbesondere, wenn Geld billig ist und die Investmentmöglichkeiten begrenzt sind. Dann sendet eine Kapitalinvestition allein kein starkes Signal aus – sie hat einen Teil ihres Informationswerts verloren. Nehmen wir zum Beispiel einen Wagniskapitalfonds, der in einer Phase hoher Kapitalverfügbarkeit nicht in ein vielversprechendes Start-up investieren kann, weil die Investitionsrunde überzeichnet ist. Der Fonds investiert stattdessen in ein anderes Start-up. Allerdings ist das dann kein Zeichen dafür, dass das Unternehmen, in das er sein Geld steckt, die beste auf dem Markt verfügbare Investitionsmöglichkeit darstellt – sondern nur dafür, dass der Fonds hier die Chance nutzen konnte.

Eine Welt mit Geld im Überfluss mag unrealistisch

klingen. Doch mehren sich die Anzeichen, dass sich eben eine solche Situation anbahnt, vor allem im Risikokapitalsektor. Denn dort hat sich jüngst das Volumen der Risikokapital-Deals weiter erhöht und ist auf ein seit der Jahrtausendwende und der Dotcom-Blase unerreichtes Niveau geklettert. Investoren suchen händeringend nach Anlagemöglichkeiten, die höhere Renditen als die Niedrigzinsen versprechen, die konventionelle und konservative Anlageformen bieten.

Entsprechend einfach ist es inzwischen besonders für Start-ups in den richtigen Branchen, an Kapital zu kommen. Der CEO eines Start-ups im Silicon Valley gestand denn auch, sein Unternehmen habe sich neues Geld besorgt, nicht weil es darauf angewiesen war, sondern einfach, »weil man es konnte«[14]. Gleichzeitig nimmt in den Vereinigten Staaten die Zahl der börsennotierten Unternehmen ab, von über neuntausend in den späten 1990er Jahren auf unter sechstausend im Jahr 2016.[15] Das wiederum führt zu weniger Optionen für konventionelle Investoren.

Diese Entwicklungen zusammengenommen können das Ende des Finanzkapitalismus, wie wir ihn kennen, einläuten – die nahezu automatische Gleichsetzung funktionierender Märkte mit hohen Renditen für Investoren. Die Wirtschaft wird in Zukunft gedeihen, aber nicht das Finanzkapital mit ihr; und genau darin besteht die grundlegende Veränderung bei der Verlagerung von geldbasierten auf datenreiche Märkte. Wenn sich die Marktwirtschaft mit Hilfe von Daten weiterentwickelt, könnte es passieren, dass wir den Ausdruck »Kapitalisten« künftig nicht mehr auf Leute beziehen, die über Kapital und damit über Macht verfügen. Historisch gesehen widerspricht das nicht Adam Smith, denn »sein« Markt gewinnt, sondern Karl Marx, der ja in der zentralen Rolle des Finanzkapitals die Quelle allen Übels in der Marktwirtschaft sah.

Alle Anleger – von institutionellen Investoren bis zu Kleinsparern – müssen sich an diese Entwicklung anpassen. Dank seiner doppelten Rolle als Wertträger und als Signal herrschte bislang eine große Nachfrage nach Kapital und konnten Investoren auf gute Renditen vertrauen. Das ist vorbei, und es ist unwahrscheinlich, dass die guten alten Tage des Kapitals jemals zurückkehren werden: Je mehr sich die Märkte in datenintensive Märkte verwandeln, umso weniger müssen Signale mittels Kapital gegeben werden.

Datenintensive Märkte entwerten Geld, und Investoren werden die Rechnung dafür bezahlen müssen. Das stellt alle Anleger vor Probleme, besonders jene, die wie von der Politik empfohlen Geld für die Alterssicherung gespart und investiert haben. Sie haben darauf gesetzt, dass Geld auf alle Zeiten seine vorherrschende Rolle behält, und werden nun mit einer unerwarteten finanziellen Lücke konfrontiert. Das wird bei den künftigen Ruheständlern für erheblichen Unmut sorgen, und viele wird das Gefühl beschleichen: Wir werden um den Lebenstraum eines komfortablen Rentnerdaseins betrogen. Das wiederum stellt die Politik vor eine große Herausforderung, denn kein Weg führt mehr zurück zur sicheren und auskömmlichen Kapitalrendite. Somit gibt es keine Möglichkeit, wie die Politik den seit Jahrzehnten propagierten Grundsatz des Sparens für die Rente aufrechterhalten könnte.

Auf lange Sicht hingegen werden datenintensive Märkte auch Investoren helfen, Möglichkeiten zu identifizieren, die ihren Präferenzen besser entsprechen und weniger durch kognitive Verzerrungen beeinflusst sind. Neue Intermediäre werden auf den Plan treten, um diese Nachfrage zu befriedigen. Sie werden die dann verfügbaren umfassenden Informationen am Markt mit ausgefeilten Matching-Verfahren und KI-Systemen analysieren und in faktengestützte Empfehlungen übersetzen. Das bedeutet: Wir werden immer noch finanzielle Entscheidungshilfen benötigen, doch diese werden eher von einer Maschine kommen als von einem Menschen.

Technisch handelt es sich dabei um Software, die komplexe Daten verarbeitet. Die neuen digitalen Finanzassistenten könnten damit auf unseren eigenen Computern einschließlich unserer Smartphones arbeiten statt im Büro eines Investmentberaters. Das schafft die Voraussetzungen dafür, unsere Privatsphäre in einem bisher unerreichten Maß zu schützen, falls wir das wünschen. Wir können diesen Systemen umfassenden Zugang zu unseren persönlichen Daten einschließlich unseres Investitionsverhaltens gewähren, und das System wird mit Hilfe unserer Präferenzen die optimalen Anlageoptionen finden, ohne dass wir unsere persönlichen Daten mit anderen teilen müssen. Auch der umgekehrte Fall ist denkbar: dass wir im Austausch für niedrige Gebühren externen Systemen die Nutzung unserer Daten für andere Zwecke erlauben, um etwa ihre lernenden Systeme zu trainieren oder zur Erstellung von Marktprognosen.

Natürlich kostet ein derartiges System weniger als ein menschlicher Berater, und es kann, zumindest im Prinzip, so eingestellt werden, dass keine verborgenen Gebührenanreize bestehen, die suboptimale Empfehlungen begünstigen – so wie es heute oft der Fall ist, wenn ein Anlageberater einen bestimmten Prozentsatz für jede

Transaktion erhält. Und weil KI-Systeme grundsätzlich sich beliebig konfigurieren lassen, könnte die Bündelung von Leistungen – wie bei Investmentberatern, die von ihnen empfohlene Transaktionen auch ausführen – aus der Mode kommen und ein Markt für Investmentberatung entstehen. Auf diesem wird eine Vielzahl von Akteuren sehr unterschiedliche Dienstleistungen anbieten, die selbst Kleinanleger ohne weiteres miteinander kombinieren können.

Da alle Anbieter mit umfassenden Daten arbeiten, liegt es für diese Dienstleister nahe, ihrerseits Daten über sich selbst verfügbar zu machen, was es Anlegern im Gegenzug leichter macht, die für sie besten Investmentberater und -dienstleister auszuwählen. Wie der Markt für Investitionen wird auch der Markt für Investmentberatung durch und durch datenreich werden. Das heißt unterm Strich: Anleger mögen den guten alten Zeiten hoher Renditen nachtrauern, doch auch die datenintensiven Märkte der Zukunft mit ihrem effizienten Matching bieten ihnen neue Chancen.

Für Banken und konventionelle Finanzvermittler hingegen ist die abnehmende Rolle des Geldes eine sehr große Herausforderung. Zwei Strategien zeichnen sich als Antwort ab: erstens Kostensenkung durch Automatisierung und zweitens der Versuch, sich als Informationsintermediäre in datenreichen Märkten neu zu erfinden.

Der erste Schritt im Kampf gegen die Kosten ist die Verlagerung der Bankeninfrastruktur von physischen Gebäuden zu digitalen Bits. Je mehr Kunden ihre Bankgeschäfte online und auf mobilen Geräten tätigen, desto weniger Angestellte und Filialen benötigen sie. Indem sie die Kosten pro Transaktion senken, egal ob für Investmentgeschäfte, Darlehensvergabe oder Zahlungsdienste, lassen sich auch mit reduzierten Gebühren noch Gewinne machen, wie der Discountbroker Charles Schwab schon in den 1970er und 1980er Jahren gezeigt hat. Im 21. Jahrhundert konkurrieren Banken allerdings nicht mehr mit Firmen wie Charles Schwab, sondern mit einer neuen Generation von Start-ups, die radikal auf digitale Technologien setzen, um Daten zu analysieren, und Dienstleistungen zu Tiefstpreisen anbieten.

Ein Beispiel: Robinhood Markets, ein Fintech aus dem Silicon Valley, hat die Technologie für Hochfrequenzhandel auf konventionelle Aktienmärkte übertragen und angepasst. Mit deren Hilfe bietet Robinhood mehr als einer Million Kunden die Möglichkeit, an US-Börsen notierte Aktien zu handeln, ohne eine Provision zu zahlen. Das funktioniert, weil die tatsächlichen Kosten des elektronischen Handels sehr gering sind. Durch den Verzicht auf eine teure physische Infrastruktur (wie Niederlassungen oder eine große Support-Abteilung) kann Robinhood Markets sich allein aus den Zinserträgen der in Depots eingezahlten, aber noch nicht investierten Mittel finanzieren. Das Modell ist schwer zu schlagen. Selbst nachdem Banken ihre Kosten so weit wie möglich gesenkt haben, werden sie sich im direkten Wettbewerb mit kostenlosen Dienstleistungen schwertun.

Eine ähnliche Entwicklung zeichnet sich auf dem Gebiet der Zahlungsabwicklung ab: Etablierte digitale Zahlungsdienste wie PayPal, Apple Pay, WeChat und AliPay in China, sowie Start-ups wie Stripe und Square graben den Banken in großem Stil das Wasser ab. Zudem greifen diese neuen Intermediäre wertvolle Daten rund um die Transaktion ab, übermitteln aber nur das zur tatsächlichen Zahlungsabwicklung erforderliche Minimum an die Banken – sofern diese überhaupt noch involviert sind. Im Zahlungsgeschäft wiederholt sich gerade etwas, was wir schon auf dem Mobilfunkmarkt erlebt haben: früher hatten die Telekommunikationsanbieter Zugriff auf alle Verbindungsdaten ihrer Kunden, fingen damit aber wenig an. Heute sind sie nur noch technische Überträger, sogenannte *dumb pipes*. Auf die Informationen in ihren Kanälen haben sie keinen Zugriff, und der Mehrwert aus dem Datenverkehr wird von anderen abgeschöpft.

Die Möglichkeit, Gebühren mit neuer Technologie zu senken, hat auch die Aufmerksamkeit von Verbraucherschützern und Regulierungsbehörden erregt. Die Europäische Union hat beispielsweise verfügt, die Interbankengebühren für Kreditkartentransaktionen von 3 Prozent des Zahlungsbetrags auf maximal 0,3 Prozent und damit gerade einmal noch ein Zehntel der ursprünglichen Gebühr zu senken, bei Debitkarten sogar auf nur 0,2 Prozent.[16]

Einige Start-ups, etwa Coconut in Großbritannien oder Holvi in Finnland, locken Kunden nicht mit geringeren Gebühren, sondern mit innovativen zusätzlichen Dienstleistungen. Sie zielen auf Nischenmärkte – Holvi auf Kleinunternehmen, Coconut auf Freiberufler – und bieten Servicepakete, etwa Zahlungs- und Bankkonten, die stark individualisiert sind. Bei Coconut kann man unmittelbar nach Eingang oder Ausgang einer Zahlung die Steuerlast berechnen und entsprechende Rückstellungen bilden lassen. Und Holvi bietet eine kostenlose integrierte Rechnungsstellung und Buchhaltung an.

Manche Banken versuchen, Kosten zu senken und Automatisierung voranzutreiben, indem sie mit Start-ups kooperieren, die an alternativen Zahlungssystemen arbeiten. In Finanzkreisen haben Bitcoin sowie Blockchain – der Technologie, auf der Kryptowährungen basieren – nicht nur Ängste ausgelöst, sondern auch die Hoffnung genährt, das Bankgeschäft sei doch noch zu retten – wenn auch noch nicht klar ist, wie genau das funktionieren soll. Die Blockchain-Fans in den Banken übersehen oft: Der Kern dieser Technologien ist es, die Übertragung und Verwahrung von Wert zu dezentralisieren. Sollte dies in großem Stil funktionieren, machen sie die zentralisierten Dienstleistungen der Banken schlichtweg überflüssig.[17]

Die Kosten zu senken mag sich als Strategieoption vernünftig anhören, aber insgesamt ist das Potential hierfür bei Banken begrenzt. Auch die Banker wissen, dass ihre Organisationen und Infrastrukturen schlicht zu groß und zu teuer sind. Kostensenkungen mögen auf kurze Sicht helfen, langfristig aber könnte es ebenso viel bringen, wie die Liegestühle auf der Titanic neu anzuordnen. Wer ausschließlich auf die Kosten von Bankdienstleistungen schaut, übersieht den Niedergang der Informationsfunktion des Geldes. Der Großteil der Informationsströme in datenreichen Märkten ist nicht länger auf Geld als Schmiermittel angewiesen. Daran ändern auch digitale Währungen wie Bitcoin oder Ether nichts, und auch nicht die fortschrittlichste Blockchain-Technologie. Bei ihnen handelt es sich um Lösungen für ein anderes Problem.

Geld könnte also seine Monopolstellung als Tauschmittel verlieren. In Märkten, in denen es von Transaktionen erleichternden Informationen nur so wimmelt, haben diese Informationen einen eigenen Wert – und werden damit selbst zur Ressource. Falls Informationen umfassend genutzt werden und ihr Wert so hoch ist, dass ausreichend viele Akteure sie haben möchten, und falls die Kosten des Informationsaustauschs niedrig genug sind, werden wir manche Transaktionen nicht mehr mit Geld bezahlen, sondern mit Daten.

In Ansätzen geschieht das bereits heute: Wenn wir Googles Suchmaschine benutzen oder uns bei Facebook einloggen, akzeptieren wir Werbeanzeigen, die als Zahlung für die von uns erhobenen persönlichen Daten dienen. Google und Facebook wären nicht, was sie heute sind, ohne die Milliarden Nutzer, die eine technische Dienstleistung gegen persönliche Daten tauschen. Ähnlich verhält es sich bei der wachsenden Zahl von Unternehmen, die ihre Daten von externen Dienstleistern analysieren lassen und diese damit »bezahlen«, dass sie ihnen diese Daten für andere Zwecke überlassen.

Das bedeutet nicht das Ende des Geldes. Als Tauschmittel weisen Daten einen entscheidenden Nachteil auf: Wie Salzsäcke und Goldmünzen und im Unterschied zu Papiergeld besitzen Daten einen Wert an sich. Das verkompliziert ihre Rolle als Schmiermittel für Markttransaktionen. Deshalb wird Geld auch in Zukunft eine wichtige, aber nicht mehr alleinige Rolle als Tauschmittel spielen und werden Zentralbanken weiterhin die Geldmenge steuern müssen.

Dieser starke Wandel der Bedeutung von Geld wird sich nicht von heute auf morgen vollziehen. Aber es zeigt sich schon jetzt, dass auch die nicht-informationellen Geldfunktionen keineswegs vor Veränderungen geschützt sind. Kostensenkung als Strategie kann allenfalls kurz- und mittelfristig etwas bringen, auf lange Sicht aber bietet sie den einst so mächtigen Firmen des Finanzkapitalismus nur geringe Erfolgsaussichten. Aus diesem

Grund verfolgen immer mehr Banken und andere Finanzintermediäre eine grundlegend andere Strategie und
versuchen sich als datenversierte Zwischenhändler neu
zu positionieren. Teilweise übernehmen sie auch daten-
kluge Neueinsteiger im Finanzdienstleistungssektor oder
kooperieren mit ihnen. Mit anderen Worten: Sie investieren Geld, um sich auf die Welt nach dem Geld vorzubereiten.

In der Tat liegt eine gewisse Logik darin, wenn Banken
Kapital in Fintechs investieren, Firmen also, die auf der
Grundlage von Datentechnologien Finanzdienstleistungen anbieten und von denen viele mit dem Ziel antreten,
die traditionellen Finanzinstitute abzulösen. Die Wette
der Banken lautet: Wenn man vom Markt gedrängt wird,
sollte man zumindest ein paar der Angreifer besitzen,
die einem das Geschäft wegnehmen. Allein 2015 lockten
diese Fintechs weltweit über 19 Milliarden US-Dollar an
Investitionskapital an,[18] und einige Experten sprechen
angesichts der hektischen Aktivitäten bereits von einer
Fintech-Blase.[19] Ein Teil der Fintechs konzentriert sich
auf Zahlungslösungen, viele aber treten mit disruptiven
Innovationen in zwei Bereichen an: Kredite und Investi-
tionsplanung.

In den letzten Jahrzehnten hat sich die Vergabe von
Darlehen von einer Frage des persönlichen Vertrauens in
eine von einer einzigen Zahl abhängigen Entscheidung
verwandelt: den Kreditscore des Kunden. Früher ent-
schied ein Kreditsachbearbeiter bei der örtlichen Bank,
ob ein Bauherr aus dem Ort eine Hypothek bekommt
oder nicht, heute entscheidet eine Kennziffer in der Zentrale. Vertrauen auf diese eine Zahl zu reduzieren mag
Banken die Entscheidung leichter machen, wem sie Geld
leihen sollen und wem nicht. Doch wie wir alle wissen, ist

dieser Score nicht so aussagekräftig wie gewünscht und oft behauptet. Bonitätsbewertungen basieren auf zurückliegenden Kredittransaktionen und leiden unter einem Mangel an Daten. Je weniger Datenpunkte aber in die Analyse einfließen, umso gravierender wirken sich Fehler aus und umso größer ist die Gefahr, dass ein Kreditscorce ein Problem stark über- oder unterbewertet. Kurz gesagt: Bonitätszahlen sind eine sehr ungenaue Methode zur Beurteilung der Zahlungsfähigkeit und -bereitschaft einer Person.

Um dieses Problem herum ist ein ganzes Ökosystem neuer Intermediäre entstanden, die sehr viele Informationen verarbeiten und wieder verfügbar machen. SoFi, ein amerikanisches Fintech und ursprünglich auf Studentendarlehen spezialisiert, berücksichtigt in seinen Kreditwürdigkeitsberechnungen zahlreiche Datenpunkte und kann so auch Personen mit einer begrenzten Kredithistorie zinsgünstige Darlehen anbieten. Kabbage macht Gleiches für Kleinunternehmen.

Die Abkehr von konventionellen Kreditscores hin zu Risikomodellen, die sehr viel mehr und unterschiedliche Datenpunkte analysieren, entspricht der Verlagerung von geldbasierten zu datenreichen Märkten. In beiden Fällen verabschieden wir uns von der Vorstellung, komplexe Sachverhalte in einer einzigen Zahl zu verdichten, und setzen stattdessen auf Technologie, um aus einer Vielzahl von Quellen stammenden umfassenden Datensammlung Entscheidungen abzuleiten. Das ermöglicht eine bessere Einschätzung des tatsächlichen Ausfallrisikos – deshalb kann zum Beispiel SoFi vielen seiner Kunden günstigere Kreditzinsen als traditionelle Banken anbieten. Bis 2017 hat das Start-up Darlehen in Höhe von über 16 Milliarden US-Dollar vergeben und seinen Kunden nach eigenen

Angaben Zinszahlungen in Höhe von schätzungsweise 1,45 Milliarden US-Dollar erspart.[20]

Upstart, 2012 in Kalifornien gegründet, hat das riskantere Ende des Kreditmarkts im Visier und nutzt über herkömmliche Kreditscores hinaus Bildungs- und Jobdaten zur Abschätzung von Ausfallrisiken. Die beiden Fintechs Avant und ZestFinance, letzteres gegründet von dem früheren Google-CIO Douglas Merrill, sind neue Konkurrenz gegen Anbieter überteuerter Kurzzeitkredite, sogenannter »Payday Loans«. Gestützt auf lernende Systeme können sie Ausfallrisiken weitaus besser als traditionelle Banken kalkulieren und auch vermeintlich nicht kreditwürdigen Personen Darlehen anbieten, die sich bisher oft in die Hände von Kredithaien begeben mussten. 2016 beteiligte sich der chinesische Internetgigant Baidu an ZestFinance, um mit der Technologie des Unternehmens in China eine Kreditscoring-Plattform seiner Nutzer aufzubauen.[21]

Fintech-Start-ups sorgen derweil auch beim traditionellen Investmentmanagement für Bewegung. Das Startup Stash hat die Aktie als kleinstmögliche Transaktionseinheit aufgebrochen und lässt seine Kunden auch Bruchteile von Aktien kaufen. Auf diese Weise können Stash-Kunden auch kleine Summen entsprechend einer bestimmten Investmentstrategie auf viele Unternehmen verteilt anlegen.

Viele Fintech-Start-ups behaupten, im Vergleich zu normalen Finanzberatern über weitaus leistungsfähigere Werkzeuge für Präferenz-Matching und Präferenzbestimmung zu verfügen. Das New Yorker Start-up Betterment beispielsweise wirbt mit seiner Fähigkeit, Kapitalverluste zu identifizieren und damit die Steuerlast seiner Kunden zu reduzieren. SigFig hingegen sammelt und analysiert die Investitionen, die seine Kunden über Broker tätigen, identifiziert alternative Fonds mit ähnlichen Risikoprofilen und eröffnet ihnen damit eine größere Auswahl. Gleichzeitig berechnet das Start-up, welche Gebühren die Broker ihnen in Rechnung stellen – und wie viel sie durch einen Wechsel sparen könnten.

Eine völlig neue Gattung datenreicher Plattformen haben die Social-Trading-Netzwerke ZuluTrade und eToro geschaffen, über die Anleger Investmentaktivitäten von vielen Tausend erfahrenen Tradern beobachten und kopieren können. Im Austausch dafür kassieren diese Plattformen einen Anteil von den vermittelten Transaktionen.

Mit Peer-to-Peer-Krediten kommen Finanzierung und Investment direkt zusammen. Auf solchen Plattformen leihen Nutzer anderen Nutzern Geld oder finanzieren Kleinunternehmen wie im Fall von Funding Circle. Diese Plattformen organisieren die Kreditvermittlung, allerdings sind die Matching-Verfahren in vielen Fällen noch vergleichsweise simpel. Das britische Fintech-Start-up Zopa, einer der Pioniere des Peer-to-Peer-Lending, hat bereits Kredite mit einem Gesamtvolumen von zwei Milliarden US-Dollar vermittelt. Wirklich eingeschlagen hat das Konzept aber in China mit seinem traditionell besonders bürokratischen Bankensystem. Dort sind Tausende von Crowdfunding-Plattformen entstanden, und die erfolgreichste davon, Lufax, hat Zopa hinsichtlich des Kreditvolumens längst übertroffen. Chinaweit schätzt man, dass der Markt für Peer-to-Peer-Kredite 2016 die 100-Milliarden-Dollar-Marke überschritten hat.[22]

Einen ähnlichen Service bieten Kickstarter und Mitbewerber wie Indiegogo. Allein über die Crowdfunding-Plattform Kickstarter haben Start-ups direkte Umsätze von über drei Milliarden US-Dollar erzielt; jedes dritte

Projekt wurde erfolgreich finanziert, und nur 15 Prozent der finanzierten Projekte scheitern. Unlängst hat sich Kickstarter mit der Equity-Crowdfunding-Plattform MicroVentures zusammengetan, über die Anleger Anteile an kleinen Unternehmen erwerben können. Besonders interessant ist dabei, dass Kickstarter eine Plattform für Start-ups darstellt, die über simple Kauf- oder Finanzierungstransaktionen hinausgeht und Investoren mit umfassenden, komplexen und vor allem kontinuierlichen Informationen versorgt. Damit will Kickstarter Geldgebern einerseits Informationen für ihren Entscheidungsprozess an die Hand geben, sie andererseits aber auch nach der Entscheidung weiter informieren.

Wie traditionelle Firmen unterscheiden sich auch Fintechs darin, wie sie mit digitalen Technologien und im Überfluss vorhandenen Daten umgehen. Start-ups, die billigere Zahlungsmöglichkeiten anbieten, drängen mit kostengünstigen Versionen altbekannter Dienstleistungen auf den Markt. Im Grunde wetten sie auf die Vergangenheit und hoffen, den perfekten Sturm im Finanzsektor besser zu meistern als traditionelle Finanzinstitute und damit Marktanteile zu gewinnen. Andere setzen voll auf die Nutzung umfassender Datenströme. Betterment und SigFig fallen in diese Kategorie, dasselbe gilt für eine ganze Reihe von Peer-to-Peer-Finanzierern. Sie gleichen große Datenmengen mit Nutzerpräferenzen ab und verwenden Algorithmen zur Auswahl der optimalen Transaktionspartner. Auf lange Sicht streben Fintechs damit an – und möglicherweise die Banken, die mit ihnen zusammenarbeiten –, sich als Informationsvermittler mit Fähigkeiten zu positionieren, die weit über die von Geld und Preis hinausgehen.

Mit der Verlagerung des Fokus vom Geld auf umfassende Daten untergraben die Fintechs nicht nur den Glauben an die Macht des Geldes und der Banken, viele von ihnen nutzen auch den Markt für Aufgaben, die in den Zuständigkeitsbereich traditioneller Großbanken fielen. Sie bestätigen damit den wirtschaftsstrukturellen Trend, den wir in diesem Buch durchgängig beschreiben: weg von Firmen, hin zu Märkten. Die Erfahrungen aus den bisherigen Kooperationen von Banken mit Fintechs sind durchwachsen. Wir befinden uns noch am Beginn einer Entwicklung. Banken und Fintechs werden noch viel experimentieren müssen, bis sich stabile und erfolgreiche Geschäftsmodelle herausbilden. Die Situation gleicht der des Online-Handels Mitte der 1990er Jahre vor dem Dotcom-Boom.

Die größte Herausforderung der Banken könnte jedoch kultureller Art sein. Sie sind traditionelle Organisationen, und ihre über Jahrhunderte verinnerlichte Haltung ist eher auf Bewahrung gerichtet als darauf, Risiken einzugehen – zumindest jene, die sie selbst tragen müssen. Theoretisch sollten Banken sich leicht mit der Verarbeitung großer Datenmengen tun. Seit vielen Jahrzehnten erheben sie vielfältige Finanzdaten und betreiben große Datenbanken voller detaillierter Informationen über ihre Kunden. Doch bislang wussten die Banken mit diesen Informationen nicht allzu viel anzufangen. Man könnte sagen: Sie sind reich an Daten, aber arm an Erkenntnissen.

Vielleicht ist das ein Relikt aus Zeiten, als die Analyse komplexer Daten noch ein kostspieliges und schwieriges Unterfangen war. Zum Teil spiegelt ein mangelnder Umgang mit Daten auch die Präferenz der Kunden wider. Viele Kunden trauen ihren Banken nicht ausreichend über den Weg, um sie die von ihnen gespeicherten persönlichen

Daten für die Entwicklung neuer Produkte oder Dienstleistungen verwenden zu lassen. Auch der Datenschutz, vor allem in Europa, macht es den Banken nicht leicht. Aber aller Wahrscheinlichkeit nach hat die geringe Datenkompetenz der Banken auch strukturelle Ursachen. Der Fokus auf Geld hat sie und andere Finanzintermediäre zu den bestimmenden Institutionen des Finanzkapitalismus werden lassen. Heute begrenzen dieser Erfolg und diese Rolle ihre Vorstellungskraft. Sie hindern Banken daran, sich auf umfassende und vielfältige Daten einzulassen. Dass dies nicht so sein muss, zeigt die Geschichte des Investmentbankings auf eindrückliche Weise.[53]

In ihrer Anfangszeit, vor über einem Jahrhundert, waren Investmentbanken kleine Partnerschaften, die Unternehmen bei der Suche nach Fremdkapital halfen und zumeist sehr große private oder institutionelle Anleger bei der Identifikation geeigneter Investitionsobjekte unterstützten. Mit anderen Worten: Sie agierten als Vermittler, und ihr Erfolg basierte auf ihrem privilegierten Zugang zu Informationen. Die frühen Investmentbanken unterhielten langfristige Beziehungen zu ihren Kunden, und ihr eigentliches Kapital waren die intimen Kenntnisse des Markts und die weit gespannten Netzwerke der Investmentbankiers selbst. Da ihr Erfolg mit ihrem guten Ruf stand und fiel, waren die meisten Investmentbanken sehr seriös und behandelten die wertvollen Informationen in ihrem Besitz absolut vertraulich. Im Prinzip waren sie datenintensive Informationsvermittler in einem analogen Zeitalter.

Im Laufe der Zeit und beschleunigt seit den 1960er Jahren veränderte sich die Branche stark: Große Geschäftsbanken begannen, im Revier der Investmentbanken zu wildern. Den Quereinsteigern mangelte es zwar an den privilegierten Informationsnetzen, doch sie waren groß und viel stärker auf das Geld fixiert. Einige traditionelle Investmentbanken reagierten auf die neue Konkurrenz, indem sie sich von Informations- zu Finanzinstitutionen wandelten. Sie wurden von Partnerschaften zu Aktiengesellschaften, begannen selbst an Börsen zu notieren, fusionierten mit anderen Gesellschaften, setzten auf Wachstum und erhöhten massiv den Leverage-Effekt, also die Hebelwirkung der eigenen Investitionen durch Fremdkapital. Sie verwandelten sich damit de facto in hochgradig fremdfinanzierte Banken. Als 2007 die Subprime-Hypothekenkrise ausbrach, kollabierten drei der größten Investmentbanken der Welt – Bear Stearns, Lehman Brothers und Merrill Lynch –, und viele andere fusionierten in der Notsituation mit konventionellen Geschäftsbanken. In der Welt des Investmentbankings blieb (fast) kein Stein auf dem anderen.

Einige kleinere Investmentbanken wie Lazard oder Rothschild waren den Weg zum ganz großen Geld jedoch nie mitgegangen. Sie blieben im wesentlichen Informationsvermittler und fuhren auch in der größten Krise gut damit.[24] Das alte Modell erlebt mit sogenanntem »Boutique Investment Banks« eine Renaissance.[25] Heute nutzt eine wachsende Zahl hochspezialisierter Nischenanbieter umfassende Daten, setzt lernende Systeme ein und arbeitet mit großen Analysefirmen wie Contix und Kensho zusammen. Sie kehren zum Ausgangspunkt des Investmentbankings zurück: Sie versorgen Marktteilnehmer mit Informationen über bestmögliche Investitionen.

Das Beispiel der Investmentbanken zeigt sowohl die Chancen als auch die Risiken auf, die darin liegen, sich selbst neu zu erfinden. Die radikalen Verwerfungen im Bankensektor der letzten Jahre deuten nicht darauf hin, dass Banken und andere große Institute des Finanzkapitalismus in der Lage sein werden, sich selbst in hochinnovative Organisationen zu wandeln. Andererseits können wir dieses Beispiel auch als Metapher für den Aufstieg und Niedergang geldbasierter Märkte und den Sieg von Informationsintermediären über Finanzintermediäre sehen. Wir sind davon überzeugt: In dem Grad und in der Geschwindigkeit, mit der Datenkapitalismus den Finanzkapitalismus ablöst, wird diese Entwicklung den gesamten Finanzdienstleistungssektor erfassen. Der New Yorker Risikoinvestor Albert Wenger, dessen Fonds von Kickstarter bis SigFig schon viele erfolgreiche Start-ups im Finanzsektor finanziert hat, greift in diesem Zusammenhang zu einem Bild aus der historischen Seefahrt: Den Bankmanagern ergehe es wie »einer mit Beutegold bis obenhin voll beladenen spanischen Galeone, die vom Untergang bedroht ist«. Der Sturm zieht auf. Der Kapitän hat Zugriff auf unendlich viel Kapital, aber es fehlt ihm an Informationen und damit an Wissen, wie er den Sturm umschiffen kann.[26]

# 8
## FEEDBACK

Alles war wie immer für die Air-France-Passagiere von Rio de Janeiro nach Paris am Abend des 1. Juni 2009. Warten beim Einchecken. Die Kabinenbesatzung begrüßte freundlich. Handgepäck in die oberen Fächer oder unter den Vordersitz. Sicherheitshinweise. Anschnallen. Die Flugbegleiter kontrollierten noch einmal. Dann rollte der Airbus 330 auf die Startbahn und hob ab. Die 216 Fluggäste an Bord sahen einem langen und ereignislosen Flug nach Paris entgegen.

Passagierflugzeuge sind heute extrem sichere Verkehrsmittel. Das liegt zum großen Teil an hervorragend ausgebildeten Cockpit-Crews und sehr leistungsfähigen Computern. Zusammen bilden sie ein ausgeklügeltes Feedbacksystem: Die Flugcomputer verarbeiten riesige Datenmengen von Dutzenden von Sensoren, um das Flugzeug in der Luft und auf dem richtigen Kurs zu halten. Die Piloten überwachen den Flugcomputer und kontrollieren die vielfältigen Daten über Position, Flugbahn und technischen Zustand des Flugzeugs. Beide überprüfen sich gegenseitig – die Computer ignorieren Pilotenbefehle, die das Flugzeug in Gefahr bringen, die Piloten wiederum kontrollieren die Computer und können ihnen, falls notwendig, die Kontrolle entziehen. Doch weder das eine noch das andere kommt häufig vor: Die

meiste Zeit in der Luft steuern die Computer das Flugzeug, und die Piloten beschränken sich darauf, deren Arbeit zu überwachen.

So war es auch in den ersten dreieinhalb Stunden des
Air-France-Flugs 447 von Rio nach Paris – bis der Airbus 330 in der pechschwarzen Nacht mitten über dem
Atlantik in eine Unwetterfront geriet. Die Geschwindig-
keitssensoren vereisten und stellten ihre Funktion ein.
Der Autopilot erkannte das Problem, schaltete sich selbst
teilweise ab und übergab das Kommando den Piloten.
Die Crew im Cockpit konnte die Maschine nun steuern,
wie sie es für erforderlich hielt, mit weniger Kontrolle
durch die Computer. Obwohl der Airbus bereits nahe
an seiner maximalen Flughöhe unterwegs war, zog der
Kopilot aus ungeklärten Gründen die Nase des Flugzeugs
hoch und leitete einen Steigflug ein. Das bremste das
Flugzeug gefährlich ab, was die Gefahr eines sogenannten Strömungsabrisses heraufbeschwor – und damit eines Absturzes.

Die Computer schlug Alarm. »Stall!«, warnte eine
Stimme die Piloten. Als diese die Nase des Flugzeugs
noch weiter hochzogen, hörte der Alarm auf; die Computer trauten den eingehenden extremen Daten nicht
mehr und folgerten daraus, dass die Daten falsch sein
mussten – was sie aber nicht waren. Während die Piloten versuchten, das Problem zu verstehen, gerieten sie
in eine fatale Feedbackschleife: Wann immer sie die
Nase des Flugzeugs senkten, schlug der Computer, der
die Flugdaten nun wieder für plausibel hielt, erneut
»Stall«-Alarm; wann immer sie die Nase hochzogen,
verstummte diese Warnung – aber nicht, weil kein Strö-
mungsabriss mehr drohte, sondern weil der Computer
die Messwerte nicht mehr für plausibel hielt. In gewis-

ser Hinsicht handelten beide Seiten – Maschine und Menschen – rational: Die Maschine warnte, sobald sie die Daten als zuverlässig einschätzte, und die Menschen reagierten auf die »Stall«-Warnung. Sie erkannten nicht, dass das Flugzeug Richtung Meer stürzte. Bis zum Ende versuchten die Piloten herauszufinden, was eigentlich los war. Dann waren alle an Bord tot. Meist funktionieren auf Feedback basierende Systeme präzise und zuverlässig. Aber das hat einen Nachteil: Wir vergessen das Risiko eines extremen Versagens.[1]

Rund sieben Jahrzehnte vor dem Absturz von Air France 447 hatte der Mathematiker und MIT-Professor Norbert Wiener die allgemeine Theorie der Rückkopplung für Menschen und Maschinen und ihre Rolle bei der Steuerung von Handlungen entwickelt.[2] Rückkopplungsschleifen stehen im Zentrum von Wieners Konzept: Das Erheben und Auswerten von Feedbackdaten ermöglicht die Kontrolle über ein System und die Anpassung seiner Ziele. Wir können, so Wieners großes Versprechen, jedes System in die von uns gewünschte Richtung steuern, solange es ausreichend viele Feedbackschleifen enthält. Konzeptionell bedeutete das einen großen Sprung in unserem Verständnis, wie Maschinen unabhängig arbeiten können – beziehungsweise, um es in heutige Sprache zu übersetzen, autonom funktionieren. Mit seiner Arbeit legte Norbert Wiener den Grundstein für technische Entwicklungen von den Lenksystemen von Interkontinentalraketen und den Apollo-Mondlandefähren bis hin zu den ständig dazulernenden Systemen in den Google-Autos. Doch Wiener hatte bereits die potentiell katastrophalen Fehler von Feedbacksystemen im Blick, die durch unerwartete Situationen ausgelöst werden können oder wenn einzelne Elemente eines Feedbacksystems in einer falschen Schleife hängenblieben.

Von Beginn an hat Wieners Konzept zur Kontrolle *in* Systemen auch den Wunsch nach der Kontrolle *über* Systeme geweckt, nach dem Prinzip: Wenn etwas kontrolliert werden kann, dann sollte es auch kontrolliert werden, und zwar zumeist durch eine zentrale Instanz. Das hatte der Mathematiker vorhergesehen, als er für das neue Feld den Begriff Kybernetik wählte. Die griechische Wurzel »kybernetes« bedeutet »Steuermann«[3].

Nach dem Zweiten Weltkrieg war Wiener einer der ersten Kritiker der kybernetischen Revolution, die er selbst angestoßen hatte. In seinem Buch *Mensch und Menschmaschine* befasst Norbert Wiener sich mit Informationsflüssen als wichtigste Voraussetzung für die auf Rückkopplung basierende Kybernetik und warnt offen vor feedbackgestützten Systemen, »nicht wegen irgendwelcher Gefahren, dass sie autonome Kontrolle über die Menschheit erringen könnten«, sondern weil sie »von einem Menschen oder einer Gruppe von Menschen dazu missbraucht werden könnten, ihre Macht über den Rest der Menschheit zu vergrößern«[4].

Für datenreiche Märkte, auf denen lernende Systeme bei Entscheidungen assistieren, gilt im Grundsatz das Gleiche. In den meisten Fällen funktionieren sie gut, unter zwei Bedingungen aber können sie brandgefährlich werden: wenn es an der notwendigen Vielfalt dieser Systeme mangelt oder wenn eine zentrale Instanz – vielleicht gar heimlich – die Kontrolle übernimmt. Zum Schutz vor diesen beiden Gefahren müssen wir angemessene Steuerungsmaßnahmen ergreifen. Warum dem so ist und wie wirkungsvolle Gegenmaßnahmen aussehen können, erläutern wir in diesem Kapitel.

Märkte entstehen durch unzählige individuelle Entscheidungen ihrer Teilnehmer; sie erscheinen uns als chaotisch und ungeplant. Es gibt keine zentrale Kontrollinstanz, doch wie jeder andere gesellschaftliche Mechanismus geben auch Märkte Rahmenbedingungen für Entscheidungen vor. Alle Merkmale eines Marktplatzes, egal ob physischer oder sozialer Natur und intern vermittelt oder extern aufgezwungen, wirken sich darauf aus, welche Transaktionen stattfinden können und wie diese ablaufen.

Schon die mittelalterlichen Händler auf den Messen in der französischen Grafschaft Champagne mussten sich einem umfangreichen Regelwerk unterordnen. Bei einem Verstoß wurden sie vom Markt ausgeschlossen.[5] Doch das Marktverhalten wird auch durch die physische Gestaltung geprägt. Gewandhäuser, die für Händler mit ihren Waren leicht zugänglich waren, schützten über Jahrhunderte Käufer wie Verkäufer vor Wind und Wetter und ermöglichten es, Märkte bis weit in die kalte Jahreszeit hinein abzuhalten – und beeinflussten damit, was wann und von wem verkauft wurde.

Dass Märkte mit den richtigen Rahmenbedingungen besser funktionieren als andere, ist kein Geheimnis. Auch wenn es kein Patentrezept gibt, lassen sich einige generelle Erfolgsprinzipien erkennen. Das vielleicht wichtigste ist der Schutz der dezentralisierten Entscheidungsfindung. Wenn dieses Prinzip verletzt wird, verliert der Markt seine fundamentale Fähigkeit zur effizienten Koordinierung menschlicher Aktivitäten.

In vielen Märkten kommt es im Lauf der Zeit zu einer Konzentration von Marktmacht. Immer wieder fallen uns dazu die berüchtigten Stahlbarone in den USA des ausgehenden 19. Jahrhunderts ein, die Preise diktierten.

Eine ähnliche Situation entsteht, wenn viele Verkäufer auf einen einzigen Käufer treffen, wenn beispielsweise die Bauern einer Region ihre Milch nur an eine Molkerei verkaufen können. Derartige Märkte sind problematisch, weil sie viele Teilnehmer von besseren Geschäften ausschließen und die mächtigsten Akteure Oligopol- oder gar Monopolgewinne abschöpfen können.

Online-Märkte sind besonders anfällig für solche Konzentrationsprozesse. Die Zahlen sprechen hier eine deutliche Sprache: Vier von fünf Online-Suchanfragen von Desktop-PCs und neun von zehn Suchanfragen von mobilen Geräten laufen über Google.[6] Amazon hat 40 Prozent Marktanteil am Online-Einzelhandel in den Vereinigten Staaten,[7] Facebook weltweit über zwei Milliarden Nutzer.[8] Und das sind nur die ganz großen Namen. Auch in Nischenmärkten ist die Marktkonzentration weit fortgeschritten: GoDaddy ist der größte Domain-Registrar im Internet – mit einem Marktanteil, der viermal höher ist als der des zweitgrößten Anbieters.[9] WordPress dominiert die Blogging-Welt, und Netflix beherrscht den Markt für Streaming von Filmen und Serien.[10]

Die Dynamik hinter diesem Prozess wird spätestens seit Karl Marx lebhaft debattiert. Drei eigenständige Effekte treiben die fortschreitende Konzentration von Märkten an. Ausführlich analysiert und beschrieben wurden die Skaleneffekte und Netzwerkeffekte. Im Zeitalter der Daten wird ein dritter Effekt immer wichtiger, der auf Feedbackprozessen für lernende Systeme basiert und den wir »Feedbackeffekt« nennen. Jeder dieser drei Effekte beruht auf Strategien, mit denen Marktteilnehmer ihren Profit zu maximieren suchen.

Im Zuge der industriellen Revolution erkannten die Produzenten die Vorteile der Herstellung in großen Mengen. Wenn in einer Fabrik pro Woche statt einhundert eintausend Autos gefertigt werden, sinken die Kosten pro Auto, da sich die Fixkosten der Produktion auf eine größere Anzahl von Einheiten verteilen. Was in der industriellen Fertigung seinen Anfang nahm, breitete sich auf viele andere Wirtschaftssektoren aus, darunter auch den Einzelhandel und den Dienstleistungssektor. Nicht umsonst sind Supermärkte, Fast-Food-Ketten und Einzelhandelsimperien in der zweiten Hälfte des 20. Jahrhunderts so stark gewachsen. Ihnen ist es gelungen, durch immer größere Mengen ihre Stückkosten zu senken. Über viele Jahre hinweg haben Verbraucher von diesen Skaleneffekten durch niedrigere Preise und ein größeres Produktangebot profitiert.

Gegen Ende des 19. Jahrhunderts trat das Telefon seinen Siegeszug an. Startpunkt waren die Vereinigten Staaten. Das Telefon stellte eine so schnelle und einfache Methode zur Koordination mit anderen dar, dass kein großes Unternehmen darauf verzichten konnte. Aber weil es mehrere miteinander konkurrierende Telefongesellschaften gab, die jeweils eigene Netzwerke unterhielten, standen auf den Tischen der Manager oft mehrere Telefone, damit sie Geschäftspartner erreichen konnten, die bei unterschiedlichen Gesellschaften unter Vertrag standen. Um die Jahrhundertwende gewann AT&T immer mehr Marktanteile, unter anderem dank eines sich selbst verstärkenden Größenvorteils: Mit jedem neuen Kunden, der sich bei der Gesellschaft anmeldete, stieg der Nutzen für alle AT&T-Kunden, weil sich damit die Zahl der Menschen erhöhte, die man potentiell erreichen konnte. Diese Dynamik bot einen starken Anreiz für noch mehr Menschen, ebenfalls Kunde bei AT&T zu werden. Der Service wurde umso besser, je mehr Menschen ihn in Anspruch nahmen – obwohl sich die Dienstleistung an sich nicht änderte, sondern lediglich die Möglichkeiten zunahmen, sie zu nutzen.[11]

Heute ist uns dieser Netzwerkeffekt – manche Wirtschaftswissenschaftler ziehen den Begriff »Netzwerkexternalitäten« vor – bestens vertraut.[12] Er ist dafür verantwortlich, dass das Internet den digitalen Informationsfluss dominiert, aber auch für den Erfolg der großen Social-Media-Plattformen wie Facebook, WeChat oder Instagram. Der Netzwerkeffekt hat auch den Aufstieg der großen Online-Marktplattformen ermöglicht – von eBay bis Alibaba, von Fahrdienstanbietern wie Uber oder Didi Chuxing, von Dating-Apps wie Tinder bis Peer-Lending-Angeboten wie Funding Circle. Der genaue Wert eines neuen Teilnehmers hängt nicht nur von diesem selbst ab, sondern auch von den bereits vorhandenen Marktteilnehmern. Wenn zum Beispiel ein Mann einer Online-Partnerbörse für Heterosexuelle beitritt, deren Mitglieder zu 90 Prozent Männer sind, ist sein Nutzen geringer, als wenn sich eine Frau angemeldet hätte – zumindest für die Nutzer, die eine Frau suchen. Ebenso werden in einem Markt mit einem Überfluss an Verkäufern neue Käufer besonders willkommen sein.

Der dritte Effekt ist zwar verknüpft mit dem Skalen- und dem Netzwerkeffekt, tritt aber erst ein, wenn Systeme Feedbackdaten zum Lernen nutzen. Jedes Mal, wenn wir darauf reagieren, wie Google einen Tippfehler in unseren Mails korrigiert, erzeugen wir Feedbackinformationen, die Googles Rechtschreibprüfung weiter verbessert. Die künstliche Intelligenz von IBM Watson lernt jedes Mal, wenn sie einen Hautkrebs »sieht«, ihre Diagnosefähigkeit zu verbessern. Wenn ein Tesla-Fahrer in einer bestimmten Situation den Autopiloten korrigiert, wird die künstliche Intelligenz ein bisschen schlauer. Die beliebtesten Produkte und Dienstleistungen werden am schnellsten besser, weil sie mit den meisten Feedbackdaten gefüttert werden. In immer mehr Innovationsfeldern ist künftig also nicht mehr entscheidend, dass geniale Leute bahnbrechende Ideen haben, sondern möglichst viele Feedbackdaten zu sammeln und auszuwerten.

Jeder dieser drei Effekte bietet große Vorteile: Skaleneffekte verringern die Kosten, Netzwerkeffekte erhöhen den Nutzen, und Feedbackeffekte verbessern Produkte. Der Skaleneffekt hat die Massenproduktion ermöglicht. Der Netzwerkeffekt hat der Informationswirtschaft ihre Schubkraft gegeben. Der Feedbackeffekt wird die Wertschöpfung rund um künstliche Intelligenz beherrschen. Diese drei Effekte schließen einander nicht aus, sondern verstärken sich oft gegenseitig. Viele Unternehmen können zwei oder alle drei zugleich für sich nutzen.

Auch hier gehört Amazon zu den Vorreitern. Dank seiner Größe kann der Online-Händler die Bestellungen seiner Kunden kostengünstig abwickeln. Die Netzwerkeffekte machen aus Amazon einen »dichten« Markt, auf dem unzählige Käufer und Verkäufer aktiv sind und viele Kunden ausführliche Produktbewertungen einstellen, von denen andere profitieren. Jeder zusätzliche Kunde mehrt den Wert der Gemeinschaft. Und schließlich nutzt Amazon lernende Systeme und Feedbackdaten, um seine Empfehlungsmaschine und seine intelligente persönliche Assistentin Alexa zu optimieren.

Dasselbe gilt für das iPhone von Apple. Dank Massenfertigung kann Apple bei einem Preis, der für Kunden gerade noch akzeptabel ist, eine hohe Gewinnspanne erzielen. Die wachsende Zahl von iPhone-Nutzern treibt einen boomenden App-Markt an (ein Netzwerkeffekt), und Siri wird neben anderen Dienstleistungen mit Hilfe einer gigantischen und weiter wachsenden Menge an Feedbackdaten kontinuierlich verbessert.

Zusammen sorgen diese drei Effekte für große Fortschritte bei Produkten und Dienstleistungen. Leider befeuern sie aber auch die Marktkonzentration – und damit den Todfeind der Markteffizienz. Die Marktkonzentration steigt stetig, besonders in den USA und Großbritannien. Aber auch in Kontinentaleuropa nimmt der Konzentrationsgrad in einer Vielzahl von Sektoren und Branchen zu: Große Unternehmen werden immer größer. Gleichzeitig verliert die digitale Disruption von Traditionskonzernen durch innovative Start-ups schon wieder an Dynamik – vor allem in den Hightech-Branchen und ungeachtet der anhaltenden Begeisterung für Start-ups und Entrepreneure.[13] Allem Hype zum Trotz: Die jungen Davids schlagen die alten Goliaths viel seltener, als sie behaupten – und oft selbst glauben.[14]

Seit mindestens einem Jahrhundert kämpfen Industriestaaten mit umfassenden Regelwerken gegen die Gefahr der Marktkonzentration. Kartell- und Wettbewerbsbehörden betrachten sie zwar mit tiefem Misstrauen, sehen allein darin aber noch keinen Grund für regulatorische Eingriffe. Größe allein ist kein Verbrechen. Die durch Skalen- und Netzwerkeffekte bedingte Konsolidierung wurde in der Regel toleriert, solange die großen Akteure ihre Marktmacht nicht missbrauchten. Aus diesem Grund war die Antitrust-Klage, die 1998 in den USA gegen Microsoft erhoben wurde und um ein Haar mit der Zerschlagung des Konzerns geendet hätte, primär gegen das Marktgebaren von Microsoft gerichtet und nicht so sehr gegen seine beherrschende Marktstellung.[15] Auch die 2015 von der Europäischen Union gegen Google erhobene Kartellrechtsbeschwerde wegen systematischer Bevorzugung von Google-Diensten bei bestimmten Suchanfragen zielt mehr auf das Verhalten des Konzerns als auf seine dominante Marktposition.[16]

Neben dem Verhalten befassen sich die Wettbewerbsschützer auch mit der Frage, wie schwer es für Neueinsteiger ist, den großen etablierten Anbietern Konkurrenz zu machen. Sind die Hürden für den Markteintritt neuer Akteure niedrig, kann mitunter auf eine Regulierung verzichtet werden. Sind allerdings die Hürden sehr hoch, ist ein Eingreifen der Aufsichtsbehörden eher notwendig.

In den Massenmärkten des Industriekapitalismus stellte der Skaleneffekt über lange Zeit hinweg ein großes Wettbewerbshindernis dar, da Neueinsteiger sehr hohe Anfangsinvestitionen tätigen mussten. Das hat sich in den letzten Jahren geändert. Dank niedriger Zinssätze und des boomenden Risikokapitalmarkts ist die Kapitalbeschaffung heute deutlich einfacher und können neue Unternehmen in vielen Branchen schnell wachsen und expandieren. Gleichzeitig sind infolge der geringen Kosten für die Verarbeitung und Speicherung von Informationen, insbesondere mittels des Cloud-Computing, die notwendigen Anfangsinvestitionen für digitale Start-ups heute meist sehr viel niedriger als früher.

Stärker als Skaleneffekte sind Netzwerkeffekte weiterhin ein ernsthaftes Problem für funktionierenden Wettbewerb. Selbst mit ausreichend Kapital tun sich junge Unternehmen oft sehr schwer, Kunden zum Wechsel auf ihre Plattformen zu bewegen. Der einzige Weg zum Erfolg scheint über Innovationen zu führen, also darüber, etwas anzubieten, das deutlich besser ist als das Angebot der Platzhirsche. Es wird heftig darüber debattiert, inwieweit Innovationen den Netzwerkeffekt aushebeln können. Einige Experten verweisen auf das Fortbestehen dominanter Plattformen wie Microsoft Windows bei PC-Betriebssystemen und Facebook bei sozialen Medien. Andere wenden ein, Facebook habe seinerseits den Vorgänger MySpace vom Markt verdrängt und werde nun von Snapchat bedroht, einem sozialen Netzwerk mit deutlich jüngerer Klientel. Außerdem, betonen sie, machten alternative Betriebssysteme wie Linux oder ChromeOS Boden gegenüber Windows gut und spielten PC-Betriebssysteme sowieso keine so große Rolle mehr, da immer mehr Anwendungen auf mobilen Geräten liefen, bei denen Microsoft keinen nennenswerten Marktanteil habe.

Wir befürchten, dass sich die Behörden bislang allzu einseitig auf die Skalen- und Netzwerkeffekte konzentrierten. Die Gefahr, die von Feedbackeffekten für Märkte ausgeht, wird nicht ausreichend wahrgenommen, diskutiert und ihre Natur auch oft nicht richtig verstanden. Das Kernproblem hier ist: Dienstleistungen und Produkte, die auf mit Feedbackdaten gefütterten KI-Systemen basieren, »kaufen« Innovationen zu Kosten, die in dem Maß sinken, wie die Menge der Daten wächst. Das hat fast schon etwas Alchemistisches an sich: Ein Nebenprodukt der Nutzung verwandelt sich in das Ausgangsmaterial für Verbesserungen.

Das hat starke Folgen für den Wettbewerb. Etablierte Unternehmen, die dank ihrer großen Nutzerbasis Zugriff auf riesige Mengen an Feedbackdaten haben, verfügen damit über den Rohstoff für kontinuierliche maschinenbasierte Innovation. Unternehmen, denen es an vergleichbaren Feedbackdaten für die Produktentwicklung mangelt, können hingegen kaum mehr hoffen, den Platzhirschen ernsthafte Konkurrenz zu machen – ihre Produkte lernen zu langsam dazu.

Eine wachsende Zahl von Experten wie die Rechtswissenschaftler Ariel Ezrachi und Maurice Stucke warnen davor, dass KI-Systeme den freien Wettbewerb schwächen könnten, und fordern Maßnahmen, die über die bloße Regulierung von wettbewerbswidrigem Verhalten hinausgehen.[17] Andere schlagen gar vor, dass große Unternehmen gezwungen werden sollten, ihre Algorithmen offenzulegen und Konkurrenten oder der Öffentlichkeit insgesamt den Zugriff darauf zu gewähren – so wie der Code für Open-Source-Software allgemein zugänglich gemacht wird.[18]

Die Forderung nach offenen Algorithmen hört sich gut an, geht aber am Kern des Problems vorbei. Diese Maßnahme würde wenig gegen die Marktkonzentration bewirken und zudem das untergraben, was an konventioneller, von Menschen getragener Innovation in einer von lernenden Systemen dominierten Umwelt noch möglich ist. Algorithmen dienen einerseits als (programmierte) Anleitungen für lernende Systeme. Andererseits können KI-Systeme mit Hilfe von Massendaten selbst Algorithmen hervorbringen beziehungsweise verbessern. Als Anleitungen sind sie bereits heute in vielen Fällen offen zugänglich und kostenfrei nutzbar. Mehr Transparenz wird mithin wenig bewirken.

Als Produkt von in KI-Systeme eingespeisten Daten dagegen verändern sich Algorithmen, wenn dieses System von neuen Daten lernt. Das wiederum bedeutet, dass der Zugang zu ihnen nur einen komprimierten Blick in die Vergangenheit gewährt. Nicht anders wie der Preis in geldbasierten Märkten würde die Momentaufnahme eines Algorithmus zwar ein gewisses Maß an Informationen enthalten, aber keine aktualisierungsfähigen Einsichten vermitteln. Der Zugang zu den Algorithmen allein reicht nicht aus, damit kleine Wettbewerber und Neueinsteiger gegen etablierte Unternehmen bestehen können, eben weil Algorithmen ihnen nicht den Rohstoff, also Feedbackdaten, liefern, mit dem sie ihre eigenen KI-Systeme trainieren könnten.

Der Fehler liegt nicht im Prinzip des Teilens, sondern darin, was geteilt beziehungsweise nicht geteilt wird. Für funktionierenden Wettbewerb müssen die Oligopolisten des Datenkapitalismus ihren Rohstoff zur Nutzung zur Verfügung stellen, nicht ihre Werkzeuge. Die Wirtschaftswissenschaftler Jens Prüfer und Christoph Schottmüller haben hierfür eine faszinierende Idee entwickelt: Große Akteure, die Feedbackdaten nutzen, müssen diese Daten – von persönlichen Identifikationsmerkmalen gesäubert und bei Gewährleistung eines angemessenen Schutzes der Privatsphäre – mit ihren Wettbewerbern teilen.[19] Nach ihren Analysen ergibt sich aus einem verpflichtenden Daten-Sharing über eine Vielzahl von Szenarien hinweg ein gesamtwirtschaftlicher Nutzen, insbesondere in Märkten mit einem dominierenden Akteur.

Aufbauend auf dieser Idee schlagen wir eine *progressive Daten-Sharing-Pflicht* vor. In diesem Modell setzt die Pflicht zum Teilen von Daten ein, sobald ein Unternehmen einen bestimmten Marktanteil erreicht, beispielsweise 10 Prozent. Überschreitet ein Unternehmen diese Schwelle, muss es einen Teil seiner Feedbackdaten mit allen Konkurrenten teilen, die dies wünschen. Dabei darf das Unternehmen die Daten nicht bewusst auswählen, die anderen zugänglich gemacht werden müssen; die Daten müssen in der Regel zufällig gewählt sein, in einigen Fällen können sie auch durch einen neutralen Dritten bestimmt werden. Auch dem Datenschutz ist durch entsprechende technische und organisatorische Maßnahmen Rechnung zu tragen. Welchen Prozentsatz der Feedbackdaten verfügbar gemacht werden muss, berechnet sich nach dem Marktanteil, den das Unternehmen hält. Je stärker sich ein Unternehmen einer marktbeherrschenden Stellung annähert, desto mehr Daten muss es seinen Konkurrenten zur Mitnutzung bereitstellen. Unser Modell unterscheidet sich von der in Kapitel 7 erwähnten und ab 2018 in der EU bestehenden Pflicht von Banken, Kundendaten an Konkurrenten weiterzugeben – auch wenn das endgültige Ziel der Stärkung des Wettbewerbs dasselbe ist. Die EU-Regelung zielt darauf ab, die Wechselkosten für Bankkunden zu reduzieren, während die progressive Pflicht zum Teilen von Daten digitalisierte Informationen als Motor von Innovationen breiter verfügbar machen will.

Das wird große Unternehmen nicht daran hindern, weiterhin Nutzen aus den von ihnen gesammelten Feedbackdaten zu ziehen und ihre Dienstleistungen und Produkte auf deren Grundlage zu verbessern. Doch durch die Verpflichtung, einen Teil ihrer Daten anderen zugänglich zu machen, wird der daraus gewonnene Nutzen gestreut. Davon profitieren kleinere Wettbewerber und können einem großen Akteur eher Paroli bieten. Darüber hinaus sorgt die Einführung eines progressiven Hebels dafür, dass mit steigendem Konzentrationsgrad kontinuierlich mehr Daten geteilt werden. Diese progressive Daten-Sharing-Pflicht ist ein Feedbackmechanismus als Gegengewicht zum Feedbackeffekt: Je stärker die Konzentration den Wettbewerb gefährdet, umso mehr wirkt die Regelung der Konzentration entgegen.

In unserem Modell können auch große Akteure Zugang zu Feedbackdaten von kleineren Unternehmen verlangen, wenn deren Marktanteil über der Mindestschwelle liegt. Allerdings werden große Unternehmen im Vergleich zu kleineren Konkurrenten davon weniger profitieren.

Die Pflicht zum Daten-Sharing würde zudem Anreize für Unternehmen begrenzen, ihren Marktanteil falsch darzustellen. Was bedeutet das in der Praxis? Nehmen wir den Fall eines Markts mit zwei großen Wettbewerbern: Der eine hält einen Marktanteil von 45 Prozent, der andere 40 Prozent. Die restlichen 15 Prozent verteilen sich auf mehrere kleine Firmen. Liefe die Daten-Sharing-Pflicht nur in eine Richtung – vom größten Unternehmen zum kleinen Konkurrenten –, müsste nur einer der großen Akteure seine Daten mit allen anderen teilen. Bei einer universellen Sharing-Pflicht hingegen würden beide großen Unternehmen profitieren, da sie Zugang zu den Daten ihres Konkurrenten erhalten. Am meisten allerdings würden die kleineren Unternehmen gewinnen – und genau das ist ja auch beabsichtigt.

Unser Vorschlag der progressiven Daten-Sharing-Pflicht nimmt die datenanalytischen Vorreiter ins Visier, die ihre Dienstleistungen mit Hilfe von Feedbackdaten und lernenden Systemen verbessern. Zunächst würde es die üblichen Verdächtigen treffen: Google, Facebook, Apple, Microsoft, vielleicht auch Tesla. Auf den ersten Blick wäre das nur ein kleiner Teil der Gesamtwirtschaft, doch das wird sich bald ändern. Die Möglichkeiten der Produktverbesserungen auf Grundlage datengestützter KI-Systeme sind so beeindruckend, dass immer mehr Unternehmen auf den Zug aufspringen werden – und den Geltungsbereich des progressiven Daten-Sharings damit automatisch erweitern.

Beim Übergang von geldbasierten zu datenreichen Märkten werden die Gefahren der Marktkonzentrationen bestehen bleiben oder sogar noch größer werden. Das erfordert weiterhin eine besondere Wachsamkeit für gesetzeswidriges Gebaren mächtiger Marktakteure, aber eben auch Maßnahmen als Gegengewicht zum Feedbackeffekt, die unabhängig vom konkreten Verhalten großer Datenspieler wirken. Die progressive Daten-Sharing-Pflicht könnte der Einstieg in eine neue, präventive Datenregulierung sein.

Die Tendenz zu starker Konzentration ist allerdings nur eine strukturelle Eigenart, die datenreiche Märkte besonders anfällig für Fehlfunktionen, Verwerfungen und Zusammenbrüche macht. Automatisierte Fehlentscheidungen sind die zweite. Hier bedarf es eines genauen Blicks, denn Märkte im Allgemeinen leiden nicht nur, wenn der Konzentrationsgrad steigt, sondern auch, wenn viele Marktteilnehmer dieselbe fehlerhafte Entscheidung treffen. Die strukturelle Schwäche liegt darin, dass im Markt die Entscheidungsfindung zwar dezentralisiert ist, die Entscheidungsträger aber Menschen sind. Diese können zum Beispiel unter denselben kognitiven Beschränkungen leiden.

In datenreichen Märkten werden KI-Systeme in Verbindung mit Matching-Algorithmen uns Menschen bei der Entscheidungsfindung unterstützen – oder in einigen Fällen gar an unserer Stelle entscheiden. Wie in Kapitel 4 beschrieben, können diese Systeme uns helfen – soweit wir das wollen –, einen Teil unserer kognitiven Beschränkungen zu überwinden. Das bedeutet, dass datenreiche Märkte weniger anfällig für systematisch fehlerhafte Entscheidungen und sich daraus ergebende Marktverwerfungen sind – eine klare Verbesserung gegenüber traditionellen geldbasierten Märkten. Dazu aber müssen lernende Systeme nicht nur gut funktionieren, sie müssen auch ausreichend *unabhängig* voneinander arbeiten – eine absolut zwingende Voraussetzung.

Spielen wir durch, was passieren könnte, wenn KI-Systeme, die uns bei Transaktionsentscheidungen unterstützen, ausschließlich von einem oder einer Handvoll von Anbietern bereitgestellt werden. Diese könnten Marktentscheidungen umfassender und zugleich intransparenter beeinflussen, als das in der Vergangenheit bei einer noch so hohen Marktkonzentration möglich war. Die Achillesferse datenreicher Märkte ist die zentrale Kontrolle künstlich intelligenter Entscheidungsassistenten. Daher müssen wir unter allen Umständen verhindern, dass diese Systeme von einem oder wenigen Unternehmen dominiert werden. Gelingt uns das nicht, droht ein kommerzieller Big Brother, der uns manipuliert und übervorteilt.

Darin liegt nicht die einzige Gefahr. Die Hersteller von Entscheidungsassistenten müssen nicht einmal böse Absichten verfolgen. Eine einzige technische Schwachstelle reicht aus – besonders, wenn sie bei vielen oder allen KI-Systemen vorhanden ist –, um sie und damit auch uns in einem beispiellosen Ausmaß anfällig für Angriffe von außen zu machen. Es ist, als würden wir weltweit nur mit einem Automodell herumfahren, bei dem jemand die Lenkung fernsteuern kann. Dann werden aus allen Autos plötzlich Geschosse. Nach dem Absturz des Air-France-Flugs 447 stellten Ermittler beispielsweise fest, dass die Bordcomputer aller neueren Airbus-Flugzeuge dasselbe Verhalten zeigten. Das machte es notwendig, alle Piloten von Airbus-Flugzeugen nachzuschulen, damit sie verstanden, was die »Stall«-Warnung in welchen Situationen bedeutet und wie sie darauf reagieren sollen.

Je homogener die Systeme sind, derer wir uns bedienen, umso höher ist das Risiko systemischer Ausfälle.[20] Umgekehrt gilt: Vielfalt der künstlich intelligenten Entscheidungsassistenten schützt vor Systemversagen. Deshalb müssen die Teilnehmer in datenreichen Märkten *zwingend* aus einer Vielzahl unterschiedlicher entscheidungsassistierender Systeme wählen können, die von einer Vielzahl unterschiedlicher Anbieter entwickelt und betrieben werden. Nur diese Diversität garantiert, dass auf datenreichen Märkten dezentral entschieden wird – und die Märkte damit robust bleiben.

Diese Heterogenität entscheidungsstützender Systeme herzustellen, ist eine große Herausforderung. Denn Märkte für lernende Systeme neigen zur Konzentration und dazu, jenen Wettbewerb zu eliminieren, auf den wir zum Schutz gegen systemische Fehler angewiesen sind. Deshalb steht und fällt der langfristige Erfolg datenreicher Märkte damit, wider deren eigene Natur der Konzentration Wettbewerb zwischen Entscheidungsassistenzsystemen zu gewährleisten. Wir sind überzeugt: Auch hier ist eine progressive Daten-Sharing-Pflicht die Antwort auf die absehbare Marktkonzentration. Ihr Mechanismus verschafft den digitalen Davids den Zugang zu den Feedbackdaten der Daten-Goliaths und damit die Chance, mit innovativen Entscheidungsassistenten im Geschäft zu bleiben. Das Ziel ist, Nutzern ähnlich wie heute bei Apps in einem App-Store eine reiche Auswahl an Entscheidungsassistenten zu garantieren, zwischen denen sie relativ einfach wechseln können.

Auf den Punkt gebracht: Wie alle Märkte sind auch datengestützte Märkte auf Regeln sowie deren konsequente

Durchsetzung angewiesen, um eine dezentrale Entscheidungsfindung und effizient funktionierende Märkte zu gewährleisten. Im Vergleich zu traditionellen geldbasierten Märkten sind datenreiche Märkte weniger anfällig für kognitive Verzerrungen menschlicher Entscheider. Doch dieser Vorteil kann nur bewahrt werden, wenn die zur Unterstützung von Marktteilnehmern eingesetzten lernenden Systeme vielfältig sind und echte Wahlmöglichkeiten bieten. Das erfordert neuartige Regeln, die direkt an der Wurzel des Problems ansetzen: am extrem ungleichen Zugang zu Feedbackdaten.

Im Datenkapitalismus müssen wir zudem neue Wege und Regelungen finden, wie Marktteilnehmer einander informieren. Weil die Realität facettenreich ist, müssen auch die Instrumente, die wir verwenden, um die Wirklichkeit zu fassen, Details und Nuancen kommunizieren können. Das bedeutet unter anderem, dass Berichts- und Informationspflichten umfassender und detaillierter werden – und sich damit auch die gesetzlichen Vorgaben an Transparenz erhöhen.

Über lange Zeit hinweg galt im Rechnungswesen der Grundsatz, dass der Wert bestimmter Aktiva in der Bilanz eines Unternehmens ihren historischen Kosten entsprechen muss. Das war einfach: Wurde ein Grundstück für eine Million Euro gekauft, war sein Buchwert eine Million Euro. Doch dieser Wert spiegelte nicht notwendigerweise die Realität wider: Das Grundstück konnte in der Zwischenzeit an Wert gewonnen oder verloren haben. Der Buchwert als Zahl für sich genommen sagte etwas über die historische Transaktion aus, aber nicht unbedingt über den aktuellen Wert. Man konnte den Zahlen in den Bilanzen also nicht trauen – nicht, weil sie gefälscht, sondern weil sie veraltet waren.

Ausgehend von den USA begann in den 1990er Jahren eine schrittweise Reform der Bewertungsgrundsätze. Danach müssen heute bestimmte Vermögenswerte zu ihrem *fair value* bilanziert werden, der in vielen Fällen ihrem aktuellen Marktwert entspricht. Das bedeutet, dass die Bilanz die wirtschaftliche Situation eines Unternehmens zu einem bestimmten Stichtag exakter abbildet. Das Problem dabei ist jedoch, dass Marktpreise schwanken. Daher sind Bilanzen, die nach diesem »Mark-to-Market«-Grundsatz« erstellt werden, am Tag ihrer Veröffentlichung bereits überholt. Zudem führt diese Methode zu möglichen temporären Ausreißern in den Bilanzen, die wenig über den tatsächlichen finanziellen Zustand des Unternehmens aussagen.

Ein vereinfachtes Beispiel: Der Wert eines Grundstücks kann fallen, weil der Bau einer Autobahn in der Nähe zu einer Verkehrsumleitung am Grundstück entlangführt. Doch diese Umleitung endet mit der Fertigstellung der Autobahn, und damit erreicht das Grundstück dann wieder seinen alten Wert. Die Bilanz eines Unternehmens, dem das Grundstück gehört, würde zunächst einen starken Wertverlust ausweisen, gefolgt von einem starken Wertgewinn. Diese Schwankungen könnten Investoren dazu veranlassen, Anteile an dem Unternehmen zu kaufen oder zu verkaufen, oder Banken dazu, Kreditlinien zu widerrufen, obwohl sich an der Substanz des Unternehmens nichts geändert hat. Kritiker dieser Bewertungsmethode behaupten, das Verfahren hätte zur Verschärfung globaler Finanzkrisen beigetragen, darunter auch der Subprime-Hypothekenkrise in den USA von 2007 bis 2009.[21]

Der Fokus auf den Marktwert mag nützlicher sein als der Blick auf die historischen Kosten, aber auch er verdichtet komplexe Informationen auf eine Momentaufnahme. Das mag leicht lesbar sein, aber es bietet nur unzureichende Entscheidungsgrundlagen, weil sie auf einer starken informationellen Vereinfachung fußen. Der Aufstieg datenreicher Märkte erfordert neue Bewertungs- und Berichtsmethoden, die reichhaltigere und detaillierte Informationen übermitteln, etwa wie lange ein Unternehmen einen bestimmen Vermögenswert zu halten beabsichtigt, wie volatil Vermögenswerte sind oder welche konkreten Risiken mit ihnen verbunden sind. Das würde nicht nur einen *Moment in der Zeit* abbilden, sondern ein *Bild über die Zeit* hinweg zeichnen und Außenstehenden erlauben, ein Unternehmen besser zu beurteilen.

Die Notwendigkeit eines umfassenderen Blicks beschränkt sich dabei nicht auf Fragen von Wert und Preis. Datenreiche Bilanzen können weitaus mehr abbilden als nur die finanzielle Lage eines Unternehmens – und beispielsweise ebenso gut Zahlen zum Energieverbrauch, zu den Umweltkosten der Unternehmensaktivitäten und zu den Arbeitsstandards enthalten. Wären solch umfassende Daten über Unternehmen vorhanden, könnten Investoren leichter passende Investitionsobjekte finden, die über die gängigen geldbezogenen Fundamentaldaten hinaus ihre Präferenzen widerspiegeln. Das hälfe nicht nur Investoren, sondern auch allen anderen Transaktionspartnern. Voraussetzung dafür ist, dass die relevanten Daten verfügbar gemacht werden, und zwar in standardisierter Form. Und das bedeutet neue, bessere Transparenzregeln, die den zunehmenden Datenreichtum abbilden.

Bislang haben wir uns auf die Rolle konzentriert, die der Staat dabei spielt, den Informationsfluss zu erleichtern und Informationsdefizite auszugleichen, indem er durch progressives Daten-Sharing und neue Transparenzregeln dafür sorgt, dass mehr Informationen zugänglich werden. In einigen Situationen jedoch versuchen Behörden den Informationsfluss bewusst zu reduzieren, damit nicht ein Marktteilnehmer über mehr Informationen als die anderen verfügt und dies zu vorteilhaften Transaktionen nutzen kann. Das ist im Kern Zweck der traditionellen Gesetzgebung zur informationellen Selbstbestimmung. Das Ziel ist hehr. Doch tatsächlich kranken solche Regeln zur Beschränkung der Datenerhebung daran, dass Unternehmen sie relativ leicht umgehen können oder ihre Kunden dazu verleiten, in eine mehr oder weniger unbeschränkte Datenerhebung einzuwilligen – wie das viele von uns regelmäßig machen, wenn wir bei der Anmeldung für einen Online-Dienst ohne einen Blick auf das Kleingedruckte auf »Nutzungsbedingungen akzeptieren« klicken.

In der Praxis versagen die datenschutzrechtlichen Beschränkungen der Datenerhebung bei der Verringerung von Informationsungleichgewichten – und oft erreichen sie sogar das Gegenteil: Datenschutz erhöht das Ungleichgewicht beim Zugang zu Daten und konzentriert diese bei den besonders mächtigen oder besonders trickreichen Daten-Champions. Daher sind solche Regeln kaum geeignet, wettbewerbsorientierte und effektive datenreiche Märkte mitzugestalten. Statt das Sammeln von Daten zu beschränken, wird die Aufgabe des Staats in datenreichen Märkten darin bestehen, die Möglichkeiten zu begrenzen, wie Informationen von Unternehmen (oder anderen Organisationen und Institutionen) *genutzt* werden dürfen. Auf diese Weise können die Behörden die Verwendung von Daten für bessere Transaktionen fördern und zugleich Missbrauch durch ineffiziente Informationsasymmetrien erschweren.

Unter Datenschützern wird seit einiger Zeit lebhaft darüber debattiert, den Fokus des Schutzes von der Datenerhebung auf die Datennutzung zu verschieben.[22] Mit dem Aufstieg datenreicher Märkte wird eine solche Neuorientierung – und eine offene Debatte über die Details – dringender denn je. Datenschutz im 21. Jahrhundert muss sich grundlegend erneuern. Die Umstellung der Regulierung vom Datensammeln auf die Datennutzung weicht den Schutz der Privatsphäre nicht auf. Sie schafft im Gegenteil die praktische Voraussetzung, dass sie tatsächlich gewahrt werden kann.

Die Umsetzung der in diesem Kapitel skizzierten Elemente eines regulativen Rahmens, der die Markteffizienz verbessert, wird in der Verantwortung staatlicher Behörden liegen. In einigen Anwendungsfeldern wird es ausreichen, die rechtlichen Verantwortlichkeiten einer bestehenden Behörde zu erweitern. In anderen werden neue nationale oder europäische Institutionen notwendig sein. Entscheidender ist dabei: Die neuen Regeln müssen tatsächlich durchgesetzt werden. Große Vollzugsdefizite, wie wir sie heute in vielen digitalen Feldern kennen, darf es nicht geben. Welche Institution auch immer Regulierungsaufgaben für datenreiche Märkte übernimmt, muss nicht nur über die Ressourcen, das notwendige Personal und die erforderlichen Kontroll- und Durchsetzungskompetenzen verfügen, sondern auch über angemessene Sachkenntnis.

Der Staat muss seinen digitalen IQ rasch erhöhen. Das ist weder leicht noch billig. Entsprechende Experten und Talente sind rar, und Behörden müssen im Wettbewerb um qualifizierte Mitarbeiter gegen die dicken Gehaltsschecks und das coole Arbeitsumfeld antreten, mit denen Start-ups und digitale Champions in Berlin und London, in Paris und Barcelona, in New York und im Silicon Valley locken. Doch wir haben keine Alternative. Der Staat muss »Quants« rekrutieren, hochqualifizierte Datenanalysten und Informatiker, will er nicht das Risiko des Versagens von datenreichen Märkten mit unabsehbaren Folgen eingehen. Es fällt uns nicht leicht, mehr Bürokratie zu fordern. Aber ohne starke Institutionen, die Regeln setzen und durchsetzen können, sind datenreiche Märkte höchst anfällig für eine gefährliche Konzentration von Entscheidungsmacht und Kontrolle.

Doch das ist nur ein Aspekt, der uns für die Übergangsphase in die datenreiche Zukunft mit Sorge erfüllt. Mindestens ebenso bedrohlich für liberale Demokratien könnte der Wunsch von Politikern und Staaten werden, selbst immer mehr Kontrolle zu übernehmen und Macht zu zentralisieren. Mit Hilfe der Mechanismen datenreicher Märkte und entscheidungsassistierender Systeme lassen sich Volkswirtschaften besser denn je steuern. Mit diesem Datenreichtum und KI-Systemen könnten informationstechnisch gestützte Herrschaftsphantasien eine Renaissance erleben, die in der Ära der Großrechner vor einem halben Jahrhundert erstmals praktisch versucht wurden.

Im Juli 1971 startete eines der kühnsten industriepolitischen Experimente des 20. Jahrhunderts. Der Leiter der chilenischen Industrieförderungsbehörde CORFO Fernando Flores bat den britischen Organisationswissenschaftler und Kybernetiker Stafford Beer, ein Computersystem zu entwickeln, das die Regierung bei der Organisation und Steuerung der nationalen Wirtschaft unterstützen sollte.[23]

Ein Jahr zuvor hatte der Arzt Salvador Allende als erster

demokratisch gewählter marxistischer Präsident Lateinamerikas sein Amt angetreten. Wirtschaftspolitisch verfolgte Allende einen sozialistischen »Dritten Weg« zwischen freier Marktwirtschaft und einer Planwirtschaft nach sowjetischem Zuschnitt. Eckpfeiler seiner Wirtschaftspolitik waren eine umfassende Landreform und die Verstaatlichung der Großindustrie. Doch die verstaatlichten Unternehmen mussten auch verwaltet und gesteuert werden. Genau aus diesem Grund hatte sich Flores an Beer gewandt.

Die beiden gaben ein seltsames Paar ab: auf der einen Seite ein sozialistischer Wirtschaftsfunktionär, der später zum Wirtschafts- und Finanzminister aufsteigen sollte und nun den Großteil der chilenischen Industrie zentral lenken wollte; auf der anderen ein zum Managementberater mutierter britischer Wirtschaftsprofessor mit einer Vorliebe für Zigarren, Schokolade und Whisky. Gemeinsam träumten sie von einer neuen Art der Regierungsführung, die auf korrekten Daten und schnellem Feedback basierte – mit hoher Transparenz sowohl für die, die führten, als auch für die, die geführt wurden. Ziel war es, die Volkswirtschaft mit einer landesweit kohärenten und branchenübergreifend sinnvollen Entscheidungsfindung voranzubringen. Ermöglicht werden sollte dies durch die Verbindung von innovativen Organisationsstrukturen mit modernster Informationstechnologie. Menschen wurden in diesem Modell als Kollektiv verstanden, das staatlicher Unterstützung bedurfte, und nicht als Individuen, die ihren eigenen Weg wählten. Das kam Flores' sozialistischer Utopie zupass; der Einsatz neuester Kommunikations- und Steuerungsmechanismen in großem Maßstab hingegen entsprach Beers Begeisterung für die Kybernetik.

Der Plan, den sie gemeinsam entwarfen, bekam den Namen »Cybersyn«, kurz für »Cybernetic Synergy«, und war konzipiert als soziotechnisches System zur Verwaltung und Steuerung der chilenischen Industrie. Jeden Tag sollten vierhundert verstaatlichte Fabriken aus dem ganzen Land Produktionsdaten an die Cybersyn-Zentrale in der Hauptstadt Santiago de Chile schicken. Dort würden sie in einen Großrechner eingefüttert, um sie zu prüfen und mit den Planzahlen abzugleichen. Abweichungen sollten markiert und an die Manager sowie an die in einem futuristischen Operationszentrum untergebrachte staatliche Projektleitung gemeldet werden, die dann Direktiven zurück an die Fabriken schicken würde. Cybersyn war ein für die damalige Zeit technisch fortschrittliches System, das wirtschaftliche Aktivitäten mit Hilfe eines Netzwerkansatzes und unter Verwendung bayesscher Statistikmodelle erfasste und berechnete. Vor allem aber setzte es auf Feedbackeffekte. Informationen sollten zurück in die Entscheidungsfindungsprozesse fließen – und Entscheidungen dadurch besser werden.

Das System ging nie voll in Betrieb. Das Kommunikationsnetz wurde zwar eingerichtet und im Herbst 1972 auch erfolgreich eingesetzt, um das Land am Laufen zu halten, als streikende Transportarbeiter den Warenverkehr nach Santiago blockierten. Auch die datenanalytischen Bausteine von Cybersyn wurden weitgehend umgesetzt, doch die Resultate, die das System lieferte, waren häufig unzuverlässig. Das war zum Teil ein technologisches Problem, denn die damals verfügbaren Datenverarbeitungskapazitäten waren völlig unzureichend. Das führte mitunter dazu, dass das System Probleme erst feststellte, wenn die Entscheidung eigentlich schon vor Tagen hätte getroffen werden müssen. Aber es war auch ein strukturelles Problem, da die an Cybersyn übermittelten Informationen weder umfassend waren noch ausreichend genau.

Im September 1973 fand das Cybersyn-Experiment ein abruptes Ende, als das chilenische Militär gegen Präsident Allende putschte und die Infrastruktur des Systems zerstörte. Die Vision von Cybersyn hingegen überlebte – und mit ihr die Vorstellung, mit Hilfe von Informationstechnologie ein ganzes Land regieren zu können.

Der zentrale Steuerungsmechanismus von Cybersyn ist nicht mit der Art zentraler Kontrolle vergleichbar, die Stalin ausübte und die zur Großen Hungersnot von 1932/1933 in der Ukraine führte, bei der rund sieben Millionen Menschen starben.[24] Stalin betrieb die massive Industrialisierung der Sowjetunion, und die sowjetischen Wirtschaftsplaner taten ohne Rücksicht auf die Bedürfnisse und Wünsche der Bevölkerung alles, um das zu erreichen. Die daraus resultierende Mangelwirtschaft brachte einer kleinen Elite Vorteile, die Massen aber stürzte sie in Not und Elend. Diese strukturelle Ineffizienz hat die zentralistische Planwirtschaft als Wirtschaftssystem weltweit dauerhaft diskreditiert, auch wenn in bestimmten Sektoren die meisten Länder auf zentrale Planung und Kontrolle setzen, etwa bei Landesverteidigung, öffentlicher Sicherheit, Bildung oder Gesundheitsversorgung. Doch dabei handelt es sich um Ausnahmen von der Regel – Inseln zentralistischer Planung in Ozeanen dezentraler Koordination durch Märkte.

Im Gegensatz zur stalinistischen Planwirtschaft ist die verheißungsvolle wie erschreckende Vision hinter Cybersyn, staatliche Kontrolle durch Feedbacksysteme zu erreichen – nicht durch den Erlass einseitiger Befehle, sondern durch lernende Systeme in datenreichen Märkten, die auf subtile Weise die individuelle Entscheidungsfindung beeinflussen. Die Umsetzung eines derartigen Systems könnte politisch leichter Mehrheiten finden, als man auf den ersten Blick annehmen möchte. Denn zunächst würden die Vorteile überwiegen. Wie bereits erklärt, können KI-Systeme uns helfen, unsere kognitiven Verzerrungen bei Entscheidungen zu reduzieren, soweit wir das möchten. Aber wäre es nicht besser, wenn diese Systeme unsere kognitiven Beschränkungen vollständig eliminierten, unabhängig davon, was wir als Individuen wollen? Und warum die korrigierende Funktion lernender Systeme auf kognitive Fehlleistungen begrenzen? Könnten wir nicht KI-Systeme entwerfen, die darüber hinaus Werte wie Höflichkeit, Gerechtigkeit und Gleichheit in Entscheidungsprozesse einbetten?

Unlängst haben Experten »Nudging« als Mittel der Politik angeregt – sanfte »Schubser«, um Menschen zu angemessenen Transaktionen oder Handlungen zu bewegen, die aus Sicht der Schubsenden gut für sie sind.[25] Mit lernenden Systemen könnte man dieses paternalistische »Nudging« in hohem Maße individualisieren und die Manipulationswirkung erheblich erhöhen. Stellen Sie sich eine Kombination aus Fox News und Facebook vor. Wir würden nach wie vor unsere dezentralen Entscheidungen auf dem Markt treffen. Aber weil wir alle von den Empfehlungen eines einzigen intelligenten Systems beeinflusst sind, könnte sich die Gesellschaft geschlossen auf gemeinsame Ziele hinbewegen.

Das wäre eine moderne Version von Cybersyn mit totalitärem Einschlag. Cybersyn war zumindest transparent. Die Chilenen wussten, dass die Regierung damit die industrielle Planung und Entscheidungsfindung zentralisieren wollte. Übernimmt dagegen der Staat die Kontrolle über lernende Systeme in datenreichen Märkten, bleiben zwar die äußeren Merkmale dezentralisierter Koordination und der Anschein freier Willensentscheidungen gewahrt. In Wahrheit aber würde das Kybernetik-konzept von Norbert Wiener auf den Kopf gestellt und einen durch datenreiche Feedbackschleifen befeuerten Big Brother schaffen. Ebendiese Sorge trieb Wiener nach dem Zweiten Weltkrieg um. Selbst wenn ein solches System den Anschein erwecken könnte, liberale Werte zu fördern: George Orwell würde sich im Grab umdrehen. Und die Stasi hätte sich die Finger danach geleckt: scheinbare Freiheit nach außen, aber totale staatliche Kontrolle im Inneren.

Mit dieser Dystopie muss sich unsere Gesellschaft beim Übergang zu datenreichen Märkten auseinander-setzen. Um sie abzuwenden, müssen wir traditionelles Wettbewerbsrecht viel besser auf die digitale Ökonomie anwenden. Und wir brauchen vor allem neue Maßnahmen und Instrumente wie die von uns vorgeschlagene progressive Daten-Sharing-Pflicht, um dezentrale Entscheidungsprozesse zu schützen. Auf dem Spiel stehen nicht nur die Freiheit der Menschen, auf datenreichen Märkten informiert zu entscheiden, sondern vielmehr die Existenz unserer offenen Gesellschaft.

# 9

# ARBEIT

»Zeit für meine Yogaübungen«, sagt Lastwagenfahrer Walt Martin. Er grinst den Wired-Reporter auf dem Beifahrersitz kurz an und klettert nach hinten in die Schlafkabine seines Trucks. Dort praktiziert er dann allerdings kein Yoga, sondern macht es sich mit seinem Tablet gemütlich. Sein Neunachser, beladen mit fünfzigtausend Dosen Budweiser, fährt derweil mit 90 Stundenkilometern weiter auf der Interstate 25 Richtung Süden nach Colorado Springs. Unmittelbar nachdem Martin auf den Highway aufgefahren ist, hat er einen Knopf mit der Aufschrift »Engage« gedrückt. Ab da hat ein autonomes Fahrsystem mit LIDAR-Lasererkennung, Radar, hochauflösenden Kameras, punktgenauem GPS und einem Hochleistungsrechner (Kostenpunkt 30 000 Dollar) die Kontrolle über den Sattelschlepper übernommen. »Die Fahrt war so unaufgeregt wie das Bier im Anhänger«, schreibt der Journalist später über die weltweit erste Warenlieferung in einem weitgehend selbstfahrenden Laster.[1]

Entwickelt wurde dieses System vom Start-up Otto aus San Francisco, das Uber im Sommer 2016 für 680 Millionen US-Dollar übernommen hat. Ottos Nachrüstsystem ermöglicht sogenanntes Level 4 – autonomes Fahren auf Highways: Kein Fahrer muss mehr hinter dem Lenkrad sitzen, um die Führung des Fahrzeugs jederzeit übernehmen zu können, zumindest nicht aus technischen Gründen. Otto will aus einem herkömmlichen Lkw einen »virtuellen Zug auf einem Softwaregleis« machen. Bei guten Wetterbedingungen funktioniert das System reibungslos, mit Nebel und Starkregen kommt es noch nicht zurecht. Künftige Softwareversionen sollen aber auch den Umgang damit lernen.

Solange das Wetter mitspielt, beschränkt sich der Fahrerjob darauf, den Truck die paar Meilen von der Brauerei in Fort Collins bis zum Highway zu steuern und dann noch ein paar Meilen von der Ausfahrt bis zur Laderampe des Empfängers. Es ist keine Frage mehr, ob automatisierte Lkw auf Autobahnen im Regelbetrieb kommen, sondern wann. Vermutlich werden selbstfahrende Laster deutlich früher Serienreife erreichen als selbstfahrende Pkw, denn im Lastverkehr scheinen die Vorteile größer.

In den Vereinigten Staaten fahren Trucks nahezu 70 Prozent des Frachtaufkommens von A nach B. Durch die Verbesserung der Verkehrssicherheit könnten viele der viertausend Menschen gerettet werden, die jedes Jahr bei Verkehrsunfällen mit Lkw in den USA ums Leben kommen. Der eigentliche Motor des vollautomatisierten Fahrens aber ist die höhere wirtschaftliche Effizienz – durch geringere Spritkosten, bessere Ausnutzung der teuren Fahrzeuge und niedrigere Lohnkosten für Fahrer. Entsprechend bemühen sich weltweit Firmen darum, ein Stück vom Kuchen abzubekommen, darunter Start-ups wie Otto und Embark, aber natürlich auch die großen Lastwagenhersteller wie Mercedes/Freightliner (Daimler), Scania und MAN (Volkswagen) sowie der mit Otto kooperierende schwedische Volvo-Konzern.

Otto-Mitgründer Lior Ron sah sich derweil genötigt, den amerikanischen Fernfahrern zu versichern: Sein System werde ihnen nicht die Jobs wegnehmen, weil man auf sie nach wie vor »zur Überwachung der Fahrzeuge angewiesen« sei.[2] Otto wolle die Arbeit der Fernfahrer weniger anstrengend machen, sie aber nicht ersetzen. Das mag genau das sein, was die vielen Millionen Fernfahrer auf der ganzen Welt gerne hören möchten. Aber sind die freundlichen Worte angesichts des gnadenlosen Wettbewerbs in der Logistikbranche auch realistisch?

Die Frage hat emotionale Sprengkraft. In den Vereinigten Staaten gehört Fernfahrer zu einem der wenigen noch verbliebenen Jobs, für die man keinen College-Abschluss braucht, aber mit 40 000 Dollar Jahreseinkommen vergleichsweise gut verdient.[3] Da die Arbeit eines Truckers in Minnesota nicht an einen Arbeiter in Shenzhen ausgesourct werden kann, schien sein Arbeitsplatz bisher sicherer als in vielen produzierenden Branchen. Und zudem ist der Job inzwischen auch noch relativ anspruchsvoll. Moderne Trucks sind Hightech-Maschinen mit Satellitennavigation und Flottenmanagementsystemen. Fernfahrer erledigen heute im engeren Sinn keine körperliche Arbeit mehr. Sie sind eher Kontrolleure hochentwickelter digitaler Maschinen, auch wenn die Entscheidungen, die sie treffen müssen, weitgehend Routine sind. Darüber hinaus müssen sie eine Menge Verwaltungsarbeit erledigen. Strukturell ähnelt der Job des Fernfahrers durchaus dem eines Sachbearbeiters beim japanischen Versicherungskonzern Fukoku, der durch ein KI ersetzt wird, also jener Art Mittelschicht-Schreibtischjob, die voraussichtlich als nächste wegautomatisiert werden.[4]

In diesem Kapitel untersuchen wir die politischen Antworten auf die Veränderungen, die datenreiche Märkte im Besonderen und mit Daten lernende Systeme im Allgemeinen für den Arbeitsmarkt bringen werden. Dabei befassen wir uns neben Strategien, die auf konventionellen arbeitsmarktpolitischen Maßnahmen basieren, auch mit dem radikaleren Ansatz des Grundeinkommens. Wir stellen einige der Annahmen in Frage, auf denen die vorgeschlagenen Maßnahmen basieren, und schlagen Alternativen vor, die zumindest Teillösungen für die uns bevorstehenden tiefgreifenden Veränderungen von Arbeit durch digitale Automatisierung bieten.

Offenkundig ist: Wir reden nicht nur über die Zukunft. Die strukturelle Veränderung des Arbeitsmarkts hat längst begonnen. In den Vereinigten Staaten ist der Anteil der Erwerbstätigen an der Gesamtbevölkerung von seinem Höchstwert im Jahr 2000 bereits auf eine Quote gesunken wie zuletzt in den 1970er-Jahren.[5] Der Rückgang fällt zeitlich zusammen mit dem Aufstieg digitaler Technologien, der Internetökonomie und der ersten datenreichen Märkte. Mehrere Studien – darunter einige eher spekulativer Natur – prognostizieren für das kommende Jahrzehnt in allen entwickelten Volkswirtschaften einen schockierenden Rückgang an Beschäftigungszahlen gerade bei Angestellten.[6]

Diese Kassandrarufe sind nichts Neues. Bei jedem Automatisierungsschub im 19. und 20. Jahrhundert gingen viele Millionen Arbeitsplätze verloren, und doch wurden etwas später durch menschlichen Erfindungsgeist noch mehr neue Jobs geschaffen, etwa im Dienstleistungssektor. Wird sich das im »Zweiten Maschinenzeitalter« wiederholen, wie die MIT-Professoren Erik Brynjolfsson und Andrew McAfee den großen technischen Umbruch unserer Zeit nennen?[7] Wo können, angesichts eines bereits sehr entwickelten Dienstleistungssektors, der selbst von zunehmender Automatisierung bedroht ist, die Angestellten der Mittelschicht, die durch datenreiche Märkte ihre Jobs verlieren, neue Arbeitsplätze finden? Wahrscheinlich wird es – wie in Kapitel 6 beschrieben – aufgrund der kommenden Automatisierung weniger Arbeit für Menschen geben. Aber selbst wenn dem nicht so sein sollte, können wir nahezu sicher davon ausgehen, dass sich die Jobs der Zukunft sehr von denen der Gegenwart unterscheiden werden.

Die Situation ist vielleicht noch dramatischer, wenn wir nicht nur die Zahl der Erwerbstätigkeiten im Auge haben, sondern den Anteil der Löhne am Volkseinkommen. In den Vereinigten Staaten ist diese sogenannte Lohnquote seit den 1980er Jahren deutlich zurückgegangen, von 67 Prozent auf 47 Prozent, und zwar beschleunigt seit der Jahrtausendwende.[8] Damit stehen die USA nicht alleine; in den meisten entwickelten Volkswirtschaften ist die Lohnquote rückläufig.[9] Das gilt auch für die großen Volkswirtschaften Indiens und Chinas.[10] Wirtschaftsexperten gehen davon aus, dass weltweit die Lohnquote seit den 1980er Jahren sinkt.[11]

Davor war sie jahrzehntelang relativ stabil gewesen, und das aus scheinbar gutem Grund: Denn wenn in wettbewerbsorientierten Volkswirtschaften die Zahl der Beschäftigten sinkt, die Menge der produzierten Güter aber gleich bleibt, muss die Produktivität pro Mitarbeiter zunehmen. Mit anderen Worten: Jeder schafft im Schnitt mehr Wert. Da Unternehmen um produktive Mitarbeiter buhlen, führt das – zumindest in der Theorie – zu höheren Löhnen. Steigende Arbeitskosten bedeuten eine höhere Lohnquote, was den durch Automatisierung verursachten Rückgang eigentlich aufwiegen sollte. Doch seit den 1980er Jahren funktioniert dieser frühere Automatismus nicht mehr. Parallel dazu schien die Kapitalquote – der auf Kapitalerträge entfallende Anteil des Volkseinkommens – stetig anzusteigen. Vom volkswirtschaftlichen Gesamteinkommen floss somit scheinbar weniger an die Beschäftigten und mehr an Kapitalgeber, also an Investoren und Banken.

Wie eine genauere Analyse der Gründe für den Rückgang der Lohnquote zeigt, ist dafür nicht etwa der Niedergang bestimmter arbeitsintensiver Branchen und das Wachstum von weniger arbeitsintensiven Wirtschaftszweigen verantwortlich. Die Lohnquote sinkt fast überall, was auf eine Entwicklung hindeutet, die alle gleichermaßen betrifft: die rapide Ausbreitung digitaler Technologien.[12] Zudem verteilt sich der Rückgang der Lohnquote nicht gleichmäßig auf alle Einkommensklassen. In vielen Ländern mit einer sinkenden Lohnquote geht der Anteil des am besten verdienenden einem Prozent der Erwerbstätigen langsamer zurück als der Durchschnitt – ein weiterer Hinweis darauf, dass die Automatisierung der stärkste Motor dieser Veränderung ist, weil sie zuerst Mitarbeiter der unteren und mittleren Einkommensgruppen ersetzt.[13] Und gleichzeitig steigt die Zahl derjenigen, die in einer scheinbaren Selbständigkeit für wenig Geld arbeiten.[14]

Wir befinden uns noch in der Anfangsphase der digitalen Transformation. Die Geschwindigkeit, mit der Arbeitsplätze durch datengestützte Automatisierung verdrängt werden, dürfte in den kommenden Jahren zunehmen. Sollte der Wirkungszusammenhang von Automatisierung und sinkender Lohnquote tatsächlich bestehen, werden Erwerbstätige einen immer kleineren Teil vom Kuchen abbekommen. Die Angst vor der Verschiebung von hart erarbeiteten Einkommen zugunsten der Kapitalseite, die Geld bequem mit Geld verdient, hat in vielen Lagern große Bedenken ausgelöst. Thomas Pikettys beißende Kapitalismuskritik *Das Kapital im 21. Jahrhundert* wurde 2014 zum Weltbestseller.[15] Donald Trump und andere Populisten schlagen politisches Kapital aus der sinkenden Lohnquote, indem sie versprechen, das Los der bedrängten Arbeitnehmer zu verbessern. In ernsthafteren politischen Debatten werden zurzeit zwei vergleichsweise konventionelle Gegenstrategien zur sinkenden Lohnquote diskutiert: ein distributiver und ein partizipatorischer Ansatz.

Die vorgeschlagenen Umverteilungsmaßnahmen zielen darauf ab, den mit Hilfe von Automatisierung erzeugten Mehrwert zu besteuern. Das kann beispielsweise durch die Besteuerung der Maschinen (genauer die Besteuerung des durch Maschinen geschaffenen Mehrwerts) geschehen, die diese neue Runde der Automatisierung ermöglichen. Die sogenannte »Maschinensteuer«, international oft auch als »Robo-Tax« bezeichnet, könnte die durch die Verdrängung von Menschen bedingten Ausfälle bei der Lohnsteuer ersetzen. Es geht also nicht darum, die Steuerquote zu erhöhen und damit die Wirtschaft stärker zu besteuern, sondern die Quelle der Besteuerung und damit das Steuersystem zu verändern.[16]

Die Robo-Tax erhitzt die Gemüter. Anfang 2017 sprach sich der reichste Mensch der Erde, Microsoft-Gründer Bill Gates, für eine »Robo-Tax« aus.[17] Zur gleichen Zeit lehnte das Europäische Parlament hingegen nach längerer Debatte die Einführung einer EU-weiten »Maschinensteuer« zur Finanzierung von Sozialprogrammen ab, mit denen die Auswirkungen der bevorstehenden Veränderungen des europäischen Arbeitsmarkts insbesondere durch die

Automatisierung von Arbeitsplätzen abgefedert werden sollten.[18]

Eine etwas anders gelagerte distributive Strategie wäre die Besteuerung des Kapitals, das vorgeblich einen wachsenden Teil des volkswirtschaftlichen Einkommens erhält. Das könnte durch eine höhere Kapitalertragssteuer erreicht werden, für die auch viele konservative Finanzpolitiker eintreten, oder mit Hilfe einer Vermögenssteuer, die zurzeit in vielen EU-Ländern diskutiert wird. Linke Politiker wollen in der Regel beides. Das Problem dabei: In den meisten Szenarien haben diese umverteilenden Maßnahmen im Vergleich zum steuerlichen Gesamtaufkommen nur geringe Effekte.

Ganz allgemein verfolgen distributive Strategien zwei Ziele: entweder das Steuersystem gerechter zu machen und Mehrwert im Datenkapitalismus zielgenauer besteuern oder ausreichend hohe Steuereinnahmen zu erreichen, um wenigstens einen Teil der durch die Umwälzungen auf dem Arbeitsmarkt verursachten Folgen auszugleichen. In der Realität könnte die Wirkung dieser Strategien allerdings überschaubar sein. Selbst Bill Gates sieht in der »Robo-Tax« vor allem ein Instrument, um bei einem Rückgang der Erwerbstätigen die Finanzierung von Sozialprogrammen aus Abgaben auf Löhne und Gehälter stabil zu halten, weniger als eine gerechtere Alternative zur Lösung der durch die Vernichtung von Arbeitsplätzen geschaffenen sozialen Probleme. Eine Vermögenssteuer hingegen mögen zwar viele Menschen als fair empfinden, könnte aber nach Ansicht von Experten nur vergleichsweise geringe zusätzliche Steuereinnahmen schaffen.

Die partizipatorischen Ansätze wiederum zielen im Kern auf Umschulung und Weiterbildung von Arbeitern und Angestellten, die durch die digitale Transformation verdrängt werden. Rein ökonomisch betrachtet heißt das: Die Lohnquote soll gesteigert werden, indem die wachsende Nachfrage nach Mitarbeitern mit speziellen Fertigkeiten bedient werden kann – vom IT-Experten bis zum speziell ausgebildeten Pfleger in alternden Gesellschaften. Dies gründet auf der Annahme, dass die Lohnquote nicht nur wegen der fortschreitenden Automatisierung sinkt, sondern auch weil mangels qualifizierter Fachkräfte viele offene Stellen nicht besetzt werden können. Das alles hat einen positiven und bestärkenden Beiklang. Man vermittelt den Menschen neue Fähigkeiten und hilft ihnen so, auf den Arbeitsmarkt zurückzukehren. Doch auch partizipatorische Strategien stoßen zunehmend an Grenzen. Mit dem Übergang unserer Volkswirtschaft zu datenreichen Märkten wird die Automatisierung immer mehr Jobs von Angestellten vernichten, die über inhaltliches Fachwissen und administrative Fähigkeiten verfügen. Plakativ gesprochen: Diese zu IT-Experten oder Altenpflegern weiterzubilden dürfte keine leichte Aufgabe sein.

Darüber hinaus handelt es sich bei der Umschulung von Mitarbeitern grundsätzlich um eine angebotsseitige Strategie. Sie gründet auf der Annahme, die Datenrevolution werde sich im Großen und Ganzen wie die industrielle Revolution entfalten – und zu Beginn zwar viele Arbeiter um Lohn und Brot bringen, langfristig aber eine Vielzahl neuartiger Arbeitsplätze schaffen. Mit anderen Worten: Wer in großflächigen Qualifizierungsmaßnahmen die große Lösung sieht, geht davon aus, dass neue Jobs entstehen, wenn menschlicher Erfindungsgeist sich mit der Magie des Markts paart. Der libertäre Ökonom Ludwig von Mises würde dem beipflichten.

Aber worin bestehen die *richtigen* Fertigkeiten, die eine

»Bundesanstalt für Qualifizierung« vermitteln will? Einfach jene Fertigkeiten auswählen, die heute gefragt sind, dürfte kaum taugen, Arbeitnehmer auf das vorzubereiten, was morgen von ihnen erwartet wird. Wer dagegen Fertigkeiten trainiert, die nach Expertenmeinung in Zukunft gefragt sein könnten, läuft Gefahr, den zukünftigen Bedarf falsch einzuschätzen. Wer kann schon genau sagen, welche neuen Jobs mit welchen Qualifikationsanforderungen im Zeitalter datenreicher Märkte entstehen werden? Verschärft wird dieses Problem durch den Umstand, dass die erforderlichen Fertigkeiten einem raschen Wandel unterworfen sein werden. Qualifikationen, die in drei Jahren stark gesucht sind, könnten ein Jahrzehnt später bereits wieder obsolet sein. Die Folge: Junge Menschen, die heute ins Berufsleben starten, werden sich in ihrem Arbeitsleben aller Voraussicht nach mehrmals – und mit zunehmender Geschwindigkeit – neue Fertigkeiten aneignen müssen. Unter diesen Umständen haben große Qualifizierungsprogramme den Charakter eines Glücksspiels: Man könnte richtigliegen, aber viel wahrscheinlicher ist es, dass man danebentrifft.

Bei diesen distributiven und partizipatorischen Ansätzen handelt es sich um Anpassungen von politischen Maßnahmen, die bereits heute in zahlreichen entwickelten Volkswirtschaften bestehen. Entsprechend konventionell fallen sie oft aus, und man gewinnt den Eindruck: Diese Strategien haben nicht einmal in Zeiten mit deutlich niedrigerem Veränderungsdruck gut funktioniert. Diese aus unserer Sicht berechtigte Skepsis gegenüber konventionellen Ansätzen hat einem weitaus radikaleren sozialpolitischen Vorschlag Rückenwind verschafft, dem bedingungslosen Grundeinkommen (BGE).

Diese Idee hat in den letzten Jahren überraschend viele Anhänger gefunden, insbesondere auch in den Führungsetagen amerikanischer Hightech-Unternehmen. »Superangel«-Investor Marc Andreessen, der in den 1990er-Jahren den Code des ersten massentauglichen Web-Browsers mit programmierte, etwa ist für die Einführung eines umfassenden Grundeinkommens. Auch Elon Musk findet es toll, und der liberale Sam Altman vom legendären Start-up-Inkubator Y Combinator sowieso. Wenn das Silicon Valley »Innovation« ruft, positionieren sich deutsche Manager bekanntlich gerne als Smart Follower. Ob Siemens, Deutsche Telekom oder SAP, überall finden sich auch hierzulande neuerdings BGE-Fans mit Vorstandsgehalt.

Es gibt zahllose Varianten des bedingungslosen Grundeinkommens, doch der Grundgedanke ist meist derselbe: Jeder Bürger erhält einen festen monatlichen Betrag, der ausreicht, um die Ausgaben für Nahrung, Kleidung, Grundbildung, Wohnung und im Idealfall auch noch für die Krankenversicherung zu decken.[19] Wer in datenreichen Märkten seine Arbeit verliert, müsste sich dann zumindest keine existentiellen Sorgen machen. In diesem Sinn weist das BGE eine distributive und eine partizipatorische Dimension auf: Distributiv, weil Geld von Steuerzahlern genommen und an alle verteilt wird. Partizipatorisch, weil das Grundeinkommen Menschen nicht nur helfen soll, ihre Grundbedürfnisse zu decken, sondern auch auf den Arbeitsmarkt zurückzukehren, ohne unbedingt Vollzeit arbeiten zu müssen.

Das Konzept zirkuliert unter Wirtschaftswissenschaftlern und progressiven Politikern spätestens seit dem späten 18. Jahrhundert, als der Amerikaner Thomas Paine ein Grundeinkommen für alle Bürger über fünfzig Jahren anregte.[20] Mitte des 20. Jahrhunderts schlug der radikal-liberale Ökonom und spätere Nobelpreisträger Milton Friedman eine negative Einkommenssteuer vor, die viele der distributiven Eigenschaften eines bedingungslosen Grundeinkommens besaß, allerdings etwas schwieriger umzusetzen gewesen wäre.[21] In den USA sprach sich der demokratische Präsidentschaftskandidat George McGovern 1972 im Wahlkampf offen für ein bedingungsloses Grundeinkommen aus.[22] Dafür wurde er vom republikanischen Präsidenten Richard Nixon scharf attackiert und musste seinen Plan zurückziehen, doch Nixons eigenes Programm zur Unterstützung von Familien hätte für einen erheblichen Teil der US-Bevölkerung eine Art BGE bedeutet, wenn der Senat dieses Vorhaben nicht blockiert hätte.[23]

Ein bedingungsloses Grundeinkommen ist für linke Utopisten gleichermaßen attraktiv wie für libertäre Kapitalisten. Für einige Linke ist das BGE ein umfassendes Sozialhilfeprogramm, das allen Menschen ausreichend Mittel für ein menschenwürdiges Leben gibt. Anders als die gängigen, auf dem Prinzip der Bedürftigkeit basierenden Wohlfahrtsprogramme, bei denen ein »Empfänger« Leistungen beantragen muss, wäre mit einem Grundeinkommen keine gesellschaftliche Stigmatisierung verbunden, da alle Erwachsenen denselben Betrag erhielten.

Libertäre hingegen finden Gefallen am BGE, weil es aus ihrer Sicht mehrere Fliegen mit einer Klappe schlägt. Erstens würde ein Grundeinkommen den gigantischen bürokratischen Apparat überflüssig machen, der gegenwärtig dafür zuständig ist, die Bedürftigkeit der Antragsteller festzustellen und die Höhe der individuellen Leistungen zu berechnen – wenn alle ein ausreichendes Grundeinkommen beziehen, braucht es kein aufwendiges bürokratisches Einzelfallmanagement mehr. In vielen Konzepten wird das BGE zweitens als Ersatz für die bisherigen bedarfsorientierten Sozialhilfeleistungen verstanden. Dabei könnten die Empfänger selbst darüber entscheiden, wofür sie ihr Geld ausgeben, statt wie bisher vom Amt festgesetzte Beträge für bestimmte Zwecke zu erhalten, zum Beispiel als Wohngeld oder für eine neue Waschmaschine. Auch das entspricht einer libertären Grundhaltung besser als ein bevormundender Sozialstaat.[24] Drittens wird mit dem BGE das Einkommen nicht von oben nach unten umverteilt, da ja auch reiche Menschen denselben monatlichen Betrag erhalten. Und viertens bleibt bei einem Grundeinkommen der Anreiz bestehen zu arbeiten, zumindest wenn es die Grundbedürfnisse gerade so abdeckt.

Derzeit werden in Finnland und den Niederlanden einige Feldversuche unternommen, die empirische Daten liefern sollen, wie sich ein BGE auf Arbeitssituation und -motivation der Empfänger auswirkt.[25] In den USA finanzierte der Start-up-Accelerator Y Combinator Anfang 2016 ein BGE-Projekt. In der Schweiz erkämpften Aktivisten eine Volksabstimmung zur Einführung eines BGE, doch die Wähler lehnten das großzügig ausgelegte Konzept mit knapp 2500 Franken pro Monat für jeden Schweizer mehrheitlich ab.[26] Kanada experimentierte bereits in den 1970er Jahren in der Kleinstadt Dauphin im Bundesstaat Manitoba mit einer Variante des bedingungslosen Grundeinkommens und überwies bezugsberechtigten Familien ein monatliches Salär.[27] Der Feldversuch führte zu einer (bescheidenen) Erhöhung der Schulbesuchsquote und einem Rückgang bei Krankenhauseinweisungen und Teenagerschwangerschaften. Auf die Zahl der Erwerbstätigen wirkte sich die Maßnahme nicht aus: Empfänger kündigten nicht, um in Zukunft allein vom Geld der Regierung zu leben. Allerdings lieferte das Experiment nicht genügend Daten, um die Auswirkungen der Zahlungen auf bereits Arbeitslose zu analysieren.

Kritiker bemängeln, viele BGE-Konzepte seien ein Rückschlag für den Sozialstaat: Sie ersetzen die bisherige Sozialhilfe und eliminieren damit Hilfsprogramme für besonders bedürftige Menschen, angefangen von Kindern mit Lernschwächen bis zu Menschen mit körperlichen Einschränkungen oder schweren Krankheiten. Immerhin kostet schon ein einfacher Rollstuhl mehrere BGE-Gehälter, ganz zu schweigen von den Betreuungskosten für Pflegebedürftige. Würde der Sozialstaat bedarfsorientierte Programme zugunsten eines Grundeinkommens in großem Umfang streichen, subventionierten die Armen unterm Strich die Mittel- und Oberschicht. Die Bedürftigen stünden dann oft schlechter da, die gut versicherten Besserverdiener bekämen aber ihr monatliches BGE obendrauf.[28]

Die Gretchenfrage beim BGE ist allerdings die Finanzierung. Bei 800 Euro im Monat für 82 Millionen Bürger müsste der deutsche Staat rund 787 Milliarden bereitstellen – das wäre ungefähr ein Viertel des Bruttoinlandsprodukts. Zum Vergleich: 2015 gab der Staat für alle Gesundheitsleistungen und Renten samt Hinterbliebenenversorgung knapp 700 Milliarden Euro aus.[29] BGE-Befürworter verweisen auf zusätzliche Haushaltseinsparungen, etwa durch den Abbau der Bürokratie, den sozialen und gesellschaftlichen Gesamtnutzen und die durch einen so gewaltigen Betrag erzeugte wirtschaftliche Stimulation. Dennoch ist die Behauptung kaum haltbar, ein BGE sei problemlos finanzierbar.[30]

Das bedingungslose Grundeinkommen ist aus unserer Sicht keine grundsätzlich schlechte Idee. Doch wichtiger, als sich in dieser lebhaft geführten Debatte auf die eine oder andere Seite zu schlagen, scheint uns, die Motive der BGE-Bewegung einzuordnen – sowie die Grenzen des Ansatzes zu beschreiben.

Es ist wenig überraschend, dass gerade Hightech-Innovatoren nach kreativen Antworten auf die durch datengestützte Märkte aufgeworfenen Herausforderungen suchen, statt auf traditionelle sozialpolitische Maßnahmen zu setzen. In festgefahrenen Bahnen zu denken ist eine Unart, vor der offenkundig auch die Bewohner im Silicon Valley nicht gefeit sind: Wer an disruptive Innovation glaubt, sollte aufpassen, darin nicht die Standardantwort auf jedes Problem zu sehen.

Ein bedingungsloses Grundeinkommen widerspricht zumindest in Teilen den Grundprinzipien der digitalen Ökonomie und datenreicher Märkte. Wenn Daten uns den Schritt über das Geld hinaus ermöglichen, warum sollte dann eine soziale Innovation zur Überwindung der durch datenreiche Märkte verursachten Probleme ausgerechnet wieder das Geld in den Mittelpunkt stellen? Warum, in Form eines BGE, erneut eine einfache, festgeschriebene Geldsumme für Entscheidungen einführen, die ganz offenkundig eine über Geld hinausgehende Bewertung von Bedürfnissen erfordern? Es ist umgekehrt ja Sinn und Zweck datenreicher Märkte, die Zwangsjacke des Geldes und der Komprimierung von Informationen auf einen Preispunkt abzustreifen.

Es mutet eigenartig an, dass gerade die Champions umfassender Daten die Diskussion über die Bewältigung der Folgen der Veränderung auf eine konventionelle monetäre Dimension reduzieren. So gesehen wäre ein BGE vom Ansatz her in der Tat rückwärtsgewandt; es würde nach hinten blicken und nicht nach vorn, in die Zukunft. Wir gönnen jedem Menschen 1000 Euro ohne Gegenleistung. Unser Problem mit dem BGE als angeblich so große sozialstaatliche Innovation ist allerdings, dass es *jenseits von Geld nichts* anbietet. Wunderwaffen halten selten, was sie versprechen. Oft bringt uns der Glaube an sie eher davon ab, das Spektrum möglicher und nötiger Handlungsoptionen voll auszuschöpfen.

Aber es gibt da noch einen wichtigen Punkt. Alle hier beschriebenen Politikansätze – konventionell (distributiv und partizipatorisch), aber auch radikal (wie das BGE) haben eines gemeinsam: Sie fußen auf der volkswirtschaftlichen Grundannahme, dass die Lohnquote nicht nur weiter sinkt, sondern dass die Lohnquote sinkt, während zugleich die Kapitalquote steigt. Das hieße dann, dass wir es nicht nur mit einem Rückgang der Lohnquote zu tun haben, sondern mit einem gefährlichen volkswirtschaftlichen Ungleichgewicht, für das eine Lösung gefunden werden muss. Alle drei Ansätze gehen davon aus, dass zwischen beiden Dynamiken eine direkte wechselseitige Beziehung besteht: Wenn die eine Quote abnimmt, nimmt die andere zu. Andernfalls würde es keinen Sinn ergeben, Kapital – ob nun Maschinen oder Vermögen – anstelle von Arbeit zu besteuern. Wie sich aber zeigt, beruht das auf einer falschen Grundannahme.

Der Ökonom Matthew Rognlie von der Northwestern University hat nachgewiesen, dass ein Großteil des Anstiegs der Kapitalquote verschwindet, wenn man den Immobilienmarkt herausrechnet.[31] Sein Berufskollege Simcha Barkai verweist auf den Umstand, dass bei der herkömmlichen Berechnung der Kapitalquote seit Jahrzehnten fixe Ertragsraten unterstellt werden.[32] Tatsächlich aber sind die Zinssätze stark gesunken und verharren seit vielen Jahren auf einem sehr niedrigen Niveau. Als Barkai die Kapitalquote unter Verwendung aktueller Zinssätze neu berechnete, stellte er fest: Die Kapitalquote der USA ist seit 1997 deutlich gesunken – etwa dreimal mehr als die Lohnquote. Wenn Barkais Berechnungen stimmen, ergibt die weitverbreitete Annahme keinen Sinn mehr, im Datenzeitalter würde die Lohnarbeit zugunsten des Kapitals unaufhaltsam an Bedeutung verlieren. Was also ist da los?

Angetrieben durch das schnelle Wachstum der Prozessorleistung, der Speicherkapazitäten und der Übertragungsgeschwindigkeit seit den späten 1990er Jahren sind die Kosten der Datenverarbeitung drastisch gesunken. Deshalb erfordert die Datenverarbeitung weniger Kapitaleinsatz – die Kapitalquote ist entsprechend zurückgegangen.[33] Die geringen Kosten der Technologie sind ein wichtiger Teil des Phänomens, erklären es aber bei weitem nicht vollständig. Ebenso entscheidend ist die Tatsache, dass heute sehr viel mehr Kapital verfügbar ist und aufgrund der niedrigen Zinsen die Kapitalkosten sehr viel niedriger sind als früher. Zudem rationalisiert nicht jede Form der Datenverarbeitung menschliche Arbeit – sie kann Arbeit auch produktiver machen. Dann wirkt sie, wie Ökonomen dazu sagen, *labour augmenting*, sprich »arbeitserhöhend«. Das wiederum bedeutet, dass die Arbeit von der Technologie mehr profitiert als das Kapital.[34] Zusammengenommen könnten diese Faktoren erklären, warum die Lohnquote langsamer zurückgeht als die Kapitalquote.

Aber wenn sowohl die Lohn- als auch die Kapitalquote zurückgehen: Wer ist dann der große Gewinner? Wo landet das verbleibende Einkommen? Barkai hat hierfür eine verblüffend einfache Erklärung: in deutlich höheren Unternehmensprofiten – oder, erneut in der Sprache der Ökonomen, in ungerechtfertigten Preisaufschlägen auf Produkte und Dienstleistungen. Das wäre ein Indiz für große Marktineffizienzen und für fehlenden Wettbewerb. Und es würde bedeuten, dass Investoren einschließlich aller, die für ihren Ruhestand gespart haben, übers Ohr gehauen wurden. Die Aktienkurse von Unternehmen sind in den vergangenen Jahrzehnten zwar stark gestiegen, aber wenn man die niedrigen Zinssätze berücksichtigt, lagen die Erträge der Investoren weit unter dem, was sie eigentlich hätten bekommen sollen. Das bedeutet, dass über Jahrzehnte hinweg weder die Arbeitnehmer noch die Investoren das bekommen haben, was ihnen zustand. Verbraucher haben derweil zu viel für Waren und Dienstleistungen bezahlt und damit, wie Kritiker seit vielen Jahren betonen, nicht zuletzt überbezahlten Managern die Taschen gefüllt.

Doch es kommt noch dicker: Weitere Untersuchungen deuten darauf hin, dass parallel zu den explodierenden Gewinnen in den USA die Innovation und unternehmerische Dynamik in den letzten fünfzehn Jahren abgenommen haben.[35] In Deutschland sind sie trotz einiger aktiver Branchen über die gesamte Volkswirtschaft gerechnet ebenfalls rückläufig, was freilich überhaupt nicht unserer Selbstwahrnehmung entspricht, aber den ökonomischen Daten. Gleiches gilt auch für viele andere EU-Staaten.[36]

Eine Gruppe von Wissenschaftlern unter Leitung des MIT-Ökonomen David Autor hat diese Entwicklung und deren weltweite Wirkung umfassend untersucht.[37] Nach deren Erkenntnissen ist es keineswegs so, dass alle Firmen gewinnen und Profite steigern. Vielmehr streicht eine bestimmte Art von Unternehmen historisch beispiellose Profite ein – Gewinne, die weit über das hinausgehen, was in einem von effizientem Wettbewerb geprägten Markt gerechtfertigt wäre. Autor und seine Kollegen bezeichnen diese Organisationen als »Superstar-Firmen«.

Die Superstars sind häufig in »Winner-takes-most«-Märkten zu Hause, mit starken, die Marktkonzentration vorantreibenden Netzwerk- und Feedbackeffekten. Sie verstehen zudem (digitale) Technologie meisterhaft zu nutzen, so dass sie bei vergleichsweise geringen Lohn- und Kapitalkosten sehr hohe Erträge erwirtschaften.[38] Google, Facebook und Apple kommen einem natürlich zuerst in den Sinn, aber Superstar-Firmen gibt es in vielen Branchen überall auf der Welt. Spotify in Europa zum Beispiel, der Online-Marktplatz Alibaba und der Netzwerktechnologiehersteller Huawei in China oder der Technikgigant Samsung in Südkorea.

Wichtig zu verstehen ist: Die Profite dieser Superstar-Firmen sind in ihren offiziellen Gewinn-und-Verlust-Berichten oft nicht erkennbar. Das ist teils der von ihnen betriebenen kreativen Buchhaltung geschuldet, aber in vielen Fällen auch darauf zurückzuführen, dass sie jedes Jahr riesige Summen in die Forschung und Entwicklung von neuen Produkten und Geschäftsbereichen stecken. Amazon beispielsweise investierte allein 2014 rund 9,3 Milliarden US-Dollar in Forschung und Entwicklung, was einen Hinweis darauf gibt, wie hoch die Gewinnspannen in seinen wichtigsten Geschäftsfeldern sind. Bis zu einem gewissen Grad haben die Aktienmärkte die Differenz zwischen den offiziell ausgewiesenen Gewinnen und der tatsächlichen Fähigkeit der Superstars, hohe Gewinnaufschläge durchzusetzen, eingepreist. 2015 etwa waren gerade einmal sechs Aktien für fast den gesamten Anstieg des NASDAQ-Composite-Index verantwortlich, und fünf davon sind unverkennbar Superstar-Firmen: Amazon, Google, Apple, Facebook und Netflix.[39]

Allerdings handelt es sich dabei keineswegs um ein Indiz für die Renaissance der Firma, sondern vielmehr um ein subtiles Zeichen ihres Niedergangs. Die traditionelle Firma ist ein auf die Koordination menschlicher Aktivitäten ausgelegtes soziales Konstrukt, das die Zusammenarbeit einer Vielzahl von Menschen in einer organisatorischen Einheit ermöglicht. Superstar-Unternehmen hingegen haben vergleichsweise wenige Mitarbeiter; sie setzen auf Automatisierung, auch für die Entscheidungsunterstützung. Als globale Akteure mit großer Marktmacht nutzen viele von ihnen den internationalen Regulierungs- und Steuerwettbewerb nach Kräften zum eigenen Vorteil aus. Als Organisationen haben diese »Superstars« vor allem Erfolg, weil sie die interne Koordination so weit wie möglich rationalisieren. Daher ist es allenfalls eine leichte Überspitzung zu sagen: Superstar-Firmen sind im Kern weniger große Organisationen zur Koordination menschlicher Aktivitäten denn juristische Vehikel zur Profitmaximierung.

Bezogen auf unsere Ausgangsfrage von Lohn- und Kapitalquote bedeutet dies: An die Stelle der Horrorvorstellung eines von Daten getriebenen Turbofinanzkapitalismus mit Massenarbeitslosigkeit durch Automatisierung tritt ein etwas differenzierteres Zukunftsbild, das aber kaum weniger beunruhigend ist. Dieses Bild ist beherrscht von Superstar-Firmen mit explodierenden Profiten, die ihr Geschäft auf Kosten von Arbeit, Kapital und gesamtwirtschaftlicher Innovation betreiben, obwohl sie selbst hochinnovativ erscheinen.

Es hilft also alles nichts: Wir müssen im Zeitalter des Datenkapitalismus unseren wirtschafts- und gesellschaftspolitischen Rahmen sowohl in distributiver als auch partizipatorischer Hinsicht grundlegend anpassen.

Was die distributive Seite betrifft, würden neue und höhere Steuern auf Kapital, einschließlich Steuern auf Maschinen wie eine Robotersteuer, vor allem den Rückgang der Kapitalquote verstetigen; die eigentliche Ursache des Problems, die extrem hohen Margen der Superstars, blieben dagegen unangetastet. Mit anderen Worten: Das wäre eine ziemlich schlechte Idee.[40]

Deutlich sinnvoller ist es, den Mehrwert der Superstars entsprechend zu besteuern. Das ist allerdings keine neue Idee, sondern in den meisten Staaten geltendes Recht. Mit knapp unter 40 Prozent gilt in den Vereinigten Staaten nominell einer der höchsten Körperschaftssteuersätze weltweit. Der Haken daran ist, dass keine einzige der Superstar-Firmen ihre Gewinne zu diesem Satz versteuert. In der Praxis beträgt der Steuersatz, zu dem die größten US-Konzerne veranlagt werden, nicht einmal die Hälfte, und einige bezahlen in den USA sogar überhaupt keine Steuern. In Europa gelingt es den US-Superstars oft, mit trickreichen Rechtskonstruktionen wie Patent- und Lizenzgesellschaften in den Niederlanden und Irland, die Steuerlast gegen null zu drücken.

Patrick Bernau hat dies in der *Frankfurter Allgemeinen Zeitung* am Beispiel Apple durchgerechnet: Im Geschäftsjahr 2016 machte Apple weltweit rund 84 Milliarden Euro bilanzierten Gewinn – die tatsächlichen Margenerträge liegen weit darüber. In Deutschland erwirtschaften Produkte des kalifornischen Konzerns nach Schätzungen Umsätze in der Größenordnung von rund 10 Milliarden Euro. Wie viel genau, das weiß allerdings nur Apple selbst. An den deutschen Fiskus führte Apple 2016 magere 25 Millionen Euro ab.[41]

Das ist ein Skandal, der die Menschen zu Recht verärgert und weltweit Politiker veranlasst, sich für Steuerreformen einzusetzen, die solche Tricks verhindern. Über die Details einer solchen Reform herrscht, wenig überraschend, geringe Übereinstimmung. Einige fordern, die Steuerbehörden sollten härter gegen Großunternehmen vorgehen und endlich die juristischen Schlupflöcher stopfen, mit denen diese Unternehmen ihre Steuerschuld verringern, und ihre in ausländischen Steueroasen angefallenen Gewinne repatriieren. Andere sehen die Schuld in den vergleichsweise hohen nominellen Steuersätzen und argumentieren, eine Senkung der Körperschaftssteuersätze wäre der wirkungsvollste Anreiz, die Unternehmen zur Kooperation zu bewegen.

Unabhängig vom politischen Lager aber ist von der distributiven Warte aus betrachtet vollkommen klar: Die gewaltigen Profite der Superstar-Firmen müssen viel effektiver besteuert werden. Ihr Geld fehlt in einer Zeit, in der sowohl die Lohn- als auch die Kapitalquote zurückgehen. Die Herausforderung in den Vereinigten Staaten wird darin bestehen, Steuererhöhungen für Unternehmen in einem politischen System durchzusetzen, das ungeachtet seiner mitunter populistischen Rhetorik allzu oft Sonderinteressen verpflichtet ist. Die Situation in Europa unterscheidet sich davon weniger, als wir es uns wünschen. Obwohl Unternehmen bei uns im Vergleich zu den USA höhere Körperschaftssteuern zahlen, veranschlagen Experten alleine die jährlichen Steuerausfälle infolge der kreativen Verschiebung von Unternehmensgewinnen in Länder mit niedrigeren Steuergesetzen für Europa auf über 200 Milliarden US-Dollar.[42]

Große Profite sind weniger bedenklich, wenn sie in Form von Investitionen in die Wirtschaft zurückfließen. Deshalb mehren sich unter Volkswirten die Stimmen, welche die progressive Einkommenssteuer durch eine progressive Verbrauchssteuer ersetzen wollen. Das hätte zur Folge, dass nicht das gesamte private Einkommen besteuert würde, sondern nur der Teil, der nicht reinvestiert wird.[43] In den Vereinigten Staaten genießt das Konzept einer progressiven Verbrauchssteuer, das kurz »PCT« für *progressive consumer tax* genannt wird, über das gesamte politische Spektrum hinweg Unterstützung. Doch das bedeutet noch lange nicht, dass in absehbarer Zeit eine entsprechende Steuerreform verabschiedet wird.[44]

Aber vielleicht müssen wir einen Schritt weiterdenken. Mit datenreichen Märkten wird Geld einen Teil seiner heute so dominierenden Rolle einbüßen. Daher sollten wir auch über neue Wege nachdenken, wie datenreiche Unternehmen im Datenkapitalismus ihre Steuerschulden begleichen können. Konsequent wäre: auch mit Daten, nicht nur mit Geld.

Zusammen mit der von uns angeregten progressiven Daten-Sharing-Pflicht werden so kleineren Firmen und insbesondere Start-ups jene Daten zugänglich gemacht, die sie benötigen, um im Wettbewerb gegen die großen Akteure zu bestehen. Eine in Daten erhobene Steuer wird der gesamtgesellschaftlichen Innovationskraft einen kräftigen Schub verschaffen. Der Staat kann diese zum Beispiel nutzen, um seine Dienste und Leistungen zu verbessern. Die Daten sind auch der Zivilgesellschaft insgesamt zugänglich, so dass alle Nutzen aus den Profiten der Superstar-Firmen ziehen können.

Konkret heißt das beispielsweise: Autohersteller machen anonymisierte Sensordaten aus ihren Fahrzeugen öffentlich und die Straßenbauämter erkennen mit ihrer Hilfe besonders gefährliche Stellen auf den Straßen. Dank Daten aus landwirtschaftlichen Betrieben und Supermärkten steigt die Lebensmittelsicherheit. Der öffentliche Bildungssektor lernt aus Feedbackdaten von Online-Lernplattformen. Entscheidungsunterstützende Daten im Aktienhandel werden für Frühwarnsysteme genutzt, um Marktblasen vorherzusagen.

Die Pflicht zur Veröffentlichung wertvoller Informationen ist keine neue Idee. Das Patentsystem gründet darauf: Das Privileg des Patentschutzes wird, zumindest dem Prinzip nach, nur denjenigen gewährt, die in ihrem Patentantrag die Funktionsweise ihrer Erfindung offenlegen, so dass alle daraus lernen können, sich Wissen verbreitet und nach Ablauf des Patentschutzes andere diese Erfindung nutzen können. Wertvolle Daten durch eine in Daten gezahlte Steuer allgemein verfügbar zu machen kann in einer von Feedbackeffekten geprägten Ökonomie einen ähnlichen Zweck erfüllen – und vielleicht sogar dringend notwendig werden, wenn nicht mehr neue Ideen die wichtigste Voraussetzung für Innovation sind, sondern datengestützte Feedbackschleifen zur Verbesserung von Produkten und Dienstleistungen.

Im Gegensatz zu einer traditionellen Steuer entlastet eine in Daten entrichtete Steuer auch diejenigen, die sie »bezahlen«. Wenn eine Firma anderen erlauben muss, einen Teil ihrer Daten zu verwenden, kann der »Steuerzahler« diese Daten immer noch selbst nutzen. Im Unterschied zu Geld lassen sich Daten beliebig oft kopieren, ohne direkt an Wert zu verlieren. Besonders davon profitieren Start-ups, die durch »Datenzahlung« eingespartes Geld in den Ausbau ihres Geschäfts investieren. Ja, das geht zu Lasten der Umverteilungsfunktion der Steuer, weil der Daten-Steuerzahler nicht zahlt im Sinne von weggibt, sondern teilt. Einer Gesellschaft, die den volkswirtschaftlichen Gesamtnutzen mehren möchte, ist dies aber abseits der Ideologie egal.

Natürlich dürfen Firmen nur einen Teil ihrer Steuerschuld in Form von Daten begleichen. Auch im Datenkapitalismus braucht der Staat Geld, um seine Aufgaben zu erfüllen. Doch selbst ein relativ bescheidener Datenanteil an der Steuerlast kann für die jeweiligen Unternehmen einen spürbaren Unterschied bedeuten. Und es ist gut möglich, dass der dadurch ausgelöste Innovationsschub das Wirtschaftswachstum ankurbelt und damit das Steueraufkommen erhöht, das dann größtenteils auf herkömmliche Weise bezahlt würde: mit Geld.

Werden Steuern mit Daten bezahlt, kann ein Traum der Open-Data-Bewegung wahr werden. Der Staat öffnet den Zugang zu wirklich wertvollen Daten. Bisher kranken viele Open-Data-Ansätze daran, dass die vom Staat gesammelten, »offenen« Daten oft nur einen begrenzten kommerziellen und gesellschaftlichen Nutzen haben. Mit originär kommerziellen Daten im Topf verändert sich das Open-Data-Spiel grundlegend.

Eine weitaus strengere Besteuerung von Unternehmensgewinnen und eine in Daten bezahlbare Steuer sind distributive Ansätze, die ernsthafte Antworten auf den Rückgang der Lohn- und der Kapitalquote bieten. Auf der partizipatorischen Seite empfehlen wir Politikern, nicht nur angebotsorientierte Strategien wie die Weiterbildung und Umschulung von Arbeitnehmern zu verfolgen, sondern auch und vor allem den Blick auf die Nachfrage zu richten. Wir reden hier nicht von großangelegten staatlich finanzierten Infrastrukturprojekten; der Staat war noch nie besonders gut darin, außerhalb seines Hoheitsbereichs Arbeitsplätze zu schaffen, die langfristig volkswirtschaftlichen Mehrwert erbringen. Politik sollte im Zuge der Automatisierungsveränderungen eher über wirksame Anreize zur Nachfragestimulation nachdenken. Auch hier bietet das Steuerrecht wirksame Hebel. Zum Beispiel könnte der Staat Firmen für jeden neugeschaffenen Arbeitsplatz einen Steuernachlass gewähren. In Österreich ist das bereits in Ansätzen Gesetz. Die Idee dahinter ist das Spiegelbild zur »Robo-Tax«. Ziel ist es, die Kosten für menschliche Arbeit langfristig zu senken. Der Steuerrabatt dürfte nicht nur einmal, sondern müsste monatlich und zeitlich unbegrenzt solange anfallen, so lange der Mitarbeiter in dem betreffenden Unternehmen beschäftigt ist. Das hätte zwar keinen unmittelbaren Effekt auf das Lohnniveau, doch die wachsende Nachfrage nach Arbeit würde indirekt und auf mittlere Sicht Lohnsteigerungen begünstigen.

Ein Steuerrabatt auf menschliche Mitarbeiter ist keineswegs fortschrittsfeindlich in der Tradition der Maschinenstürmer, die Maßnahme zielt nicht gegen Automatisierung in Firmen. Vielmehr fördert sie Geschäftsmodelle, die innovative menschliche Dienstleistungen anbieten, die auf absehbare Zeit nicht automatisierbar sind.

Eine der langfristigen Nebenwirkungen eines solchen Steuerrabatts wäre zugegebenermaßen eine mäßige Zunahme der Ineffizienz, da er Automatisierung relativ zu menschlicher Arbeit leicht verteuert. Länder, die besonders besorgt über den Beschäftigungseffekt von Daten und datenreichen Märkten sind, könnten diese Ineffizienz aber tolerieren, um den Rückgang der Lohnquote zumindest zu bremsen.

Auf den ersten Blick belastet ein Steuerrabatt auf menschliche Mitarbeiter vor allem die Hightech-Branche. Schaut man genauer hin, eröffnet sich allerdings ein differenziertes Bild: Wird Automatisierung relativ zu menschlicher Arbeitskraft teurer, zerstört dies noch lange nicht den Anreiz dazu. Es bedeutet lediglich, dass die Automatisierungsrendite – die durch sie erzielten Kosteneinsparungen – höher als zuvor ausfallen muss. Ironischerweise könnte demnach ein Steuerrabatt auf menschliche Arbeit die Entwicklung neuer Technologien mit deutlich höheren Kostenvorteilen sogar stimulieren. Der Steuerrabatt hätte dann den Effekt, dass jene Sektoren sogar schneller und umfassender automatisieren, die für die Automatisierung reif sind. Das ist, wie Programmierer gerne sagen, kein Bug, sondern ein Feature des Ansatzes. Denn es würde zumindest auf mittlere Sicht unabhängig von der Automatisierung die Schaffung nachhaltiger Arbeitsplätze stimulieren und zugleich die Automatisierung in jenen Bereichen vorantreiben, in denen Menschen bereits heute durch Maschinen sinnvoll ersetzt werden können.

Die englischen Ludditen zertrümmerten die Maschinen, die ihnen die Arbeit wegnahmen. In den späteren Phasen der industriellen Revolution folgte ein Jobwunder: Wirtschaftsdynamik und unternehmerische Innovation erlebten einen bis dato unbekannten Schub. Am Übergang zur Welt datenreicher Märkte müssen wir genau jene Arbeit fördern, die weniger der Gefahr der Automatisierung ausgesetzt ist.

Die europäische Politik wird dabei stark auf Umschulungs- und Weiterbildungsprogramme setzen. Wir glauben nicht daran, dass ihre Wirkung so groß sein wird wie erhofft oder behauptet. Auf jeden Fall aber sollten diese Programme schnell und umfassend anpassbar gestaltet sein. In Zeiten radikalen technischen Wandels reicht es nicht, im Nachhinein auf die veränderte Nachfrage von Anforderungsprofilen zu reagieren. Die Anbieter von Qualifizierungsmaßnahmen müssen aktuelle Arbeitsmarktdaten mit modernsten Methoden analysieren, einschließlich der Daten von großen Business-Netzwerken wie LinkedIn, Xing oder anderen Online-Jobportalen. Nur so werden sie Veränderungen in der Nachfrage nach Qualifikationen möglichst schnell erkennen und ihr Angebot ohne große Verzögerungen entsprechend anpassen können.[45] Der Staat wiederum sollte vor allem Unternehmen darin unterstützen, Umschulungsprogramme fest in ihrer Organisation zu verwurzeln, anstatt sich auf staatliche Umschulungsprogramme zu verlassen.

Hieraus ergibt sich ein neuer ordnungs- und sozialpolitischer Dreiklang: Wer im Datenzeitalter übermäßig hohe Profite abschöpft, muss für jene mitbezahlen, die durch datenreiche Märkte entwurzelt werden. Wir müssen sicherstellen, dass Märkte wettbewerbsorientiert bleiben und die Gesellschaft insgesamt von Daten profitiert; der Staat hat daher künftig die Aufgabe, nicht bloß Geld umzuverteilen, sondern auch Daten. Menschliche Arbeitskraft muss Steuervorteile genießen, damit Unternehmen einen Anreiz haben, innovative Geschäftsmodelle zu entwickeln, bei denen Menschen den Mehrwert schaffen können. Diese drei politischen Leitgedanken können die Eckpfeiler einer digitalen sozialen Marktwirtschaft bilden. Im Datenkapitalismus müssen alle ihren fairen Anteil an der Datendividende erhalten – und die Chance auf umfassende Teilhabe am Prozess der Wertschöpfung. Klassische Umverteilung wird nicht ausreichen, um die soziale Bindekraft von Gesellschaften zu erhalten. Wir kommen im Schlusskapitel hierauf zurück.

Jeder einzelne unserer Vorschläge ist getragen von der festen Überzeugung, dass wettbewerbsstarke Märkte die Grundvoraussetzung für alle Marktteilnehmer und für Gesellschaften sind, sich weiter zu entwickeln. Das sehen viele Menschen in Superstar-Firmen anders. Der Trump-Unterstützer Peter Thiel spricht es auch offen aus. »Wettbewerb ist etwas für Loser«, erklärte er unter anderem im *Wall Street Journal* und gab in feinster Silicon-Valley-Attitüde den Rat, dass man, »wenn man dauerhaften Wert schaffen und abschöpfen möchte, danach streben sollte, ein Monopol zu errichten«[46], Thiels Haltung ist aus enger betriebswirtschaftlicher Perspektive nachvollziehbar. Bezogen auf die grundlegenden ökonomischen Prinzipien datenreicher Märkte und ihre Konsequenzen, liegt er hingegen völlig falsch. Sein Erfolgsrezept würde einer kleinen Zahl von Unternehmen zwar astronomische Profite bescheren, dafür aber Innovationen behindern und auf den Märkten gigantische Ineffizienzen erzeugen, die Verbraucher, Arbeitnehmer und Investoren sehr teuer zu stehen kommen.

Thiels Haltung passt zur politischen Rhetorik der Regierung Trump, zu ihren protektionistischen Neigungen und ihrem Streben, US-Unternehmen mit angeblich »guten Deals« zu stärken und den Markt zu schwächen. Tatsächlich aber erkennen diese Datenoligopolisten oft nicht, wofür das Datenzeitalter steht: für die Abkehr von Geld und Kapital, für die Fähigkeit, die Vielfalt der Wirklichkeit in der Vielfalt der Daten zu fassen, für die

Renaissance des Markts auf Kosten der Firma. Und für die historische Chance, die Koordination menschlicher Aktivitäten radikal zu verbessern – und damit auch Arbeit neu zu denken.

Arbeit bietet seit jeher mehr als Geld. Sie eröffnet Möglichkeiten zu sozialer Interaktion und gibt Menschen das Gefühl, etwas Sinnvolles zu tun und gebraucht zu werden. Arbeit liefert wichtige Bausteine unserer Identität. Bislang war das Bündel an Leistungen, das wir Beschäftigung oder Arbeit nennen, wenig flexibel. Das Hauptaugenmerk lag auf der monetären Dimension: Lohn- und Gehaltsfragen sind nach wie vor das wichtigste Thema bei Auseinandersetzungen zwischen Arbeitgebern und Arbeitnehmern. Natürlich brauchen wir alle Geld, um unseren Lebensunterhalt zu bestreiten. Doch die Frage ist: Eröffnet Datenreichtum die Chance, das traditionelle Bündel an Leistungen, das Firmen anbieten – ein regelmäßiges Einkommen, soziale Integration, Gesundheitsvorsorge, Altersabsicherung et cetera –, aufzuschnüren und die einzelnen Elemente neu zu gewichten? Vielleicht werden wir in Zukunft Jobs deutlich stärker nach den Leistungen auswählen, die sie uns jenseits des Gehalts bieten: eine Tätigkeit, die uns sinnvoll erscheint, in einer Organisation, die für ähnliche Werte wie wir einsteht und die Interaktionen mit Kollegen und Geschäftspartnern anbietet, die wir als positive Erfahrungen empfinden.

In Branchen mit Fachkräftemangel bemühen sich viele Firmen schon heute, die Arbeitsbedingungen interessant und anregend zu gestalten. In den wenigsten Fällen sind diese Bemühungen aber Teil einer umfassenden und koordinierten Strategie. Wie diese zusätzlichen Leistungen vollständig erfasst, bereitgestellt, angepasst und verbessert werden könnten, ist den meisten Arbeitgebern bisher weitgehend unklar. In dem Maße, in dem nicht-materielle Faktoren wie Sinnhaftigkeit, Erlebnisqualität und Identitätsstiftung bei der Jobsuche an Bedeutung gewinnen, werden Organisationen in ihrer Personalstrategie stärker darauf Wert legen müssen, klar und deutlich zu kommunizieren, wie ihre Zusatzleistungen diese Werte erfüllen. Datenreiche Rekrutierungsprozesse und die intelligente Nutzung von Online-Talentplattformen können hier großen Fortschritt bringen. Dazu brauchen wir deutlich bessere Ontologien.

Unternehmen müssen zudem in Betracht ziehen, die von ihnen angebotenen Leistungsbündel aufzubrechen und die einzelnen Elemente flexibler und modular austauschbar zu gestalten. So genügt es künftig nicht, Mitarbeitern zu erlauben, in Teilzeit oder teilweise von zu Hause aus zu arbeiten. Unternehmen müssen klare Karrierewege aufzeigen, wenn Talente sich dafür entscheiden, mit traditionellen Mustern zu brechen. Kurzum: Organisationen werden Mitarbeitern Flexibilität weit über das Maß hinaus ermöglichen müssen, das wir heute kennen. Denn in der Zukunft wird Arbeit entbündelt wie die Songs eines CD- oder Plattenalbums. Mitarbeiter werden viel öfter über die Zusammenstellung ihres »Mix« entscheiden.

Das setzt allerdings voraus, dass wir die klassischen Elemente von Arbeit genauer beschreiben und voneinander zu trennen lernen, so dass sie von Mitarbeitern nach eigenen Wünschen und Vorstellungen neu kombiniert werden können. Dieser Prozess des »Unbundling« wird vielen nicht gefallen, und zwar auf beiden Seiten der Sozialpartnerschaft. Für die Arbeitgeber bedeutet er großen Organisationsaufwand und weniger Macht und Kontrolle über ihre Mitarbeiter. Für Gewerkschaften stellt sich die Frage, wie sie ihre Rolle als kollektive Interessenvertretung behalten wollen, wenn die meisten Beschäftigten ihre Arbeit als sehr individuelle Lösungen selbst »mixen« – und es weniger gemeinsame Interessen gibt.

Die Rolle und Gestaltungsmöglichkeiten von Unternehmen sind hierbei hinsichtlich ihrer Wirkung begrenzt. Wollen wir Mitarbeiter in die Lage versetzen, ihre Arbeit sehr viel freier zu gestalten, müssen wir ihnen helfen, wenigstens zu einem gewissen Grad über das Geld hinaus zu denken. Genau an diesem Punkt könnte der Grundgedanke eines bedingungslosen Grundeinkommens seine größte Wirkung entfalten. Als echtes Grundeinkommen, das den Großteil der täglichen Ausgaben der Menschen inklusive der Gesundheitsvorsorge abdeckt, dürfte ein BGE auf absehbare Zeit nicht finanzierbar sein – und ist politisch in vielen Ländern wohl auch nicht mehrheitsfähig. Ein partielles BGE dagegen, sagen wir in Höhe von 400 bis 500 Euro pro Monat, könnte vielen Menschen jenes Maß an zusätzlicher Flexibilität verschaffen, das sie brauchen, um sich für einen Job zu entscheiden, der ihnen gefällt, anstatt für den, der am besten bezahlt ist. Oder um nicht Vollzeit zu arbeiten und dafür mehr Zeit mit der Familie zu verbringen, sich ehrenamtlich zu engagieren oder ihren Traum von unternehmerischer Selbständigkeit in die Tat umzusetzen.[67]

Bereits diese etwas größere Flexibilität fördert in vielen Fällen Aktivitäten, die als sinn- und identitätsstiftend wahrgenommen werden. Da ein Teil derjenigen, die ein partielles BGE erhalten, weniger arbeiten werden, können wir insgesamt mehr Menschen in Lohn und Brot halten, wenn die Automatisierung voll einsetzt. Und ein solches partielles BGE ließe sich eventuell auch ohne eine drastische Steuererhöhung finanzieren, wobei die Finanzierbarkeit nicht unser Kernargument für diese keineswegs partielle Lösung ist. Sie zielt sehr bewusst darauf ab, die relative Bedeutung des Geldes für die Arbeit zu reduzieren und eine umfassende Perspektive auf die Arbeit mit ihren sinnstiftenden Dimensionen zu ermöglichen. Unsere Vorstellung von der Zukunft der Arbeit lautet: Wir haben die große Vielfalt der möglichen Präferenzen und deren Kombinationen wertzuschätzen gelernt, Organisationen können diese Vielfalt bieten, und der Staat hilft dabei, nicht immer nur auf die Maximierung des Gehalts zu schauen.

Das stellt den Nutzen traditioneller politischer Ansätze in Frage, die den Rückgang der Lohnquote mit Maßnahmen wie einer Maschinensteuer zu begegnen suchen. Denn politische Hebel, die nur beim Geld ansetzen, können die Herausforderungen im Zeitalter *nach* dem Geld nicht lösen – zumindest nicht alleine. Sie werden stets durch Maßnahmen ergänzt werden müssen, die auf den immateriellen Nutzen abzielen, den die Arbeit uns als Menschen bietet. Datenreichtum wird dazu beitragen, dass Arbeit reicher an Sinn wird. Geld kann dies nicht.

# 10
# FREIHEIT

»Mit Technologie haben männliche Programmierer Poker, Baseball und Online-Shops für Elektronik revolutioniert. Weil Frauen aber traditionell seltener eine technische Ausbildung haben, konnten die typisch ›weiblichen‹ Bereiche weniger von diesem Technologieschub profitieren«, schrieb Katrina Lake in ihrem Bewerbungsessay für die Harvard Business School.[1] Als junge Unternehmensberaterin bei der Parthenon-Gruppe hatte Lake zuvor erkannt: Traditionelle Einzelhändler verstanden die Wünsche und Bedürfnisse ihrer Kunden auch deshalb nicht, weil sie die vorhandenen Daten nicht richtig analysierten. Analytischer Blick gehörte schon in der Highschool zu Lakes Stärken. Auch an Ehrgeiz fehlte es ihr nicht. Ihr im Essay selbstgestecktes Karriereziel klang aber dennoch recht ambitioniert: »Ich will CEO eines Handelsunternehmens werden, das Marktführer in Sachen Technologie und Innovation ist.«[2] Ihre Harvard-Bewerbung war erfolgreich, 2009 begann sie ihr Studium an der Eliteuniversität. Und es sollte nur wenige Jahre dauern, bis Katrina Lake das in ihrer Bewerbung definierte Ziel erreichte. Noch mitten im MBA-Programm gründete Lake ihre eigene Firma unter dem Namen Rack Habit.

Die Idee: Frauen mittels Daten und Algorithmen dabei helfen, sich mit weniger Zeitaufwand besser zu kleiden.

Gemeinsam mit einer Co-Gründerin, mit der sie sich später zerstritt, verschickte Lake einen Onlinefragebogen zu Shoppingpräferenzen an ihre Freundinnen und deren Bekannte im Großraum Boston. Die beiden übertrugen diese Daten über Größen und Stilvorlieben in Tabellen und erstellten dann für jede ihrer neuen Kundinnen ein einfaches Profil. Dann gingen sie einkaufen. Die Kleider, Blusen und Röcke ließen sie per Post zustellen. Die Kundinnen konnten die Sachen behalten oder kostenlos zurückschicken – heute Standard bei sogenannten kuratierten Shoppingdiensten. In der Anfangszeit brachte Rack Habit »Lakes Kreditkarte konstant an das 6000-Dollar-Limit«, aber »Geld verdiente sie keins«[3]. Ihre stetig steigende Zahl von Kundinnen bewies jedoch, dass die Geschäftsidee gut war.

Das Problem mit Mode ist nicht, dass es das richtige Produkt nicht gibt – eines, das uns passt und uns gefällt. Das Problem ist vielmehr, dass wir nicht wissen, wie und wo wir es mit angemessenem Aufwand finden. Oder, wie Ökonomen es ausdrücken: Die Modebranche hat das Angebot massiv erhöht, aber die Auffindbarkeit nicht ausreichend verbessert. Was Menschen brauchen, die sich etwas zum Anziehen kaufen wollen, ist ein kluger Intermediär, der diese Dinge für sie findet. Diese Intermediäre gibt es, man nennt sie Personal Shopper. Für die meisten von uns sind sie aber leider zu teuer. Die Geschäftsidee von Rack Habit war es, seinen Kunden einen kompetenten und gleichzeitig bezahlbaren Personal Shopper zu bieten. Den Weg zum Ziel bereiten umfassende Daten und Algorithmen. Mit ihnen sollten die Vorlieben und Wünsche der Kunden mit den extrem vielfältigen Lagerbeständen des Modemarkts »gematcht« werden. Im Jahr

2011 erhielt Lake für dieses Geschäftsmodell 750 000 Dollar Wagniskapital.

Mit ihrem MBA-Zeugnis aus Harvard in der Tasche zog die Gründerin nach San Francisco und änderte den Firmennamen in Stitch Fix. Die dritte Finanzierungsrunde brachte die Firma 2015 auf eine Bewertung von 300 Millionen Dollar, und die *New York Times* handelte sie als zukünftiges »Einhorn« – also als Start-up mit einem Marktwert von über einer Milliarde Dollar.[4] Gerade als Devin Wenig 2016 damit begann, eBays Marktplatz mit fortgeschrittener Analytik und künstlicher Intelligenz aufzurüsten, schaffte Katrina Lake es erstmals auf die *Forbes*-Liste der reichsten Selfmade-Millionärinnen.

Auf den ersten Blick wirkt Stitch Fix heute wie ein Online-Modehändler mit originellem Vertriebsmodell. Die Firma sendet Kartons mit fünf Kleidungsstücken und Accessoires an ihre Kunden, zu denen inzwischen auch Männer gehören. Diese bezahlen nur die Teile, die sie behalten wollen. Sieht man jedoch genauer hin, stellt man fest, dass Katrina Lake ihrem ursprünglichen Plan treu geblieben ist: Stitch Fix agiert eher wie ein Vermittler auf dem Modemarkt und nicht wie ein klassischer Händler. Für jede Box, die eine Kundin erhält, wird eine »Styling-Gebühr« von 20 Dollar fällig. Diese Gebühr wird gestrichen, wenn die Kundin mindestens zwei Teile behält – und es gibt einen kleinen Rabatt, wenn sie alle fünf nimmt.

Stitch Fix verkauft dabei nicht über den Preis. Es gibt keine Schlussverkäufe oder Sonderangebote, die Schnäppchenjäger glücklich machen. Bei Stitch Fix rückt das Preisschild in den Hintergrund. Die Firma spricht gezielt einen Kundenkreis an, für den es wirtschaftlicher ist, für die passende Empfehlung eines Kleidungsstücks zu bezahlen, anstatt für die Suche kostbare Zeit zu verschwenden. Das mag nicht in jeder Branche funktionieren – bei einem Auto kann ein sorgfältiger Preisvergleich leicht einige Tausend Euro sparen, so dass sich der Zeitaufwand lohnt. Doch im Modebereich hat Stitch Fix bewiesen, dass ein preisagnostischer Händler in einem Massenmarkt Erfolg haben kann.

Um die eigene Dienstleistung skalieren zu können, setzt Stitch Fix auf die Analyse von umfassenden Datenströmen. Mittlerweile beschäftigt die Firma über siebzig Datenwissenschaftler. Angeführt werden diese von Chief Algorithm Officer Eric Colson, der zuvor die Datenanalytik beim Filmstreaming-Dienst Netflix leitete. Nach seinem Wechsel in die Modebranche musste Colson feststellen: Es ist weitaus schwieriger, die passende Garderobe zu empfehlen als den richtigen Film. Deshalb benutzt Stitch Fix erheblich klügere Analysemethoden als die gängigen sozialen Filter nach dem Muster: »Wem dieser Film gefallen hat, der mag auch jenen.« Zusätzlich zu den Fragebögen, die Kunden bei der Anmeldung ausfüllen, analysiert der Shoppingdienst auch Fotos, die die Nutzer auf Pinterest liken, und wertet diese nach bestimmten Merkmalen aus. Dadurch werden Vorlieben sichtbar, die Kunden oft selbst nicht bewusst sind. Das System funktioniert exakt wie die lernenden Systeme, die wir in Kapitel vier beschrieben haben: Kunden müssen ihre Bedürfnisse und Wünsche nicht explizit äußern, da die Systeme aus den Interaktionen der Kunden mit ihrer Umwelt lernen.

Feedback spielt bei Stitch Fix ebenfalls eine entscheidende Rolle. Natürlich liefert bereits jedes Kleidungsstück, das jemand kauft oder zurückgehen lässt, wertvolle Daten. Die Kunden werden aber auch aufgefordert, sich zu jedem Teil zu äußern, das sie erhalten. Dafür sind keine Modefachbegriffe nötig, Alltagssprache genügt. Aus dieser leitet die Software weitere Hinweise auf die Präferenzen und den Geschmack der Kunden ab. Stitch Fix benutzt diese Daten zudem, um neue Kleidungsstücke für die hauseigene Modelinie zu entwerfen.

Das Geheimnis von Stitch Fix ist so einfach, wie die Daten umfassend sind: Die Firma hat das Wesen von datenreichen Märkten ebenso verstanden wie den Zusammenhang zwischen Daten und Kundenzufriedenheit. Das Unternehmen beschreibt es selbst so: »Komplexe Daten auf beiden Seiten des ›Markts‹ ermöglichen es Stitch Fix, Kunden mit der Mode zusammenzubringen, die sie lieben (und die sie alleine nie gefunden hätten).«

Aber noch etwas ist entscheidend für den Erfolg: der Faktor Mensch. Stitch Fix beschäftigt Hunderte von Stylisten. Diese stellen in Teilzeit und von zu Hause die Auswahl jeder einzelnen Sendung an Kunden zusammen. Lernende Systeme unterstützen sie dabei. Sie können zudem auf die umfassenden Daten über die Vorlieben der Kunden zugreifen – und wie sich diese im Lauf der Zeit verändert haben. Die Maschine liefert dabei nur Vorschläge, die letzte Entscheidung liegt beim Menschen.

Die Stylisten legen jeder Lieferung eine handschriftliche Notiz bei, in der sie vorschlagen, wie die Kunden die Kleidungsstücke kombinieren oder mit Accessoires ergänzen können. Das zeigt ihnen: Um meine Bedürfnisse hat sich jemand gekümmert. So entsteht eine Beziehung zwischen Käufern und Stylisten, was die Kundenbindung stärkt – schließlich ist es schwieriger, sich von einem Menschen zu trennen als von einer Maschine. Durch den menschlichen Kontakt erhöht sich auch die Wahrscheinlichkeit, dass Kunden Feedback zu ihrer Lieferung geben. Die persönliche Nachricht erzeugt eine

Art soziale Schuld, die Kunden (unbewusst) zurückzahlen wollen.[5]

Am wichtigsten für die Einbindung von Menschen in den datengetriebenen Verkaufsprozess ist jedoch, dass die Stylisten in ihren Geschmäckern und Entscheidungen deutlich heterogener sind als Maschinen. Aus dieser Vielfalt resultieren wiederum Kleidungsvorschläge, die Kunden mehr schätzen als homogene Maschinenempfehlungen, und das bedeutet mehr Umsatz. Für Stitch Fix ist es die Vielfalt des Geschmacks – der geistige Reichtum der Menschen –, der menschliche Mitarbeiter auch in einem extrem datenreichen Markt unentbehrlich macht.

Stitch Fix hat es geschafft, die Freude an der Auswahl von den Mühen des Einkaufens zu entkoppeln – ein Modell, das wir in Zukunft im Einzelhandel immer öfter sehen werden. Schon bald könnten wir ein lernendes System beauftragen, unsere Lebensmittelvorräte aufzufüllen, während wir genüsslich durch eine Boutique bummeln oder in den Regalen eines Buchladens stöbern. Sobald wir Geschäfte nur noch zum Vergnügen betreten und wieder Lust am Anschauen, Anfassen und Entscheiden empfinden, statt das als Last zu sehen, sind wir vielleicht sogar bereit, den besonders guten Ladengeschäften ein Eintrittsgeld zu bezahlen.

Gut möglich, dass demnächst eine der großen Einzelhandelsketten der Modebranche Stitch Fix kauft, so wie die große amerikanische Kaufhauskette Nordstrom es mit Trunk Club – einem anderen Pionier für kuratiertes Shopping – getan hat. Voraussetzung hierfür ist freilich, dass die Modeketten dann noch genug Geld für solche Übernahmen haben oder es noch immer Investmentbanken gibt, die diese finanzieren. Ein solcher Zusammenschluss von On- und Offline könnte aus einem physischen

Geschäft noch stärker einen Erlebnisort machen: Kunden könnten sich dort umsehen, vielleicht sogar mit ihrem (lebendigen oder virtuellen) persönlichen Stylisten im Schlepptau. Traditionelle Verkaufsflächen würden so zu Orten der Inspiration – an dem man nicht nur Ware begutachtet, sondern sich mit anderen Kunden austauscht als Ergänzung zum dazugehörigen Online-Shop. Das Ziel wäre nicht notwendigerweise, dort etwas zu kaufen, sondern sich inspirieren zu lassen. Was wir in einem solchen Laden auf keinen Fall sehen werden, sind Preisschilder und Hinweise auf reduzierte Ware. Denn Preise spielen für uns Menschen in einem solchen Szenario keine wichtige Rolle mehr; Preise sind etwas, über das sich dann unsere KI-Systeme und digitalen Einkaufshelfer Gedanken machen.

Datenreiche Märkte lösen einen traditionellen geldbasierten Markt nach dem anderen ab. Sie sorgen für passende Transaktionen und somit für zufriedenere Marktteilnehmer. Aber die Vorteile der datenreichen Märkte gehen noch weiter. Passgenauere Transaktionen bedeuten auch weniger Verschwendung: Die Käufer erhalten seltener Waren, mit denen sie wenig anfangen können – weil sie im Grunde nach etwas anderem gesucht haben. Eine bessere Koordination der Marktteilnehmer bedeutet weniger Leerlauf und weniger Ineffizienzen. Datenreichtum wird zu einer nachhaltigen, weniger verschwenderischen Marktwirtschaft beitragen.

Unsere physischen Ressourcen werden immer endlich bleiben, sosehr wir uns auch den Überfluss wünschen. Das ist keine strukturelle Schwäche unseres Wirtschaftssystems, sondern eine fundamentale Grundregel unserer Existenz: Wir können etwas nicht aus nichts erschaffen.

Wir haben nur eine Erde. Das Einzige, was wir im Überfluss haben, sind Informationen. Je einfacher und billiger es wird, Daten zu sammeln, zu übermitteln und zu verarbeiten, desto mehr Informationen stehen uns zur Verfügung.

Deshalb liegt die Zukunft unserer Wirtschaft nicht in materiellem Wachstum, sondern in einer cleveren Nutzung unseres Überschusses an Informationen. Datenreiche Märkte sind die Orte und Werkzeuge, an und mit denen wir das erreichen können. Sie sind der Platz, an dem künstliche Intelligenz und Big Data auf die soziale Wirklichkeit menschlicher Koordination treffen und uns dabei helfen, endlich nachhaltiger zu wirtschaften.

»Smart Metering« sorgt beispielsweise dafür, dass der Strommarkt datenreich wird. Bisher ein ineffizienter Markt, auf dem eine kleine Zahl von großen Anbietern Energie für viele bereitstellt, wandelt er sich gerade in einen sehr viel dichteren Markt, auf dem sich eine große Zahl unterschiedlicher Teilnehmer besser koordinieren kann – seien es stromerzeugende Eigenheimbesitzer (mit Solardächern) oder Speicheranlagen (mit Großbatterien im Keller oder in der Garage). So werden wir nicht nur weniger Energie verschwenden, sondern das »Smart Grid«, eine viel intelligentere Infrastruktur zur Energieverteilung, effizienter nutzen.

Bis zu 30 Prozent aller Lastwagen fahren leer über Europas Straßen, nur weil es keine effiziente Möglichkeit gibt, ihnen für bestimmte Streckenabschnitte Fracht zuzuweisen. Selbstfahrende Trucks alleine werden daran nichts ändern – datenreiche Märkte hingegen schon. Denn sie werden Transporter und Transportgut endlich optimal zusammenführen. Solche verbesserten Koordinierungsmöglichkeiten senken Emissionen deutlich schneller und stärker als Fortschritte in der Antriebstechnik.

Ähnliche Effizienzgewinne wird es im Gesundheitswesen geben. In hochentwickelten Volkswirtschaften, am stärksten sichtbar in den USA, haben die Gesundheitskosten ein langfristig kaum tragbares Niveau erreicht. Wir leben zwar etwas länger, geben für diesen kleinen Zuwachs an Lebensdauer aber sehr viel Geld aus. Das liegt unter anderem daran, dass viele Patienten in einen Topf geworfen und einheitlich behandelt werden. Auch hier werden Informationen – ähnlich wie in geldbasierten Märkten – reduziert, nur um damit einfacher umgehen zu können. Das Ergebnis sind große Ineffizienz und Verschwendung bei gleichzeitig dramatisch ungenauen Diagnosen und erschütternd unpassenden Behandlungen. Kein Tumor beispielsweise gleicht exakt dem anderen, und entsprechend müssen auch die Diagnosen und Therapien präziser differenzieren. Das gilt nicht nur für Krebs, sondern für viele Krankheiten. Mit Hilfe von datenreichen Märkten können wir uns auch im Gesundheitswesen von übermäßigen Vereinfachungen lösen und Medizin somit individueller, passgenauer und effektiver machen.

Schulen wiederum können umfassende Daten nutzen, um Schüler mit Lehrern, Unterrichtsmaterialien oder Lehrmethoden zusammenzubringen, die zu ihnen passen. Nicht alle Schüler sind gleich – und was für den einen funktioniert, kann bei der anderen zur Lernblockade führen.

Die Prinzipien datenreicher Märkte können in nahezu jedem Bereich genutzt werden. Sie werden keinen materiellen Überfluss schaffen, aber wir werden mit Datenreichtum ein besseres, sinnvolleres und nachhaltigeres Leben führen können.

Weil datenreiche Märkte so viel mehr leisten können als traditionelle Märkte, üben sie enormen Druck auf Firmen aus. Das bedeutet: Wir müssen unsere Vorstellung von Unternehmen überdenken. Diese sind bisher Organisationen mit Mitarbeitern. Auch wenn dort Maschinen schon sehr lange zum Einsatz kommen, geführt und geleitet wurden sie nach wie vor von Menschen. In Zukunft wird das nicht mehr zwangsläufig der Fall sein. Es wird Unternehmen geben, die von Maschinen geführt werden, aber eine Menge gutbezahlter Menschen beschäftigen. Und wir werden Firmen sehen, die ohne Mitarbeiter als bloße rechtliche Konstrukte Profite erwirtschaften. Letzteres Konzept, die leere Unternehmenshülle, ist ein Ergebnis des Körperschafts- und Steuerrechts, ein Fossil einer dann vergangenen Ära.

In jenen Unternehmen, die noch viele Menschen beschäftigen, werden datengetriebene Märkte und ihre lernenden Systeme mit menschlichen Qualitäten, die sich nicht so leicht automatisieren lassen, kombiniert werden. Wie Stitch Fix und die persönlichen Stylisten sind solche Firmen aber keine Technikverweigerer, sondern besonders geschickt im Umgang mit Daten. Sie konkurrieren nicht mit dem datenreichen Markt, sondern bauen auf ihn auf.

Dieses Spektrum von der rechtlichen Unternehmenshülle bis zur auf menschliche Arbeit fokussierten Firma bietet eine ganze Reihe von Entwicklungsmöglichkeiten für die Unternehmen von morgen. Jede Firma wird sich entlang dieses Spektrums ihren Platz suchen müssen. Das gilt für Daimler ebenso wie für Spotify, eBay oder Apple, für Alibaba wie für Barclays, McDonald's oder N26 – oder die kleine Biobäckerei an der Ecke.

In ein paar Jahrzehnten werden wir diesen Vorgang

vielleicht die »Große Anpassung« nennen – weil Unternehmen sie in Folge der »Großen Krise«, der weltweiten Wirtschaftskrise ab 2007, vornehmen mussten. Die meisten Firmen sehen diesem Wandel nicht gerade mit Freude entgegen, und nur die wenigsten werden ihn freiwillig einleiten. Aber diejenigen, die ihn als Chance begreifen, werden eindeutig einen Vorteil haben – genauso wie diejenigen, die sich neu organisieren, um im Kern menschlicher zu werden.

Besonders offenkundig ist diese Dynamik im Banken- und Finanzsektor. Einerseits wächst der Druck, finanzielle Dienstleistungen vor allem im Bereich der Zahlungssysteme noch weiter zu standardisieren. Andererseits sind neue Intermediäre aufgetaucht, die versprechen, reichere und umfassendere Datenströme einzusetzen und damit mehr zu erreichen als mit der verengten Sicht auf Geld und Preise.

Traditionelle Unternehmen im Finanzsektor, allen voran die Großbanken, stehen vor einer schwierigen Entscheidung: Zu einem Massenanbieter mit Standardprodukten mit geringen Margen zu werden liegt nahe, aber zu Recht fürchten sie diesen Weg. Die Alternative ist lukrativer, aber auch erheblich aufwendiger. Denn mit Datenreichtum sind viele Banken schnell überfordert. Um wirklich intelligent mit Daten umzugehen und mit datenreichen Fintechs mitzuhalten, werden sie ihre Organisation tiefgreifend umstrukturieren müssen. Der erste Schritt wäre, die Notwendigkeit hierfür zu erkennen – aber selbst der fällt vielen Banken schwer. Es gilt auch hier der Satz von Eugene Kleiner, einem der ersten Risikokapitalisten im Silicon Valley: »Es ist schwierig, das ganze Bild zu sehen, wenn man sich selbst innerhalb des Rahmens befindet.«[6]

Schauen wir uns die Marmorpaläste des Geldes am besten noch einmal gut an: die Banktürme in den Finanzzentren der Welt, die eine Botschaft der Macht und des Reichtums vermitteln. In rund zehn Jahren werden die meisten von ihnen verschwunden sein. Nicht, weil wir das Geld abgeschafft haben, sondern weil die Symbolik nicht mehr passt. Die neuen finanziellen Intermediäre werden entweder extrem effizient oder reich an Daten sein und im Idealfall sogar beides. Der Finanzkapitalismus des 20. Jahrhunderts hat dann ausgedient – und mit ihm auch die Architektur der Macht des Geldes in New York, London und Frankfurt.

Der Unterschied zwischen einem Business Angel im Silicon Valley und einem europäischen Bankangestellten, der einem Unternehmer einen Kredit bewilligt, ist nicht das Geld. Business Angels und Risikoinvestoren bieten ihren Klienten erheblich mehr als nur einen Scheck: reichhaltige und wertvolle Informationen, die der Gründer am Bankschalter nicht bekommt. Der Begriff »Venture-Capitalist« trifft den Kern der Funktion nicht richtig – und das schon seit den Tagen von Georges Doriot, der 1946 mit der American Research and Development Corporation die erste moderne Wagniskapitalfirma gründete. Vielleicht ist es an der Zeit, sie eher »Wagnisinformationsgeber« zu nennen und das konventionelle Kapital aus dem Spiel zu lassen.

Man könnte es aber auch noch weiterdenken: Mit der immer stärker abnehmenden Bedeutung des Kapitals als notwendige Ressource, damit Unternehmen wirtschaften können, ist vielleicht auch die Zeit gekommen, ein historisches Kapitel abzuschließen und die Phase des »Kapitalismus« offiziell zu beenden, der unsere Marktwirtschaft die letzten Jahrhunderte über geprägt hat. Das ist mehr als ein unscharfes Bild einer postkapitalistischen Gesellschaft,[7] es ist die Chance auf eine Alternative zur Vorstellung, dass Kapital und dessen Verfügbarkeit der zentrale Machtmechanismus unserer Wirtschaft sein müssen. Statt Kapital und Firmen erschaffen wir datenreiche Märkte, die Menschen ermächtigen, besser miteinander zu wirtschaften.

Datenreiche Märkte lösen nicht alle Probleme. Und sie haben ihre eigenen strukturellen Schwächen. Der Erfolg jedes datenreichen Markts steht und fällt daher mit dessen Design und den Regeln, nach denen er funktioniert. Das Wichtigste beim Design datenreicher Märkte ist, Konzentrationen zu vermeiden. Bei klassischen Märkten betraf das vor allem die Marktteilnehmer, bei datenreichen Märkten müssen wir hingegen die Konkurrenz auf der Ebene der Entscheidungsprozesse sicherstellen. Wenn viele oder sogar alle der KI-Systeme, die wir für Transaktionsentscheidungen nutzen, denselben Fehler aufweisen, macht auch der datenschlaue Markt groben Unfug. Deshalb ist eine echte Vielfalt der (teil-)automatischen Entscheidungssysteme unerlässlich.

Die progressive Daten-Sharing-Pflicht – der Mechanismus, den wir vorgeschlagen haben, um eine derartige Vielfalt zu gewährleisten – schützt zum einen gegen eine solche Konzentration von lernenden Systemen. Durch das selektive und nicht vollständige Teilen von Daten verhindert sie jedoch auch, dass alle Wettbewerber ihre Systeme auf derselben Datenbasis aufbauen. Im Kern geht es darum, eine Vielfalt der Entscheidungssysteme zu fördern, so dass auf datenreichen Märkten trotz Netzwerk- und Feedbackeffekten gesunder Wettbewerb herrscht.

Bezogen auf die größeren gesellschaftlichen Auswirkungen von datengetriebenen Märkten sind wir pragmatische Realisten. Der überzogene Optimismus einiger Technikutopisten erscheint uns genauso unangebracht wie die Trübseligkeit der digitalen Untergangspropheten, die in der Datenrevolution immer und ausschließlich eine Gefahr für Demokratie und soziales Wirtschaften wittern.

Statt sorgenvoll, aber tatenlos in die Zukunft zu blicken, sollten wir diesen Wandel lieber gestalten: die richtigen Hebel und passenden Mechanismen erkennen, damit wir die positiven Auswirkungen verstärken und die negativen Konsequenzen abmildern – ganz egal, welcher Art sie sind und wann sie entstehen. Wir werden neue Instrumente in unseren politischen Werkzeugkasten legen müssen. Das können Steuern sein, die in Daten bezahlt werden, oder klug konfigurierte Steuererleichterungen für menschliche Arbeit. Manchmal mag auch eine neue Perspektive nötig werden, wie etwa das Konzept von Arbeit von dem Konzept der Bezahlung zu entkoppeln.

In einer von Geld und Preisen dominierten Welt mag es sinnvoll gewesen sein, den Wert von Arbeit durch finanzielle Entlohnung zu bemessen. In der Welt der datenreichen Märkte werden wir über das Gehalt hinausdenken. Arbeit ist mehr als ein Job, mit dem man seine Rechnungen bezahlt. Gute Arbeit stiftet Identität, erzeugt Gemeinschaft und gibt Sinn. Eine der wichtigsten Aufgaben der datenreichen Gesellschaft wird es sein, Menschen sinnvolle Arbeit zu ermöglichen, gerade weil Maschinen eine immer größere Anzahl von Tätigkeiten übernehmen. Im Gegensatz dazu besteht unsere Aufgabe als Menschen nicht darin, maximal effizient, sondern maximal menschlich zu sein – mit kreativem Denken und sozialen Bindungen.

Doch welche Rolle bleibt uns Menschen in einer Welt, in der Maschinen immer mehr Aufgaben erledigen, von denen wir immer dachten: Das können nur wir! Sind wir die Dinosaurier des Datenzeitalters? Werden wir lediglich zum Zeitvertreib der Maschinen existieren? Nein. Auch in einer Zeit des Datenreichtums werden die Menschen den Maschinen den Takt vorgeben und nicht umgekehrt. Daten werden uns helfen, die Entscheidungen zu wählen, die wir selbst treffen wollen, und die übrigen den digitalen Assistenten zu überlassen, die im Wissen um unsere Präferenzen die besten Transaktionen am Markt finden.

Unser von Routineentscheidungen entlastetes Gehirn kann sich dann auf Entscheidungen konzentrieren, die entweder wirklich zählen oder die wir gerne treffen. Wir werden Entscheidungen an lernende Systeme delegieren, mit denen wir uns früher lange gequält haben. Entscheidungen, die wir aus Angst nicht getroffen haben oder bei denen uns die Zeit fehlte, uns ausreichend zu informieren. Wenn wir diese delegieren, werden wir unseren KI-Systemen sagen, wie viel Einfluss wir ihnen gewähren. Das wird keine binäre Frage von Entweder-oder sein. Vielmehr werden wir stufenlos den Assistenzgrad rauf- oder runterregeln können, den wir vom künstlichen intelligenten System erhalten wollen. Wir werden entscheiden, worüber und wie viel wir entscheiden.

Einige Experten warnen davor, dass Big Data und künstliche Intelligenz den freien menschlichen Willen grundlegend einschränken werden, indem sie uns nicht nur sagen, was wir kaufen, sondern mit wem wir interagieren. Sie fürchten, dass wir die wichtige Freiheit aufgeben, unser soziales Umfeld aktiv zu gestalten, nach dem Motto: Der Computer sucht uns nicht nur unsere Shops, sondern auch unsere Kollegen und Freunde aus.[8] Doch in den datenreichen Märkten ist bei richtigem Design, mit Vielfalt und Wettbewerb der Entscheidungsassistenten, das Gegenteil der Fall. Statt uns Entscheidungsfreiheit zu nehmen, ermächtigen uns datenreiche Märkte, damit wir uns auf die Koordination menschlicher Aktivitäten und Beziehungen konzentrieren – auf das, was wirklich zählt. Sie geben uns Zeit und Energie, menschlich zu sein.

Daraus entstehen allerdings eine Reihe neuer Fragen, oft mit ethischer Dimension: Welche Entscheidungen wollen wir in jedem Fall selbst treffen, und welche können wir problemlos delegieren? Wenn mit Daten lernende Systeme besser beurteilen, auf welche Schule unsere Kinder gehen sollten oder in welches Krankenhaus uns der Krankenwagen am besten bringt – sollen wir diese Entscheidungen dann den Maschinen überlassen? Oder müssen wir sie als Beweis menschlicher Verantwortung selbst treffen? Was ist überhaupt das Ziel menschlichen Entscheidens? Wollen wir die rational richtige Antwort oder eine, die uns glücklich macht? Schließlich müssen wir mit den Konsequenzen leben, nicht die Maschinen. Glück kommt im Universum der Maschinen als Kategorie nicht vor.

Bisher mussten wir uns mit solchen Fragen nur selten beschäftigen, aber in Zukunft werden wir uns ihnen regelmäßig gegenübersehen. Wir werden ein gutes Gespür dafür zu entwickeln haben, welche Art von Entscheidung wir mit welchem Ziel wählen. Dieses Gespür wird sich vermutlich nicht von alleine einstellen, sondern wir werden daran arbeiten müssen.

Die Fähigkeit zu entscheiden, worüber wir entscheiden, ist für die Menschheit ein großer Gewinn. Sie unterstreicht nicht nur unsere Einzigartigkeit, langfristig könnte sie uns auch unseren Platz am Tisch der Evolution

sichern. Damit gehen eine Reihe von Verpflichtungen ein-
her. Eine Entscheidung bedeutet immer, dass wir einer
Option den Vorzug geben und darauf verzichten, alles
haben zu können. Datenreiche Märkte sind ein groß-
artiges Instrument, und sie werden uns helfen, gute Entscheidungen zu treffen. Aber sie können uns nicht von der
grundsätzlichen Notwendigkeit zu entscheiden befreien.

Die Freiheit des Individuums zur Entscheidung hat bekanntlich nicht nur Freunde. Zentralisierte Entscheidungsprozesse erleben gerade eine Renaissance – sei es
in Form von monopolistischen Unternehmen, wie sie
Peter Thiel offenbar vorschweben, oder in Form eines
autoritären oder paternalistischen Staatsverständnisses
wahlweise linker oder rechter Prägung. In allen Fällen
verlieren wir im Namen von Sicherheit, Einfachheit, Ein-
heitlichkeit oder schlichter Profitmaximierung sowohl
die individuelle Entscheidungsfreiheit als auch die Kraft
des Markts. Unser Schaden ist dann noch viel größer als
die ökonomischen Ineffizienzen, die damit verbunden
wären. Zentralisierung der Entscheidung im Datenzeitalter bedeutet das Ende der freien Gesellschaft, denn die
zentralen Entscheidungsinstanzen würden mit Daten
im Wortsinn übermächtig. Deshalb müssen wir uns gegen die Sirenengesänge wappnen, welche die Gefahren
individueller Entscheidungen beschwören, und für die
Vorteile einer Zentralgewalt werben. Die mit Feedbackeffekten einhergehende Marktkonzentration sollte uns
deshalb genauso Sorgen machen wie der Ruf nach starken Männern und Frauen im Staat.

Aber es gibt noch einen weiteren Feind der datenreichen Märkte und der individuellen Entscheidungsfreiheit. Der mag zunächst utopisch und freundlich er-

scheinen: als Vorstellung, dass die Menschheit bald die Ressourcenknappheit überwinden könnte. Maschinen und ihre scheinbar grenzenlose Fähigkeit, komplexe Tätigkeiten zu vernachlässigbaren Kosten auszuführen, würden uns in ein Land von Milch und Honig führen, lautet die Vision. Frei von den täglichen Verpflichtungen, materiell rundum versorgt, könnten dort alle Menschen ein glückliches und unbeschwertes Leben führen. Das Ende der Ressourcenknappheit wurde schon oft vorhergesagt, am eindrücklichsten vielleicht in den 1970er Jahren von dem konservativen US-Ökonomen Julian Simon. Nun taucht eine überarbeitete Version seiner Idee wieder auf. Erik Brynjolfsson, Wirtschaftswissenschaftler am MIT und Koautor eines einflussreichen Buchs über die Auswirkungen künstlicher Intelligenz auf menschliche Arbeit, schließt an Simon an:[9] »Eine Welt des Überflusses, ja sogar des Luxus, ist nicht nur möglich, sondern wahrscheinlich«, schreibt er.[10]

Britische Technikutopisten verwenden in diesem Zusammenhang den Begriff des »vollautomatisierten Luxuskommunismus« – der bei uns Bilder von Leonid Breschnew in Gucci-Slippern evoziert. Das klingt verlockend: Wir müssten alle weniger oder auch gar nicht mehr arbeiten und könnten uns trotzdem alles leisten. »Cartier für jeden, MontBlanc für die Massen und Chloe für alle«[11], darauf hofft der Publizist Aaron Bastani, der den Begriff mitgeprägt hat. Die britische Zeitung *The Guardian* hofft derweil etwas weniger materialistisch: »Die Menschheit bekäme eine kybernetische Weide, auf der sich Maschinen in liebevoller Gnade um sie kümmern.«[12] In einer solchen Welt, so die Argumentation, müssten wir uns nie mehr entscheiden. Wir könnten das eine immer tun und müssten das andere nie lassen. Und Märkte würden so obsolet wie der Aschenbecher auf den Tischen von Restaurants.

Aber diese Vision von Technologie und Überfluss beruht auf einem grundlegenden Irrtum. Ihre Befürworter konzentrieren sich auf einen Überschuss an physischen Gütern und vernachlässigen dabei, dass der Markt nicht nur dazu dient, knappe Waren auszutauschen. Er bietet vor allem Menschen die Möglichkeit, sich untereinander effektiv und effizient zu koordinieren. Wenn Menschen das tun, sehen sie sich nicht nur physischer Knappheit gegenüber, sondern vor allem auch einem Mangel an Zeit. Solange wir nicht unsterblich sind, brauchen wir Märkte, um die uns zur Verfügung stehende begrenzte Zeit bestmöglich zu nutzen.

Anstatt auf die Zeitlosigkeit zu hoffen, sollten wir die großen wirtschaftlichen und ökologischen Probleme der Welt mit aller Klarheit benennen und mit aller Kraft angehen. Für uns ist der Markt nicht die Wurzel der Probleme, sondern unsere beste Möglichkeit, diese zu überwinden. Was zählt, ist unsere durch den Markt drastisch verbesserte Fähigkeit, mit anderen zusammenzuarbeiten. Diese menschliche Koordination ist der Ursprung des riesigen Fortschritts, den wir im Lauf der Jahrhunderte erreicht haben und der einer ständig wachsenden Bevölkerung Nahrung, Kleidung und ein Dach über dem Kopf verschafft. Der Markt hat sich hierfür als unverzichtbares Werkzeug erwiesen.

Die Zukunft der Menschheit liegt weder in einer Zentralgewalt noch in Konsum, Überfluss und Opulenz. Daten werden uns helfen, besser zusammenzuarbeiten, damit wir die vergänglichste aller Ressourcen, unsere Zeit, am sinnvollsten einsetzen können. Aber eine umfassende und dauerhafte Freiheit der Entscheidung bedarf nicht nur eines Wandels von Geld zu Daten, verbunden mit den technischen Fortschritten, die wir in Kapitel 4 beschrieben haben. Sie basiert auch auf dem Markt als einem dezentralen, gesellschaftlichen Mechanismus, der uns Menschen hilft, uns zu koordinieren. Wenn man diesen dezentralen Markt abschafft, verlieren auch die Daten ihre hilfreiche Kraft. Das ist der Grund, warum wir den Wandel vom Geld zu den Daten als eine Renaissance des Markts bezeichnen und ihn nicht als Siegeszug der künstlichen Intelligenz oder von Big Data darstellen. Ohne den Markt werden weder die Daten noch digitale Technologien die Menschheit schützen – geschweige denn voranbringen – oder den Menschen helfen, besser zusammenzuarbeiten.

Deshalb steht in diesem Buch der Markt im Mittelpunkt. Daten und Technologie ermöglichen lediglich, ihn auf die nächste Stufe zu heben. Und trotzdem geht es uns um mehr: Die mit dem Datenkapitalismus verbundene Renaissance des Markts gründet auf dem Zugang zu umfassenden Daten und der Fähigkeit, diese für Entscheidungen zu nutzen. Das wiederum sorgt dafür, dass wir die vereinfachten und verkürzten Informationen hinter uns lassen, auf denen traditionelle, geldbasierte Märkte jahrhundertelang beruhten. Die Realität zu vereinfachen, um uns damit wohler zu fühlen, ist eine uralte menschliche Strategie. Sie ist nützlich, solange wir es nicht besser wissen. Sie ist das Mittel der Wahl, wenn uns zu wenige Informationen zur Verfügung stehen oder wir sie nicht ausreichend verstehen. Vereinfachung hilft, wenn unsere geistigen Fähigkeiten überfordert sind oder uns die Werkzeuge fehlen, um eine genauere, detaillierte Analyse vorzunehmen.

Dass die Erde eine Scheibe ist, war eine Vereinfachung. Die einfache Annahme war gut genug, um sie jahrhundertelang zu verwenden. Irgendwann wurde es nötig, sie zu überdenken. Wir ersetzten die alte Annahme durch eine komplexere – eine Kugel anstatt einer Fläche. Das half uns dabei, uns weiterzuentwickeln. Dasselbe geschieht, wenn wir den Schritt von geldbasierten zu datenreichen Märkten vollziehen.

Dieser Schritt ist Teil einer größeren Bewegung, die bereits vor Hunderten von Jahren begann. Diese Bewegung veranlasste Francis Bacon dazu, auf der Notwendigkeit von empirischen Beweisen zu beharren, und René Descartes, nach rationalen Erklärungen zu suchen. Sie brachte Immanuel Kant dazu, Vernunft mit Moral zu verknüpfen, und Adam Smith, die Macht der Koordination durch Märkte zu untersuchen. Sie ließ Hannah Arendt das Wesen der Macht erkunden und John Rawls über Gerechtigkeit nachdenken. Sie hat die Menschheit auf dem Pfad der Erkenntnis vorangebracht und uns geholfen, die Welt, in der wir leben, besser zu verstehen. Eine Welt, die reicher an Informationen, bunter, vielfältiger, nuancierter und aufregender ist, als wir dachten. Diese Reise wird weitergehen.

Wir müssen begreifen, dass wir die Realität nicht verflachen dürfen, um sie unserer kognitiven Beschränktheit anzupassen. Denn wenn wir die möglichen Erklärungen dafür, wie die Welt funktioniert, auf die einfachen beschränken – auf diejenigen, die schnell zu verstehen sind oder an die wir immer geglaubt haben –, dann beschränken wir unser Vorstellungsvermögen und unser Verständnis von der Welt auf das Offensichtliche. Daten helfen uns, dieses Offensichtliche zu hinterfragen.

Die Zukunft der Menschheit wird eine des Wissens und

der Erkenntnis sein – wenn wir das wollen. Wir werden viele der Vereinfachungen hinter uns lassen müssen, denen wir heute vertrauen. Dazu gehört, dass wir die Welt in all ihrer Vielfalt akzeptieren. Daten und künstliche Intelligenz alleine reichen dabei nicht aus. Um das Fenster für neue Erkenntnisse zu öffnen, müssen wir unseren Geist öffnen.[13] Wir glauben nicht an die düsteren Prognosen, dass datengetriebene Technologie gegen den Menschen arbeitet. Daten sind nicht kalt, wie oft behauptet, und es ist widersinnig, in der Diskussion Menschen ständig gegen Maschinen auszuspielen. Wir sind überzeugt: Dank Datenreichtum wird unsere Zukunft nicht bloß persönlicher, effizienter und nachhaltiger sein, sondern vor allem gemeinschaftlich – und zutiefst menschlich.

# DANKSAGUNG

»Sag mir nichts, was ich schon weiß«, riet Lewis Branscomb vor zwei Jahrzehnten. Das ist bei Digitalisierung und Internet keine ganz leichte Aufgabe. Vielen unserer Leser wird der eine oder andere Aspekt der Geschichte bekannt sein, die wir erzählen. Unser Ziel ist eine neue Perspektive auf die Veränderungen im Umgang mit Information – ein neuer Blick auf Märkte und Geld, Firmen und Finanzen, Digitalisierung und Automatisierung. Unsere Analyse ist in doppelter Hinsicht anspruchsvoll. Sie ist inhaltlich vielschichtig und erfordert gleichzeitig die Bereitschaft, die umfassenden gesellschaftlichen Veränderungsanforderungen auf dem Weg zum Datenkapitalismus anzunehmen. Unsere Wahrnehmung ist: Es ist höchste Zeit, langjährige Überzeugungen an den Schnittstellen von Wirtschaft, Technologie, Politik und Gesellschaft zu überdenken. Im Geiste von Kapitel 8 dieses Buchs freuen wir uns sehr auf Ihr Feedback.

In den letzten vierundzwanzig Monaten haben wir sehr viele Gespräche mit Experten und Kollegen auf der ganzen Welt zu unseren Thesen führen dürfen. Was wir aus diesen Gesprächen lernten und mitnahmen, waren Höhepunkte unserer zweijährigen Reise. Unsere Gesprächspartnerinnen und -partner boten unschätzbare Einsichten. Viele von ihnen sprachen offen, aber baten darum, dass wir ihre Namen nicht erwähnen. Danke im Stillen. Laut und offen danken wir: Dem Wagniskapital-

Investor Albert Wenger, den Blockchain-Enthusiasten Don und Alex Tapscott, dem Datenwissenschaftler Maximilian Eber, dem Datenschützer Yann Padova, dem Versicherungsinsider Christian Thiemann, dem Ökonomen Simcha Barkai, den Pokerprofis Jason Les und Don Kyu Kim, der Ontologie-Koryphäe Madi Solomon, dem Preisexperten Florian Bauer, den Informatikern Manfred Broy und Johannes Buchmann, dem Unternehmer August-Wilhelm Scheer, dem HR-Visionär Thomas Sattelberger, Mattias Arrelid und Anders Ivarsson bei Spotify, dem Entscheidungsexperten Francis de Véricourt, den Mathematikern Erich Neuwirth und Max von Renesse, dem Mobilitätsforscher Stephan Rammler, dem Philosophen Christoph Hubig sowie den Journalistenkollegen Ludwig Siegele, Uwe-Jean Heuser, Wolf Lotter und Christoph Koch.

Wir haben dieses Buch auf Englisch geschrieben und dann für die deutsche Fassung erheblich adaptiert. Bei diesem transatlantischen Unterfangen wurden wir von vielen klugen Köpfen unterstützt. Wir bedanken uns bei unserem deutschen Agenten Thomas Hölzl, der sofort an die Buchidee glaubte und auf die Idee für den deutschen Titel kam. Wir danken unserer Lektorin Silvie Horch bei Econ und unserem Redakteur Michael Schickerling für immer zielführende und pragmatische Unterstützung am deutschen Manuskript. Wir danken unserem amerikanischen Lektor bei Basic Books, T. J. Kelleher, der uns immer wieder daran erinnert hat, die Konsistenz und Klarheit in der Argumentation weiter zu erhöhen. Phil Cain hat uns mit hervorragender Überprüfung der Fakten unterstützt. Wir danken Thomas Pfeiffer für seine inhaltlich präzise Übersetzung ins Deutsche. Und ganz besonders danken wir unserer US-Agentin Lisa Adams, die immer alle Fäden zusammenhielt. Ohne sie wäre dieses Buch kein globales Projekt geworden, mit mehr als einem Dutzend Lizenzausgaben in Amerika, Asien und Europa, die in den kommenden Monaten erscheinen werden. Thank you, Lisa.

Wir haben auch von institutioneller Unterstützung für dieses Buch profitiert: Viktor dankt für ein Sabbatical der Oxford University. Thomas bedankt sich bei Karl Neumar und Johann Blauth für die Freistellung von allen Aufgaben bei QuantCo während der Monate intensiver Schreibarbeit und bei *brand eins* für die große Freiheit, die er als Technologie-Korrespondent dort genießt.

Das Schreiben eines Buchs ist fast immer ein Unterfangen, das am Ende mehr Zeit und Mühe kostet als geplant. Bei diesem Buchprojekt ist letzter Satz eine grobe Untertreibung. Es hat uns immer wieder an die Grenzen unserer Belastbarkeit geführt. Besonders in den letzten zwölf Monaten haben wir den Bogen des Zumutbaren gegenüber unseren Familien immer wieder überspannt. Entschuldigt bitte, liebe Birgit und liebe Anne, lieber Viktor und lieber Moritz. Danke für Eure Engelsgeduld.

# ANMERKUNGEN

## 1 DATENKAPITALISMUS

1 Marco della Cava, »EBay Turns 20 with Sales Plan Aimed at Rivals
  Like Amazon«, USA Today, 16. September 2015, www.usatoday.com/
  story/tech/2015/09/16/eBay-turns-20-sales-plan-aimed-rivals-like-
  amazon/72317234.
2 Leena Ro, »For EBay, a new chapter begins«, Fortune, 19. Juli 2015,
  fortune.com/2015/07/19/eBay-independence.
3 Marco della Cava, »EBay Turns 20 with Sales Plan Aimed at Rivals Like
  Amazon«.
4 Ebenda.
5 Nicole Perlroth, »EBay Urges New Passwords After Breach«,
  New York Times, 21. Mai 2014, www.nytimes.com/2014/05/22/
  technology/eBay-reports-attack-on-its-computer-network.html?_r=0.
6 Matt Levine, »How Can Yahoo Be Worth Less Than Zero?«,
  Bloomberg, 17. April 2014, www.bloomberg.com/view/
  articles/2014-04-17/how-can-yahoo-be-worth-less-than-zero;
  grundsätzlicher auch in: Richard H. Thaler, Misbehaving:
  The Making of Behavioural Economics (Allen Lane, 2015),
  S. 244–253.
7 Thomas W. Malone, Joanne Yates, Robert I. Benjamin,
  »Electronic Markets and Electronic Hierarchies«,
  Communications of the ACM, Juni 1987, www.researchgate.net/
  publication/220425850.
8 »The Zettabyte Era: Trends and Analysis«,
  Cisco White Paper 1465272001812119, 7. Juni 2017, www.cisco.com/c/en/
  us/solutions/collateral/service-provider/visual-networking-index-vni/
  vni-hyperconnectivity-wp.html.

# 2 KOORDINATION

1 Minyonsde Terrasse –4 de 10 emb Folre i menilles 22/11/15, You-Tube, http://www.youtube.com/watch?v=qTP_Xp7v6mo

2 »Una niña 12 años muere al caerse de un ›castell‹ de nueve pisos en Mataró«, *Libertad Digital*, 4. August 2006, www.libertaddigital.com/ sociedad/una-ninade-12-anos-muere-al-caerse-de-un-castell-de-nueve-pisos-en-mataro-1276285054.

3 Hier erscheint es absolut treffend – zugleich aber auch falsch –, aus dem *Don Quijote* des Kastiliers Miguel de Cervantes zu zitieren, Teil 3, Kapitel 3.

4 Ein *Castell* mit einer *Aguila* (Nadel) – ein Turm aus einzelnen, aufeinanderstehenden Personen, der beim Abbau des Hauptturms enthüllt wird – ist die komplizierteste und am höchsten bewertete Struktur.

5 UNESCO, »Human Towers«, YouTube-Video, 5. November 2010, www.youtube.com/watch?v=-iSHfrmGdyo.

6 Sarah Blaffer Hrdy, *Mothers and Others: The Evolutionary Origins of Mutual Understanding* (Cambridge: Harvard University, 2009).

7 Lloyd G. Reynolds, »Inter-Country Diffusion of Economic Growth, 1870–1914«, in Mark Gersovitz, Carlos F. Diaz-Alejandro, Gustav Ranis und Mark R. Rosenzweig, (Hg.), *The Theory and Experience of Economic Development: Essays in Honour of Sir W. Arthur Lewis* (New York: Routledge, 2012), S. 319.

8 Mark Kurlansky, *Paper: Paging through History* (New York: W. W. Norton, 2016), S. 13.

9 Ebenda, S. 231. Siehe auch: Frank A. Kafker and Serena Kafker, *The Encyclopedists as Individuals: A Biographical Dictionary of the Authors of the Encyclopédie* (Oxford: Voltaire Foundation, 1988); http://encyclopedie.uchicago.edu.

10 Angaben laut Wikipedia-Homepage, Stand Dezember 2016.

11 Wilfrid Blunt, *Linnaeus. The Complete Naturalist* (Princeton: Princeton University Press, 2002), S. 185–193.

12 Roland Moberg, »The Development of Protoecology in Sweden«, *Linné on Line*, Universität Uppsala, 2008, www.linnaeus.uu.se/online/eco/utveckling.html.

13 »Apollo 11 Mission Report«, NASA, ohne Datum, www.hq.nasa.gov/alsj/a11/A11_PAOMissionReport.html.

14 Roger Highfield, »LHC: Scientists Jockey for Position in Race to Find the Higgs Particle«, *The Telegraph*, 10. September 2008, www.telegraph.

co.uk/news/science/large-hadroncollider/3351478/LHC-Scientists-jockey-for-position-in-race-to-find-the-Higgs-particle.html.

15 Zitiert in Moberg, »The Development of Protoecology in Sweden«.

16 Charles E. Lindblom, *The Market System. What It Is, How It Works, and What to Make of It* (New Haven: Yale University Press, 2002), S. 20.

17 J. R. McNeill und William H. McNeill, *The Human Web. A Bird's-Eye View of World History* (New York: W. W. Norton, 2003).

18 Dotan Leshem, »Retrospectives: What Did the Ancient Greeks Mean by Oikonomia?«, *Journal of Economic Perspectives* 30, 1/2016, S. 225–238, www.aeaweb.org/articles?id=10.1257/jep.30.1.225.

19 Natürlich sind in der Praxis nicht alle Märkte vollkommen dezentralisiert. Wenn es nur einen Käufer und mehrere Verkäufer gibt, wird die Kaufentscheidung von einer einzigen Teilnehmer getroffen. Solche Märkte leiden unter Marktkonzentration. Manch-mal werden Märkte aber auch bewusst so gestaltet, dass sie eine zentrale Entscheidungsinstanz besitzen; die Zuweisung von Ärzten zu Residenzprogrammen in den USA ist ein gutes Beispiel dafür. Dabei handelt es sich oft um Märkte, die Preise nicht zur Übertragung von Informationen nutzen können und in denen die Entscheidungsfindung folglich zentral organisiert wird.

20 Lindblom, *The Market System*, S. 5

21 Jin Zeng, *State-Led Privatization in China. The Politics of Economic Reform* (Albingdon: Routledge, 2013), S. 28 f. und 52 f.

22 Siehe www.oecd-ilibrary.org/sites/gov_glance-2015-en/03/01/index.html?contentType=&itemId=%2fcontent%2fchapter%2fgov_glance-2015-22-en&mimeType=text%2fhtml&containerItemId=%2fcontent%2fserial%2f22214399&accessItemIds=.

23 M. Todd Henderson, »Everything Old Is New Again. Lessons from Dodge v. Ford Motor Company«, John M. Olin Program in Law and Economics Working Paper 373, University of Chicago Law School, 2007, S. 2–13, papers.ssrn.com/sol3/papers.cfm?abstract_id=1070284.

24 Bei dem Fall handelte es sich um *Dodge v. Ford Motor Company* (1919). Siehe Henderson, »Everything Old Is New Again«.

25 Henry Ford, *Mein Leben und Werk* (Leipzig, List, circa 1939).

26 Der marxistisch orientierte Aufsatz *Monopolkapital*, verfasst in den 1960er Jahren, dürfte eine der am häufigsten zitierten Kritiken vonseiten der Linken sein, auch wenn die Argumentation der Verfasser an Lenins frühe Schriften denken lässt. Siehe Paul A. Baran und Paul M. Sweezy, *Monopolkapital. Ein Essay über die amerikanische Wirtschafts- und Gesellschaftsordnung* (Frankfurt am Main, Suhrkamp, 1973).

Der Ökonom und Innovationsfan Joseph Schumpeter war in seiner Kritik nuancierter: einerseits verortete er Großunternehmen als unerwartete Zentren der Innovation, andererseits trieb ihn die Angst um, dass der Kapitalismus scheitern könnte, weil Monopole den menschlichen Innovationsdrang ersticken; siehe Thomas K. McCraw, *Prophet of Innovation* (Cambridge: Harvard University Press, 2007).

27 Für Angaben zum Wachstum von Großunternehmen und insbesondere den über die Jahre hinweg wachsenden Anteil der Fortune-500-Konzerne am amerikanischen BIP (von 58 Prozent 1994 auf 73 Prozent 2013) siehe Andrew Flowers, »Big Business Is Getting Bigger«, *FiveThirtyEight*, 18. Mai 2015, http:/fivethirtyeight.com/datalab/big-business-is-getting-bigger.

28 John Hagel III und John Seely Brown, *The Only Sustainable Edge. Why Business Strategy Depends on Productive Friction and Dynamic Specialization* (Cambridge, MA: Harvard Business School Press, 2005), S. 106–109.

29 Dongsheng Ge und Takahiro Fujimoto, »Quasi-Open Product Architecture and Technological Lock-In: An Exploratory Study on the Chinese Motorcycle Industry«, *Annals of Business Administrative Science* 3, 2/2004, S. 15–24, doi.org/10.7880/abas.3.15.

30 K. Yamini Aparna and Vivek Gupta, »Modularization in the Chinese Motorcycles Industry«, IBS Center for Management Research, Hyderabad, Indien, *Working Paper* BSTR/165, 2005, www.thecasecentre.org/main/products/view?id=66275, S. 5–7.

31 Hagel und Brown, *The Only Sustainable Edge*, S. 22.

# 3 MÄRKTE

1 Robert Jensen, »The Digital Provide: Information (Technology), Market Performance, and Welfare in the South Indian Fisheries Sector«, *Quarterly Journal of Economics* 122, 3/2007, S. 879–924, academic.oup.com/qje/article-abstract/122/3/879/1879540/The-Digital-Provide-InformationTechnology-Market.

2 Friedrich August von Hayek, »Zur Bewältigung von Unwissenheit«, Ludwig-von-Mises-Lecture, gehalten am Hillsdalle College, Hillsdale, Michigan, 1978. Zitiert nach: Friedrich A. von Hayek, *Wirtschaftstheorie und Wissen. Aufsätze zur Erkenntnis- und Wissenschaftslehre*; Viktor Vanberg (Hg.) (Tübingen, Mohr Siebeck, 2007), S. 101.

3 George A. Akerlof, »The Market for ›Lemons‹: Quality Uncertainty and

the Market Mechanism«, *Quarterly Journal of Economics* 84, 3/1970,
S: 488–500, qje.oxfordjournals.org/content/84/3/488.short.

4 Auch Verkäufern drohen Verluste infolge von Informationsasymmetrien, wenn sie den Wert ihrer Waren und Dienstleistungen zu
niedrig ansetzen und besser informierte Käufer das ausnutzen. Zum
Beispiel könnte ein Verkäufer in der Hoffnung auf Folgegeschäfte einem Neukunden eine Dienstleistung zu einem unter den Selbstkosten
liegenden Preis anbieten, ohne zu ahnen, dass der Käufer gar nicht die
Absicht hat, weitere Geschäfte mit ihm zu machen – oder wenn, dann
nur zum selben Dumpingpreis. In diesem Fall bleibt der Verkäufer auf
den Kosten seines Lockvogelangebots sitzen.

5 Wie Joseph Schumpeter in seinem berühmten Buch *Theorie der
wirtschaftlichen Entwicklung* argumentiert, ist ein Entrepreneur per De-
finition jemand, der einen Bereich exklusiver Information entdeckt –
sprich der Erste, der einen neuen Markt erkennt, eine Erfindung
patentiert, eine effiziente Produktionsmethode einführt oder irgendeine andere »neue Kombination«, also eine Methode zur Koordination
menschlicher Aktivitäten, entwickelt, bevor irgendjemand anderes
davon Kenntnis hat. Für Schumpeter und seine Anhänger erzeugt die
daraus resultierende Informationsasymmetrie einen ökonomischen
Anreiz. Wenn der Markt dadurch weniger effizient wird, ist das eben
der Preis, den wir für Innovationen entrichten müssen. Informations-
ungleichgewichte sind demnach nicht notwendigerweise schlecht.
Unserer Ansicht nach ist dies korrekt – bis zu einem bestimmten
Punkt. Die durch Informationsasymmetrien erzeugten Anreize sind
unerlässlich für die Innovation, aber der Lohn für Innovationen kann
nicht dauerhaft sein, ohne den Markt zu schädigen. Asymmetrien
müssen vergänglich und vorübergehend sein, damit Informations-
monopole nicht unbegrenzt ausgebeutet werden können und ein
schwarzes Loch entsteht, in dem Informationen gefangen bleiben.
Glücklicherweise sind die meisten Informationsasymmetrien temporär: Konkurrenten kopieren oder ahmen Innovationen nach, holen auf
und egalisieren den Informationsvorteil des Innovators.

6 Dafür gibt es zahlreiche Beispiele, siehe etwa ein Original der amerikanischen Unabhängigkeitserklärung, das in einem auf dem Flohmarkt
erstandenen Gemälde verborgen war: Eleanor Blau, »Declaration of
Independence Sells for $ 2.4 Million«, *New York Times*, 14. Juni 1991,
www.nytimes.com/1991/06/14/arts/declaration-of-independence-sells-
for-2.4-million.html.

7 Grünenthal war das erste westdeutsche Unternehmen, das nach Auf-

hebung des Produktionsverbots durch die Alliierten wieder Penizillin produzierte und verkaufte. Siehe »An Innovative Company«, www. grunenthal.ie/grtweb/Grunenthal_Pharma_Ltd._Ireland/Company_/ Corporate_Background/An_innovative_Company/en_IE/151701768.jsp.

8 »The Tragedy – The Story in West Germany«, 2016, www.contergan. grunenthal.info/grt-ctg/GRTCTG/Die_Fakten/Die_Tragoedie/en_ EN/152700063.jsp.

9 Nick McGrath, »My Thalidomide Family: Every Time I Went Home I Was a Stranger«, The Guardian, 1. August 2014, www.theguardian.com/ lifeandstyle/2014/aug/01/thalidomide-louise-medus-a-stranger-when-i-went-home.

10 Diese Erkenntnis geht zurück auf den Psychologen George Miller. Siehe George A. Miller, »The Magical Number Seven Plus or Minus Two: Some Limits on Our Capacity for Processing Information«, Psychological Review 63, 2/1956, S. 81–97, psycnet.apa.org/psycinfo /1957-02914-001. Millers Aufsatz gehört zu den am häufigsten zitierten Fachbeiträgen in der wis.?enschaftlichen Literatur. Neuere Studien haben gezeigt, dass die Zahl der Artikel zwar nicht fix ist, das menschliche Arbeitsgedächtnis jedoch eine sehr begrenzte Ressource ist, die auf unterschiedliche Weise zugewiesen werden kann (siehe zum Beispiel Wei Ji Ma, Masud Husain & Paul M Bays, »Changing concepts of working memory«, Nature Neuroscience 17/2014, S. 347–356).

11 Niall Ferguson, The Ascent of Money. A Financial History of the World (New York: Penguin Books, 2009), S. 4. Deutsche Ausgabe: Der Aufstieg des Geldes. Die Währung der Geschichte (Berlin, List, 2010).

12 »A Conversation with Professor Friedrich A. Hayek«, in: Diego Pizano (Hg.), Conversations with Great Economists (New York: Jorge Pinto, 2009), S. 5.

13 Siehe zum Beispiel Nigel Dodd, The Social Life of Money (Princeton: Princeton University Press, 2014), S. 15–48.

14 Cass R. Sunstein, Infotopia (New York: Oxford University Press, 2006), S. 25 ff. Deutsche Ausgabe: Infotopia. Wie viele Köpfe Wissen produzieren (Frankfurt am Main: Suhrkamp, 2009).

15 Auch andere Unternehmen haben Versuche mit Prognosemärkten unternommen, aber der Vorhersagemarkt von Google ist offenkundig das größte und am längsten laufende derartige Experiment in der Unternehmenswelt. Siehe Bo Cowgill, Justin Wolfers und Eric Zitzewitz, »Using Prediction Markets to Track Information Flows: Evidence from Google«, in: Sanmay Das, Michael Ostrovsky, David Pennock und Boleslaw K. Szymanksi (Hg.), Auctions, Market Mechanisms,

and Their Applications (Berlin: Springer, 2009), S. 3, link.springer.com/
chapter/10.1007/978-3-642-03821-1_2.

16 »Consumer Group Formed: New Organization Plans to Give Data on
Goods and Services«, New York Times, 6. Februar 1936, query.nytimes.
com/gst/abstract.html?res=9F0CE0DF153FEE3BBC4E53DFB466838D62
9EDE.

17 Matthew Amster-Burton, »Price Anchoring, or Why a $ 499 iPad Seems
Inexpensive«, MintLife, 6. April 2010, blog.mint.com/how-to/price-
anchoring.

18 Gespräch der Autoren mit Florian Bauer am 19. Dezember 2016.

19 Michael Lewis, The Big Short. Wie eine Handvoll Trader die Welt verzockte
(München: Goldmann, 2015).

## 4  DATENREICHTUM

1 Olivia Solon, »Oh the Humanity! Poker Computer Trounces Humans
in Big Step for AI«, The Guardian, 30. Januar 2017, www.theguardian.
com/technology/2017/jan/30/libratus-poker-artificial-intelligence-
professional-human-players-competition.

2 Zitiert in Ben Popper, »This AI Will Battle Poker Pros for
$ 200,000 in Prizes«, The Verge, 4. Januar 2017, www.theverge.
com/2017/1/4/14161080/ai-vs-humans-poker-cmu-libratus-no-limit-
texas-hold-em.

3 Michael Laakasuo, Jussi Palomäki, and Mikko Salmela, »Experienced
Poker Players Are Emotionally Stable«, Cyberpsychology, Behavior, and
Social Networking 17, 10/2014, S 668–671, online.liebertpub.com/doi/
abs/10.1089/cyber.2014.0147.

4 Persönliche Unterhaltung der Autoren mit Jason Les, 7. Februar 2017.

5 Solon, »Oh the Humanity!«.

6 Für eine detaillierte Beschreibung des siegreichen Ansatzes von
Libratus siehe Nikolai Yakovenko, »CMU's Libratus Bluffs its way
to Victory in #BrainsVsAI Poker Match«, Medium, 1. Februar 2017,
medium.com/@Moscow25/cmus-libratus-bluffs-its-way-to-victory-in-
brainsvsai-poker-match-99abd31b9cd4; siehe auch Noam Brown und
Tuomas Sandholm, »Safe and Nested Endgame Solving for Imper-
fect-Information Games« (2016), Proceedings of the AAAI-17 Workshop on
Computer Poker and Imperfect Information Games, www.cs.cmu.edu/~-
noamb/papers/17-AAAI-Refinement.pdf.

7 »Ride-Sharing with BlaBlaCar's New MariaDB Databases«,

CymparetheCloud.net, 19. Februar 2016, www.comparethecloud.net/
articles/ride-sharing-with-blablacars-new-mariadb-databases; »About
Us«, BlaBlaCar.com, Zugriff am 27. Januar 2017, www.blablacar.com/
about-us.

8   Arun Sundararajan, »Uber and Airbnb Could Reverse America's
    Decades-Long Slide into Mass Cynicism«, *Quartz*, 9. Juni 2016,
    qz.com/700859/uber-and-airbnb-will-save-us-from-our-decades-long-
    slide-into-mass-cynicism.

9   Madi Solomon, »Transformational Metadata and the Future of Content
    Management: An Interview with Madi Solomon of Pearson PLC«,
    *Journal of Digital Asset Management* 5, 1/2009, S. 27–37, link.springer.com/
    article/10.1057/dam.2008.48.

10  Chris Mellor, »Metadata Manipulation by Alation Seeks Needles
    in Data Haystack«, *The Register*, 1. April 2015, www.theregister.
    co.uk/2015/04/01/metadata_manipulation_by_alation. Siehe auch
    Laura Melchior, »So stellt sich eBay im Bereich Daten und KI auf«,
    *Internet World*, 23. Januar 2017, www.internetworld.de/e-commerce/
    eBay/so-stellt-eBay-im-bereich-daten-ki-1188619.html.

11  Mitunter vereinbaren Marktteilnehmer Transaktionen, die für beide
    Seiten von Vorteil sind, anderen aber schaden. In manchen Fällen
    können die Resultate einer Transaktion zwar individuell positiv aus-
    fallen, auf den ganzen Markt bezogen aber wertreduzierend sein.
    Dass nicht immer das Optimum erreicht wird, ist jedoch ein geringer
    Nachteil im Vergleich zu den stark verbesserten Einzeltransaktionen in
    datenreichen Märkten.
    Einige Transaktionsarten erfordern besondere Aufmerksamkeit und
    Anstrengung: jene mit hohen »Externalitäten«. Das sind Trans-
    aktionen, die sich über die unmittelbaren Transaktionspartner
    hinaus massiv auf die Gesellschaft auswirken. Hier können wir auf
    Erfahrungen aus Märkten zurückgreifen, die ohne Preise auskommen
    müssen und stattdessen ein cleveres Marktdesign mit einem speziellen
    Matching-Algorithmus kombinieren. Denken Sie etwa an die Ent-
    scheidung, welcher Patient eine Spenderniere erhält. Wie geht man da
    vor? Spendernieren werden nicht verkauft, zumindest nicht legal, auch
    wenn einige Ökonomen dafür plädieren. Bei Spenderorganen können
    Präferenzen daher nicht zu einem Preis verdichtet und vereinfacht
    werden. In solchen Märkten gibt es häufig eine zentrale Vermittlungs-
    stelle, die Informationen aller Marktteilnehmer erfasst und dann mit
    Hilfe von besonderen Algorithmen zueinander passende Marktteil-
    nehmer ermittelt. Das ausdrückliche Ziel ist hier, den Gesamtnutzen

zu maximieren, also so viele passende Übereinstimmungen wie möglich zu erreichen. Das Matching in solchen Märkten ohne Preis ist in jüngerer Zeit erheblich besser geworden. Das liegt zum einen an leistungsfähigeren Algorithmen, zum anderen an einem besseren Verständnis dafür, welche Algorithmen am geeignetsten sind für welche Märkte. Dafür erhielten 2012 die Matching-Experten Lloyd Shapley und Alvin Roth den Wirtschaftsnobelpreis.

Bei Transaktionen mit potentiell hohen externen Kosten könnte in datenreichen Märkten ein vergleichbarer Ansatz zum Zuge kommen. Allerdings setzt dies voraus, dass sich alle Marktteilnehmer vorab auf die Regeln verständigen, nach denen das Matching erfolgt, und diese strikt befolgen, damit die Marktteilnehmer nicht das Vertrauen in das Matching-System verlieren. Ein solcher Ansatz mit einer zentralen Matching-Instanz eignet sich folglich nur für ganz bestimmte Situationen. In der großen Mehrzahl der Märkte wird hingegen ein datenreicher und durch Algorithmen verbesserter, dabei aber iterativer und dezentralisierter Matching-Prozess zum Einsatz kommen. Siehe Alvin E. Roth and Elliott Peranson, »The Redesign of the Matching Market for American Physicians. Some Engineering Aspects of Economic Design«, *American Economic Review* 89:74880, September 1999; Alvin E. Roth, *Who Gets What – and Why: The New Economics of Matchmaking and Market Design* (HMH 2015); siehe auch David S. Evans und Richard Schmalensee, *Matchmakers. The New Economics of Multisided Platforms* (Boston: HBR Press, 2016).

12  Tim Adams, »Job Hunting Is a Matter of Big Data, Not How You Perform at an Interview«, *The Observer*, 10. Mai 2014, www.theguardian. com/technology/2014/may/10/job-hunting-big-datainterview-algorithms-employees; Sue Tabbitt, »Forget Myers-Briggs: Algorithms Can Better Predict Team Chemistry«, *The Guardian*, 27. Mai 2016, www. theguardian.com/small-business-network/2016/may/27/forget-myers-briggs-algorithms-predict-team-chemistry.

13  Oscar Williams-Grut, »This Startup Can Predict If Your Business Will Fail with Questions Like ›Do You Like Horror Films?‹«, *Business Insider*, 16. Dezember 2015, uk.businessinsider.com/simple-questions-like-do-you-like-horror-films-can-predict-whether-a-startup-will-implode-2015-12.

14  Viktor Mayer-Schönberger und Kenneth N. Cukier, *Big Data. Die Revolution, die unser Leben verändern wird* (München: Redline, 2013).

15  Allen, die mehr über die Methoden des maschinellen Lernens erfahren möchten (statt über Big Data im Allgemeinen), sei folgendes gut ver-

ständliche Buch empfohlen: Ethem Alpaydin, *Machine Learning* (Cambridge: MIT Press, 2016).

16 Dana Hull, »The Tesla Advantage: 1.3 Billion Miles of Data«, *Bloomberg Technology*, 20. Dezember 2016, www.bloomberg.com/news/articles/2016-12-20/the-tesla-advantage-1-3-billion-miles-of-data.

17 Julia M. Klein, »When Dating Algorithms Can Watch You Blush«, *Nautilus*, 14. April 2016, nautil.us/issue/35/boundaries/when-dating-algorithms-can-watch-you-blush.

18 Siehe zum Beispiel Paul W. Eastwick, Laura B. Luchies, Eli F. Finkel und Lucy L. Hunt, »The predictive validity of ideal partner preferences: A review and metaanalysis«, *Psychological Bulletin* 149, 2014, S. 623–665.

# 5 UNTERNEHMEN

1 Jim Milliot, »Amazon Sales Top $ 100 Billion«, *Publishers Weekly*, 28. Januar 2016, www.publishersweekly.com/pw/by-topic/industry-news/financial-reporting/article/69269-amazon-sales-top-100-billion.html.

2 Steve Yegges Post auf Google Plus ist, offenbar mit seiner Einwilligung, archiviert auf plus.google.com/+RipRowan/posts/eVeouesvaVX.

3 Gregory Ferenstein, »Is Working at Amazon Terrible? According to Public Data, It's the Same as Much of Silicon Valley«, *Forbes*, 17. August 2015, www.forbes.com/sites/gregoryferenstein/2015/08/17/is-working-at-amazon-terrible-according-to-public-data-its-the-same-as-much-of-silicon-valley/«5b68ce4a5f89.

4 Siehe zum Beispiel diesen Eintrag auf Glassdoor vom April 2016: www.glassdoor.co.uk/Reviews/Employee-Review-Amazon-com-RVW10200125.htm.

5 Jodi Kantor und David Streitfeld, »Inside Amazon: Wrestling Big Ideas in a Bruising Workplace«, *New York Times*, 15. August 2015, www.nytimes.com/2015/08/16/technology/inside-amazon-wrestling-big-ideas-in-a-bruising-workplace.html.

6 Ebenda.

7 Martha C. White, »Amazon's Use of ›Stack‹ Ranking for Workers May Backfire, Experts Say«, NBC News, 17. August 2015, www.nbcnews.com/business/business-news/amazons-use-stack-ranking-workers-may-backfire-experts-say-n411306.

8 »Digital Taylorism«, *The Economist*, 12. September 2015, www.

economist.com/news/business/21664190-modern-version-scientific-management-threatens-dehumanise-workplace-digital.
9  Siehe beispielsweise John Micklethwait und Adrian Woolridge, *The Company. A Short History of a Revolutionary Idea* (Modern Library, 2003).
10  Alfred W. Crosby, *The Measure of Reality: Quantification and Western Society, 1250–1600* (Cambridge: Cambridge University Press, 1997), S. 49.
11  Jacob Soll, *The Reckoning, Financial Accountability and the Rise and Fall of Nations* (New York, Basic Books, 2014), S. 29–47.
12  Ebenda, S. 35.
13  Ebenda, S. 37–38.
14  Siehe Crosby, *The Measure of Reality*, S. 204; und Jacob Soll, *The Reckoning*, S. 37–38.
15  Ebenda, S. 117–131.
16  Der Terminus »kreative Buchführung« wird mit spektakulären Bank-rotten und Skandalen assoziiert, von der National City Bank (heute Citibank; siehe »Stock Exchange Practices: Report of the Committee on Banking and Currency« (Pecora Commission Report), 73. Kongress, 2. Sitzung, Bericht 1455, 6. Juni 1934, www.senate.gov/artandhistory/history/common/investigations/pdf/Pecora_FinalReport.pdf; weitere Details unter www.senate.gov/artandhistory/history/common/investigations/Pecora.htm), über den Pharmahersteller McKesson & Robbins, der Verkaufsorders vortäuschte und seine Vermögenswerte künstlich aufblähte, (siehe Michael Chatfield, »McKesson & Robbins Case«, in Michael Chatfield und Richard Vangermeersch (Hg.), *History of Accounting: An International Encyclopedia* (New York: Garland Publishing, 1996), S. 409 f.) im 20. Jahrhundert bis hin zu einer ganzen Serie von prominenten Fällen um die Jahrtausendwende, darunter beispielsweise WorldCom (siehe Justin Kuepper, »Spotting Creative Accounting on the Balance Sheet«, *Forbes*, 25. März 2010, www.forbes.com/2010/03/25/balance-sheet-tricks-personal-finance-accounting.html), Chiquita Brands, HealthSouth (siehe Michael J. Jones, *Creative Accounting, Fraud and International Accounting Scandals* (Chichester: John Wiley, 2011)), Enron (David Teather, »Billions Still Hidden in Enron Pyramid«, *The Guardian*, 30. Januar 2002, www.theguardian.com/business/2002/jan/30/corporatefraud.enron2; Malcolm S. Salter, »Innovation Corrupted: The Rise and Fall of Enron (A)«, Harvard Business School Case Study 905-048, Dezember 2004, überarbeitete Version Oktober 2005, www.hbs.edu/faculty/Pages/item.aspx?num=31813), Lehman Brothers (siehe Rosalind Z. Wiggins und Andrew Metrick, »The Lehman Brothers Bankruptcy C: Managing the

Balance Sheet Through the Use of Repo 105«, Yale Program on Financial Stability Case Study 2014-3C-V1, 1. Oktober 2014, papers.ssrn.com/sol3/papers.cfm?abstract_id=2593079; Donald J. Smith, »Hidden Debt: From Enron's Commodity Prepays to Lehman's Repo 105s«, *Financial Analysts Journal* 67, 5/2011, www.cfainstitute.org/learning/products/publications/faj/Pages/faj.v67.n5.2.aspx), und den Toshiba-Konzern, der 2015 dabei ertappt wurde, die Bilanzen frisiert und zu hohe Gewinne ausgewiesen zu haben (siehe Sean Farrell, »Toshiba Boss Quits Over £780 Million Accounting Scandal«, *Guardian*, 21. Juli 2015, www.theguardian.com/world/2015/jul/21/toshiba-boss-quits-hisao-tanaka-accounting-scandal).

17 Robert Kanigel, *The One Best Way. Frederick Winslow Taylor and the Enigma of Efficiency* (New York: Little Brown, 1997).

18 Jacob Soll, *The Reckoning*, S. 187.

19 Geoffrey D. Austrian, *Herman Hollerith: Forgotten Giant of Information Processing* (New York: Columbia University Press, 1982), Kapitel 9, S. 111 ff.

20 David A. Garvin und Lynne C. Levesque, »Executive Decision Making at General Motors«, Harvard Business School Case Study 9-305-026, 14. Februar, 2006, S. 2, www.hbs.edu/faculty/Pages/item.aspx?num=31870.

21 William Pelfrey, *Billy, Alfred, and General Motors: The Story of Two Unique Men, a Legendary Company, and a Remarkable Time in American History* (New York: Amacom, 2006), S. 226.

22 Ebenda, S. 260.

23 John T. Landry, »Did Professional Management Cause the Fall of GM?«, *Harvard Business Review*, Juni 2009, hbr.org/2009/06/professional-management-and-th.

24 Phil Rosenzweig, »Robert S. McNamara and the Evolution of Modern Management«, *Harvard Business Review*, Dezember 2010, hbr.org/2010/12/robert-s-mcnamara-and-the-evolution-of-modern-management.

25 Viktor Mayer-Schönberger und Kenneth N. Cukier, *Big Data. Die Revolution, die unser Leben verändern wird* (München: Redline, 2013), S. 206 ff., S. 212.

26 Ludwig Siegele und Joachim Zepelin, *Matrix der Welt: SAP und der neue globale Kapitalismus* (Frankfurt: Campus, 2009).

27 Brigette M. Hales und Peter J. Pronovost, »The Checklist – A Tool for Error Management and Performance«, *Journal of Critical Care* (21/2006), S. 231–235.

28 Atul Gawande, *Die Checklist-Strategie: wie Sie die Dinge in den Griff bekommen* (München: btb, 2013).

29 Yingyi Qian, Gérard Roland und Chenggang Xu, »Coordinating Changes in M-Form and U-Form Organizations«, Aufsatz präsentiert auf dem Nobel-Symposium, April 1998, https://papers.ssrn.com/sol3/papers.cfm?abstract_id=163108.

30 Alfred P. Sloan, Jr., *My Years with General Motors* (New York: Doubleday, 1990), S. 129, zitiert in Garvin und Levesque, »Executive Decision Making at General Motors«.

31 Amos Tversky und Daniel Kahneman, »Judgment Under Uncertainty: Heuristics and Biases«, *Science* 185, 4157, 27. September 1974, S. 1124–1131. Für ihre Forschungen wurde Kahneman 2002 mit dem Wirtschaftsnobelpreis ausgezeichnet (Tversky war bereits 1996 gestorben). Siehe auch Daniel Kahneman, *Schnelles Denken, langsames Denken* (München: Siedler, 2012). Dazu, wie Kahneman und Tversky auf ihre bahnbrechenden Einsichten kamen, siehe Michael Lewis, *The Undoing Project. A Friendship That Changed Our Minds* (Norton 2016).

32 Yoram Bar-Tal und Maria Jarymowicz, »The Effect of Gender on Cognitive Structuring: Who Are More Biased, Men or Women?«, *Psychology* 1, 2/2010, S. 80–87, www.scirp.org/journal/PaperInformation.aspx?paperID=2096.

33 Incheol Choi und Richard E. Nisbett, »Situational Salience and Cultural Differences in the Correspondence Bias and Actor-Observer Bias«, *Personality and Social Psychology Bulletin* 24, 9/1998, S. 949–960, journals.sagepub.com/doi/abs/10.1177/0146167298249003; Minas N. Kastanakis und Benjamin G. Voyer, »The Effect of Culture on Perception and Cognition: A Conceptual Framework«, *Journal of Business Research* 67, 4/2014, S. 425–433, eprints.lse.ac.uk/50048/1/__lse.ac.uk_storage_LIBRARY_Secondary_libfile_shared_repository_Content_Voyer,%20B_Effect%20culture%20perception_Voyer_Effect%20culture%20perception_2014.pdf.

34 Herbert A. Simon, *Models of Bounded Rationality* (Cambridge: MIT Press, 1982).

35 Gerd Gigerenzer, *Bauchentscheidungen. Die Intelligenz des Unbewussten und die Macht der Intuition* (München: Bertelsmann, 2007), S. 47.

36 »Ein nützliches Maß an Unwissenheit« zu kultivieren ist ein Selbsthilfe-Leitmotiv, das in Gerd Gigerenzers internationalem Bestseller *Bauchgefühl* durchgängig erscheint. Auch Malcolm Gladwell thematisiert in *Blink. Die Macht des Moments* (München: Piper, 2007) die Weisheit des Bauchgefühls und der Intuition, ebenso, um ein Beispiel aus jüngerer

Vergangenheit zu nennen, die Ökonomen Donald Sull und Kathleen Eisenhardt in *Simple Rules: einfache Regeln für eine komplexe Welt* (Berlin: Econ, 2015).

37 *The Economist* Intelligence Unit, »Decisive Action: How Businesses Make Decisions and How They Could Do It Better« (London: Applied Predictive Technologies, o. D.), S. 7, herunterladbar unter www. datascienceassn.org/sites/default/files/Decisive%20Action%20-%20How%20Businesses%20Make%20Decisions%20and%20How%20They%20Could%20do%20it%20Better.pdf.

38 Siehe allgemein dazu David G. Myers, *Intuition. Its Powers and its Perils* (New Haven: Yale University Press, 2002).

# 6 AUTOMATISIERUNG

1 Justin McCurry, »Japanese Company Replaces Office Workers with Artificial Intelligence«, *The Guardian*, 5. Januar 2017, www.theguardian. com/technology/2017/jan/05/japanese-company-replaces-office-workers-artificial-intelligence-ai-fukoku-mutual-life-insurance; siehe auch die Presseerklärung von Fukoku Mutual unter translate.google. com/translate?depth=1&hl=en&prev=search&rurl=translate.google. com&sl=ja&sp=nmt4&u=http://www.fukoku-life.co.jp/about/news/download/20161226.pdf.

2 »Daimler baut Konzern für die Digitalisierung um«, *Frankfurter Allgemeine Zeitung*, 7. September 2016, www.faz.net/aktuell/wirtschaft/daimler-baut-konzern-fuer-die-digitalisierung-um-14424858. html.

3 »Daimler Chief Plots Cultural Revolution«, *Handelsblatt Global*, 25. Juli 2016, global.handelsblatt.com/companies-markets/daimlerchief-plots-cultural-revolution-574783.

4 Siehe zum Beispiel Douglas W. Allen, *The Institutional Revolution. Measurement and the Economic Emergence of the Modern World* (Chicago: University of Chicago Press, 2012).

5 Olivia Solon, »World's largest hedge fund to replace managers with artificial intelligence«, *The Guardian*, 22. Dezember 2016, www. theguardian.com/technology/2016/dec/22/bridgewater-associates-ai-artificial-intelligence-management.

6 Dieses Fallbeispiel basiert auf Emmanuel Marot, »Robot CEO: Your next boss could run on code«, *Venture Beat*, 20. März 2016, venturebeat. com/2016/03/20/robot-ceo-your-next-boss-could-run-on-code.

7   Tom Kelley, *The Ten Faces of Innovation* (Profile Books, 2008), S. 75–78.
8   Die Darstellung von Spotify basiert auf Thomas Ramges Besuch im
    Spotify-Hauptquartier in Stockholm am 20. und 21. Januar 2015, den
    umfangreichen Interviews, die er dort führte, sowie zahlreichen Fol-
    low-up-Kommunikationen; siehe dazu auch Thomas Ramge, »Nicht
    fragen. Machen.«, *Brand eins* 33/2015, www.brandeins.de/archiv/2015/
    fuehrung/spotify-nicht-fragen-machen«, Für eine englische Über-
    sicht über die einzigartige organisatorische Struktur von Spotify siehe
    Michael Mankins und Eric Garton, »How Spotify Balances Employee
    Autonomy and Accountability«, *Harvard Business Review*, 9. Februar
    2017, hbr.org/2017/02/how-spotify-balances-employee-autonomy-and-
    accountability.
9   Brendan Greeley, »Daniel Ek's Spotify: Music's Last Best Hope«, *Bloom-
    berg Businessweek*, 14. Juli 2011, www.bloomberg.com/news/
    articles/2011-07-13/daniel-ek-s-spotify-music-s-last-best-hope.
10  Siehe Michael Mankins und Eric Garton, »How Spotify Balances Em-
    ployee Autonomy and Accountability«.
11  Darrell K. Rigby, Jeff Sutherland und Hirotaka Takeuchi, »Embracing
    Agile«, *Harvard Business Review*, Mai 2016, hbr.org/2016/05/embracing-
    agile.
12  »The Multinational Company Is in Trouble«, *The Economist*, 28. Januar
    2017, www.economist.com/news/leaders/21715660-global-firms-
    are-surprisingly-vulnerable-attack-multinational-company-
    trouble.
13  Mary Johnson, »How to Kickstart Innovation at a Multinational Corpo-
    ration«, *Thomson Reuters-Blog*, 7. April 2016, blogs.thomsonreuters.com/
    answerson/kickstart-innovation-multinational-corporation.
14  Eben Harrell, »The Solution to the Skills Gap Could Already Be Inside
    Your Company«, *Harvard Business Review*, 27. September 2016, hbr.
    org/2016/09/the-solution-to-the-skillsgap-could-already-be-inside-
    your-company.
15  Lowell L. Bryan, Claudia I. Joyce und Leigh M. Weiss, »Making a
    Market in Talent«, *McKinsey Quarterly*, Mai 2006, www.mckinsey.com/
    business-functions/organization/our-insights/making-a-market-in-
    talent.
16  John Horton, William R. Kerr and Christopher Stanton, »Digital Labor
    Markets and Global Talent Flows«, NBER *Working Paper* 23398, Mai 2017,
    www.nber.org/papers/w23398.

# 7 GELD

1 »NOAA Meteorologist Bob Case, the Man Who Named the Perfect Storm«, NOAA News, 16. Juni 2000, www.noaanews.noaa.gov/stories/s444.htm.

2 National Climatic Data Center, »›Perfect Storm‹ Damage Summary«, Oktober 1991, www.ncdc.noaa.gov/oa/satellite/satelliteseye/cyclones/pfctstorm91/pfctstd am.html.

3 Roger C. Altman, »The Great Crash, 2008. A Geopolitical Setback for the West«, Foreign Affairs, Januar/Februar 2009, www.foreignaffairs.com/articles/united-states/2009-01-01/great-crash-2008.

4 Federal Reserve Bank of Saint Louis, »Net Interest Margin for All U. S. Banks«, aktualisiert am 14. Februar 2017, fred.stlouisfed.org/series/USNIM.

5 Federal Reserve Bank of Saint Louis, »Bank's Net Interest Margin for Euro Area«, aktualisiert am 17. August 2016, fred.stlouisfed.org/series/DDEI01EZA156NWDB.

6 Andreas Dombret, Yalin Gündüz und Jörg Rocholl, »Will German Banks Earn Their Cost of Capital?«, Bundesbank Discussion Paper 01/2017, ssrn.com/abstract=2910286.

7 U. S. Bureau of Labor Statistics, All Employees: Financial Activities: Commercial Banking [CEU5552211001], abgerufen am 2. April 2017 von FRED, Federal Reserve Bank of St. Louis, fred.stlouisfed.org/series/CEU5552211001.

8 Valentina Romei, »Why Europe's Banks Will Never Be the Same Again«, Financial Times, 8. August 2016, blogs.ft.com/ftdata/2016/08/08/why-europes-banks-will-never-be-the-same-again.

9 Matthew Allen, »One in 10 Swiss Private Banks Disappeared in 2015«, SwissInfo, 25. August 2016, www.swissinfo.ch/eng/split-fortunes_one-in-10-swiss-private-banks-disappeared-in-2015/42398770.

10 Oliver Suess und Jan-Henrik Foerster, »Commerzbank Plans Job Cuts in Biggest Overhaul Since Bailout«, Bloomberg, 29. September 2016, www.bloomberg.com/news/articles/2016-09-29/commerzbank-shares-climb-on-report-of-10-000-job-cuts-pending.

11 Martin Arnold, »UniCredit boss wastes no time in tackling the bank's problems«, Financial Times, 13. Dezember 2016, www.ft.com/content/0ed769fcc0a6-11e6-9bca-2b93a6856354.

12 Richtlinie (EU) 2015/2366 des Europäischen Parlaments und des Rates vom 25. November 2015 über Zahlungsdienste im Binnenmarkt, ABL 337, 23. 12. 2015, S. 35–127, eur-lex.europa.eu/legal-content/DE/TXT/

?uri=CELEX%3A32015L2366; siehe auch: »New European rules will open retail banking«, *The Economist*, 23. März 2017, www.economist. com/news/leaders/21719476-dangers-privacy-and-security-are-outweighed-benefits-new-european-rules-will-open.

13  Alex Pentland, *Honest Signals* (Cambridge: MIT Press, 2008).

14  Leslie Hook, »Venture Capital Funding in Start-Ups Surges to $100bn for Quarter«, *Financial Times*, 14. Oktober 2015, www.ft.com/content/ e95f5c6e-7238-11e5-bdb1-e6e4767162cc.

15  Maureen Farrell, »America's Roster of Public Companies Is Shrinking Before Our Eyes«, *Wall Street Journal*, 6. Januar 2017, www.wsj.com/ articles/americas-roster-of-public-companies-is-shrinking-before-our-eyes-1483545879.

16  Verordnung (EU) 2015/751 des Europäischen Parlaments und des Rates vom 29. April 2015 über Interbankenentgelte für kartengebundene Zahlungsvorgänge, *ABL 123*, 19. Mai 2015, S. 1–15, eur-lex.europa.eu/ legal-content/DE/TXT/?uri=CELEX:32015R0751.

17  Für mehr zu Blockchain siehe Don Tapscott und Alex Tapscott, *Die Blockchain-Revolution. Wie die Technologie hinter Bitcoin nicht nur das Finanzsystem, sondern die ganze Welt verändert* (Kulmbach: Plassen, 2016).

18  Andrew Meola, »The Fintech Report 2016. Financial Industry Trends and Investment«, *Business Insider*, 14. Dezember 2016, www. businessinsider.de/the-fintech-report-2016-financial-industry-trends-and-investment-2016-12?r=US&IR=T; KPMG, »The Pulse of Fintech. Global Analysis of Fintech Venture Funding«, 13. November 2016, assets.kpmg.com/content/dam/kpmg/xx/pdf/2016/11/the-pulse-of-fintech-q3-report.pdf.

19  Alessandro Hatami, »After the Fintech Bubble—the Winners and Losers«, *BankNXT*, 15. Februar 2016, banknxt.com/55760/fintech-bubble-winners-and-losers.

20  Siehe www.sofi.com.

21  Jon Russell, »Baidu Invests in ZestFinance to Develop Search-Powered Credit Scoring for China«, *TechCrunch*, 17. Juli 2016, techcrunch. com/2016/07/17/baidu-invests-in-zestfinance-to-develop-search-powered-credit-scoring-for-china.

22  »In fintech China shows the way«, *The Economist*, 25. Februar 2017.

23  Der folgende Abriss der Geschichte des Investmentbanking basiert auf Alan Morrison und William Wilhelm, *Investment Banking: Institutions, Politics, and Law* (Oxford: Oxford University Press, 2007); eine Zusammenfassung in Artikelform ist Alan Morrison und William Wilhelm,

»Investment Banking: Past, Present, and Future«, *Journal of Applied Corporate Finance* 19, 1/2007, S. 8–20.

24  »Trading Places«, *The Economist*, 6. Dezember 2014. www.economist. com/news/finance-and-economics/21635485-after-decades-consolida- tion-wall-street-fragmenting-trading-places.

25  Michael J. De La Merced, »Boutique Investment Banks Gain Prestige«, *New York Times*, 9. Dezember 2014, dealbook.nytimes.com/2014/12/09/ boutique-investment-banks-gain-prestige/.

26  Albert Wenger, *World After Capital*, worldaftercapital.gitbooks.io/ worldaftercapital/content/part-two/Capital.html.

# 8  FEEDBACK

1  Siehe den offiziellen Unfallbericht der Untersuchungskommission der BEA, *Final Report – On the accident on 1st June 2009 to the Airbus A330-203 registered F-GZCP operated by Air France flight AF 447 Rio de Janeiro–Paris*, Juli 2012, www.bea.aero/docspa/2009/f-cp090601.en/pdf/f-cp090601. en.pdf; siehe auch William Langewiesche, »The Human Factor«, *Vanity Fair*, 17. September 2014, www.vanityfair.com/news/business/2014/10/ air-france-flight-447-crash; und Tim Harford, »Crash: how computers are setting us up for disaster«, *The Guardian*, 11. Oktober 2016, www. theguardian.com/technology/2016/oct/11/crash-how-computers-are- setting-us-up-disaster.

2  Siehe George Dyson, *Turing's Cathedral. The Origins of the Digital Universe* (New York: Pantheon, 2012), S. 109–114. (Deutsche Ausgabe: *Turings Kathedrale. Die Ursprünge des digitalen Zeitalters* (Berlin: Ullstein, 2016).)

3  Zur Ambivalenz von Norbert Wieners Arbeit siehe Flo Conway und Jim Siegelman, *Dark Hero of the Information Age. In Search of Norbert Wiener, the Father of Cybernetics* (New York: Basic Books, 2005).

4  Norbert Wiener, *The Human Use of Human Beings* (Da Capo Press, 1988), S. 247–250. (In der deutschen Ausgabe – *Mensch und Menschmaschine: Kybernetik und Gesellschaft* (Königstein im Taunus: Athenäum, 1966) – ist diese Stelle nicht enthalten.)

5  Ray Fisman und Tim Sullivan, *The Inner Lives of Markets: How People Shape Them – and They Shape Us* (New York: PublicAffairs, 2016).

6  »Marktanteile der Suchmaschinen weltweit nach mobiler und stationärer Nutzung im März 2017«, de.statista.com/statistik/daten/ studie/222849/umfrage/marktanteile-der-suchmaschinen-weltweit.

7  »Amazon accounts for 43 % of US online retail sales«, *Business Insider*,

2. Februar 2017, www.businessinsider.de/amazon-accounts-for-43-of-us-online-retail-sales-2017-2?r=US&IR=T.

8 »Facebook hits two billion users«, *BBC News*, 27. Juni 2017, www.bbc.com/news/business-40424769.

9 Andrew Allemann, »GoDaddy Marches Toward $ 1 Billion«, *Domain-NameWire*, 17. August 2010, domainnamewire.com/2010/08/17/go-daddy-marches-toward-1-billion.

10 Laut W3Techs wird WordPress von nahezu 60 Prozent aller Websites mit einem bekannten Content-Management-System und knapp 30 Prozent aller Websites insgesamt verwendet, siehe w3techs.com/technologies/details/cm-wordpress/all/all; Anfang 2017 lag der Netflix-Anteil am Streaming-Markt in den USA bei um die 75 Prozent; siehe Sara Perez, »Netflix reaches 75 % of US streaming service viewers, but YouTube is catching up«, *TechCrunch*, 20. April 2017, techcrunch.com/2017/04/10/netflix-reaches-75-of-u-s-streaming-service-viewers-but-youtube-is-catching-up.

11 Siehe Claude S. Fischer, *America Calling: A Social History of the Telephone to 1940* (Berkeley und Los Angeles: University of California Press, 1994).

12 Carl Shapiro und Hal R. Varian, *Information Rules. A Strategic Guide to the Network Economy* (Boston: Harvard Business Review Press, 1999), S. 173 ff. (Deutsche Ausgabe: *Online zum Erfolg. Strategie für das Internet-Business* (München: Wirtschaftsverl. Langen Müller/Herbig, 1999).)

13 Ryan A. Decker, John Haltiwanger, Ron S. Jarmin und Javier Miranda, »Declining Dynamism, Allocative Efficiency, and the Productivity Slowdown«, Board of Governors of the Federal Reserve System, Finance and Economics Discussion Series 2017-019, doi.org/10.17016/FEDS.2017.019.

14 Thomas Ramge, »Wie nützt das Neue«, *Brand eins* 7/2013. www.brandeins.de/archiv/2013/fortschritt-wagen/wie-nuetzt-das-neue/.

15 Siehe etwa Andrew I. Gavil und Harry First, *The Microsoft Antitrust Case* (Cambridge: MIT Press, 2014).

16 Siehe zum Beispiel Benjamin Edelmann, »Does Google Leverage Market Power Through Tying and Bundling?«, *Journal of Competition Law & Economics* 11, 2/2015, S. 365–400, academic.oup.com/jcle/article/11/2/365/872332/does-google-leverage-market-power-through-tying.

17 Ariel Ezrachi und Maurice E. Stucke, *Virtual Competition. The Promise and Perils of the Algorithm-Driven Economy* (Cambridge: Harvard University Press, 2016); siehe auch Maurice Stucke und Allen Grunes, *Big Data and Competition Policy* (New York: Oxford University Press, 2016).

18 Eine kritische Sichtweise auf die Algorithmen-Transparenz findet sich
   unter anderem in Joshua A. Kroll et al., »Accountable Algorithms«,
   *University of Pennsylvania Law Review* 165, 2017, S. 633–705, www.
   pennlawreview.com/print/165-U-Pa-L-Rev-633.pdf.

19 Jens Prüfer und Christoph Schottmüller, »Competing with Big Data«,
   16. Februar 2017, *TILEC Discussion Paper* 2017-006, online verfügbar
   unter dx.doi.org/10.2139/ssrn.2918726; dabei handelt es sich um die
   Fortführung einer Idee, die ursprünglich angeregt wurde in Cédric
   Argenton und Jens Prüfer, »Search Engine Competition with Network
   Externalities«, *Journal of Competition Law and Economics* 8, 2012, S. 73–105,
   pure.uvt.nl/portal/files/1373523/search_engines.pdf.

20 Vergleichbare Probleme zeichnen sich bei Feldfrüchten und Obst-
   sorten ab, denen es an genetischer Varietät mangelt, etwa bei der weltweit am häufigsten angebauten Bananensorte Cavendish, die wegen
   ihrer Anfälligkeit für einen gefährlichen Pilz bedroht ist; siehe zum
   Beispiel »A future with no bananas?«, *New Scientist*, 13. Mai 2006, www.
   newscientist.com/article/dn9152-a-future-with-no-bananas.

21 Für eine Diskussion und kritische Analyse der Schwächen und Stärken
   der Argumentation siehe Christian Laux und Christian Leuz, »Did
   Fair-Value Accounting Contribute to the Financial Crisis?«, *The Journal
   of Economic Perspectives* 24, 2010, S. 93–118.

22 Siehe zum Beispiel Fred H. Cate und Viktor Mayer-Schönberger,
   »Notice and consent in a world of Big Data«, *International Data Privacy
   Law* 3, 2013, S. 67–73; Kirsten E. Martin, »Transaction costs, privacy,
   and trust: The laudable goals and ultimate failure of notice and choice
   to respect privacy online«, *First Monday* 18, 12/2013, firstmonday.org/
   ojs/index.php/fm/article/view/4838/3802; Alessandro Mantelero, »The
   Future of Consumer Data Protection in the E. U. Rethinking the
   ›Notice and Consent‹ Paradigm in the New Era of Predictive
   Analytics«, *Computer Law & Security Review* 30, 2014, S. 643; Joel R.
   Reidenberg et al., »Privacy Harms and the Effectiveness of the Notice
   and Choice Framework«, *I/S* 11, 2015, S. 485–524, moritzlaw.osu.edu/
   students/groups/is/files/2016/02/10-Reidenberg-Russell-Callen-Qasir-
   and-Norton.pdf.

23 Die Entwicklung von Cybersyn und seine Folgen werden eloquent
   beschrieben in Eden Medina, *Cybernetics Revolutionaries: Technology
   and Politics in Allende's Chile* (Cambridge: MIT Press, 2011); siehe auch
   Evgeny Morozov, »The Planning Machine«, *The New Yorker*, 13. Oktober
   2014, www.newyorker.com/magazine/2014/10/13/planning-machine.
   Die Entwicklung von Cybersyn diente darüber hinaus als Grundlage

für einen Romanplot, siehe Sascha Reh, *Gegen die Zeit* (Frankfurt am Main: Schöffling, 2015).

24 Siehe Anne Applebaum, *Red Famine. Stalin's War on Ukraine* (New York: Doubleday, 2017).

25 Siehe zum Beispiel Richard H. Thaler und Cass R. Sunstein, *Nudge. Wie man kluge Entscheidungen anstößt* (Berlin: Ullstein, 2011).

# 9 ARBEIT

1 Alex Davies, »Uber's Self-Driving Truck Makes Its First Delivery: 50,000 Beers«, *Wired*, 25. Oktober 2016, www.wired.com/2016/10/ubers-self-driving-truck-makes-first-delivery-50000-beers.

2 Eric Newcomer und Alex Webb, »Uber Self-Driving Truck Packed With Budweiser Makes First Delivery in Colorado«, *Bloomberg*, 25. Oktober 2016, www.bloomberg.com/news/articles/2016-10-25/uber-self-driving-truck-packed-with-budweiser-makes-first-delivery-in-colorado.

3 Bureau of Labor Statistics, *Occupational Outlook Handbook*, »Heavy and Tractor-Trailer Truck Drivers«, www.bls.gov/ooh/transportation-and-material-moving/heavy-and-tractor-trailer-truck-drivers.htm.

4 Michael Chui, James Manyika und Mehdi Miremadi, »Where Machines Could Replace Humans – and Where They Can't (Yet)«, *McKinsey Quarterly*, Juli 2016, www.mckinsey.com/business-functions/digital-mckinsey/our-insights/where-machines-could-replace-humans-and-where-they-cant-yet.

5 Die Erwerbstätigenquote in den USA lag 2017 bei rund 63 Prozent, 4 Prozent weniger als 2000 und damit auf dem niedrigsten Stand seit mehr als drei Jahrzehnten; siehe U. S. Bureau of Labor Statistics, *Labor Force Participation Rates*; Datensätze und Abbildungen online verfügbar unter data.bls.gov.

6 Erik Brynjolfsson und Andrew McAfee, *The Second Machine Age. Wie die nächste digitale Revolution unser aller Leben verändern wird* (Kulmbach: Plassen, 2014); Carl Benedikt Frey und Michael A. Osborne, *The Future of Employment. How Susceptible Are Jobs to Computerisation?* (Oxford: Oxford Martin School, 2013), www.oxfordmartin.ox.ac.uk/downloads/academic/The_Future_of_Employment.pdf; dazu kritisch von Max Rauner, die Pi-mal-Daumen-Studie, ZEIT Online, 23. März 2017, http//:www.zeit.de/2017/11/kuenstliche-intelligenz-arbeitsmarkt-job-roboter-arbeitsplaetze.

7 Erik Brynjolfsson und Andrew McAfee, *The Second Machine Age.*

8 Matthias Kehrig und Nicolas Vincent, »Growing Productivity without Growing Wages: The Micro-Level Anatomy of the Aggregate Labor Share Decline«, CESifo Working Paper Series 6454, 3. Mai 2017, ssrn.com/abstract=2977787.

9 Internationale Arbeitsorganisation (ILO) und Organisation für Wirtschaftliche Zusammenarbeit und Entwicklung (OECD), »The Labour Share in G20 Economies«, 11. Februar 2015, www.oecd.org/g20/topics/employment-and-social-policy/The-Labour-Share-in-G20-Economies.pdf; OECD Employment Outlook 2012, S. 115, www.oecdilibrary.org/employment/oecd-employment-outlook-2012_empl_outlook-2012-en.

10 Loukas Karabarbounis und Brent Neiman, »The Global Decline of the Labor Share«, Quarterly Journal of Economics 129, 1/2013, S. 61–103.

11 Ebenda, S. 1.

12 OECD Employment Outlook 2012, S. 118 f.

13 Ebenda, S. 115 f.

14 Obgleich in diesem Zusammenhang die direkten Effekte technischen Fortschritts dominieren, besonders im digitalen Bereich, spielen auch indirekte Effekte eine Rolle. So werden in den Statistiken zum Erwerbstätigenanteil neben den festangestellten Mitarbeitern einer Firma auch selbständige Mitarbeiter erfasst, aber die Fluktuation zwischen beiden Kategorien nicht. In den USA ist die Zahl der Selbständigen, die keine Mitarbeiter beschäftigen, von 15 Millionen 1997 auf nahezu 24 Millionen 2014 steil angestiegen – ein Trend, der nach Ansicht von Wissenschaftlern der Brookings Institution zumindest teilweise der wachsenden »Gig Economy« geschuldet ist, in der sich Kleinstunternehmer von »Gig« zu »Gig« hangeln, befristeten Jobs mit wenig sozialer Absicherung, die häufig über digitale Plattformen vermittelt werden. Diese Solo-Freiberufler haben kaum Verhandlungsmacht, was ihre Bezahlung angeht, da sie im Gegensatz zu gewerkschaftlich vertretenen Arbeitern in traditionellen Fertigungsbetrieben fast nie organisiert sind und das Angebot an Arbeitskräften die Nachfrage in vielen Fällen übersteigt. Das trägt, wenn auch nur in begrenztem Maße, dazu bei, dass die Entwicklung der Löhne nicht mit dem durch Arbeit geschaffenen Mehrwert korrespondiert. Siehe Ian Hathaway und Mark Muro, »Tracking the Gig Economy: New Numbers«, Brookings Institution, 13. Oktober 2016, www.brookings.edu/research/tracking-the-gig-economy-new-numbers/; die »Gig-Ökonomie« ist nicht auf entwickelte Volkswirtschaften beschränkt; siehe zum Beispiel Mark Graham, Isis Hjorth und Vili Lehdonvirta, »Digital labour and development: impacts of global digital labour platforms

and the gig economy on worker livelihoods«, *Transfer: European Review of Labour and Research*, 16. März 2017, journals.sagepub.com/eprint/ 3FMTvCNPJ4SkhW9tgpWP/full.

15 Thomas Piketty, *Das Kapital im 21. Jahrhundert* (München: C. H. Beck, 2014).

16 Siehe Ryan Abbott und Bret N. Bogenschneider, »Should Robots Pay Taxes? Tax Policy in the Age of Automation«, in: *Harvard Law & Policy Review*, 15. März 2017, ssrn.com/abstract=2932483.

17 Kevin J. Delaney, »The Robot That Takes Your Job Should Pay Taxes, Says Bill Gates«, *Quartz*, 17. Februar 2017, qz.com/911968/bill-gates-the-robot-that-takes-your-job-should-pay-taxes.

18 Georgina Prodhan, »European Parliament Calls for Robot Law, Rejects Robot Tax«, Reuters, 16. Februar 2017, www.reuters.com/article/us-europe-robots-lawmaking-idUSKBN15V2KM.

19 Eine exzellente Monographie zum Thema bedingungsloses Grundeinkommen ist Philippe van Parijs und Yannick Vanderborght, *Basic Income – A Radical Proposal for a Free Society and a Sane Economy* (Cambridge: Harvard University Press, 2017); Auf Deutsch von den gleichen Autoren: *Ein Grundeinkommen für alle? Geschichte und Zukunft eines radikalen Vorschlags* (Frankfurt am Main: Campus, 2005).

20 Thomas Paine, *Agrarian Justice* (1797), www.ssa.gov/history/tpaine3. html.

21 Milton Friedman, *Kapitalismus und Freiheit* (Stuttgart: Seewald, 1971).

22 Van Parijs und Vanderborght, *Basic Income*, S. 90–93.

23 Peter Passell und Leonard Ross, »Daniel Moynihan and President-elect Nixon. How charity didn't begin at home«, *New York Times*, 14. Januar 1973, www.nytimes.com/books/98/10/04/specials/moynihan-income. html.

24 Nathan Schneider, »Why the Tech Elite Is Getting Behind Universal Basic Income«, *Vice*, 6. Januar 2015, www.vice.com/en_au/article/ something-for-everyone-0000546-v22n1.

25 Jon Henley, »Finland Trials Basic Income for Unemployed«, *The Guardian*, 3. Januar 2017, www.theguardian.com/world/2017/jan/03/ finland-trials-basic-income-for-unemployed.

26 Ebenda.

24 Van Parijs und Vanderborght, *Basic Income*, S. 141 ff.; siehe auch Zi-Ann Lum, »A Canadian City Once Eliminated Poverty And Nearly Everyone Forgot About It«, *Hufftington Post Canada*, 23. Dezember 2014, www.huffingtonpost.ca/2014/12/23/mincome-in-dauphin-manitoba_ n_6335682.html.

28 Darin unterscheidet es sich von anderen Konzepten wie zum Beispiel Milton Friedmans negativer Einkommenssteuer; Friedman, *Kapitalismus und Freiheit.*

29 Siehe »Sozialbudget 2015« des Bundesarbeitsministeriums. Abrufbar unter: www.bmas.de/DE/Service/Medien/Publikationen/a230-15-sozialbudget-2015.html.

30 Für mehr dazu, wie der zur Finanzierung einer BGE benötigte Kapitalbedarf ermittelt wird und welcher Einkommensteuersatz dafür nötig wäre, siehe »Basically Unaffordable«, *The Economist*, 23. Mai 2015, www.economist.com/news/finance-and-economics/21651897-replacing-welfare-payments-basic-income-all-alluring.

31 Matthew Rognlie, »Deciphering the Fall and Rise in the Net Capital Share: Accumulation or Scarcity?«, *Brookings Papers on Economic Activity*, Frühjahr 2015, www.brookings.edu/wp-content/uploads/2016/07/2015a_rognlie.pdf.

32 Simcha Barkai, »Declining Labor and Capital Shares«, home.uchicago.edu/~barkai/doc/BarkaiDecliningLaborCapital.pdf.

33 Loukas Karabarbounis und Brent Neiman, »The Global Decline of the Labor Share«, *National Bureau of Economic Research Working Paper* 19136, Juni 2013, www.nber.org/papers/w19136.pdf.

34 Robert Z. Lawrence, »Recent Declines in Labor's Share in US Income: A Preliminary Neoclassical Account«, *National Bureau of Economic Research Working Paper* 21296, Juni 2015, www.nber.org/papers/w21296.

35 Ryan A. Decker et al., »Declining Dynamism, Allocative Efficiency, and the Productivity Slowdown«, *Finance and Economics Discussion Series* 2017-019 (Washington: Board of Governors of the Federal Reserve System, 2017), doi.org/10.17016/FEDS.2017.019.

36 Patrick Blanchenay, Chiara Criscuolo und Flavio Calvino, »Business Dynamics and Public Policies: Cross-Country Evidence from New Data«, Kauffman Foundation, www.kauffman.org/neg/section-3«businessdynamicsandpublicpoliciescrosscountryevidencefromnewdata.

37 David Autor u. a., »The Fall of Labor Share and the Rise of Superstar Firms«, *National Bureau of Economic Research Working Paper* 23396, Mai 2017, www.nber.org/papers/w23396; David Autor u. a., »Concentrating on the Fall of the Labor Share«, National Bureau of Economic Research Working Paper 23108, Januar 2017, www.nber.org/papers/w23108.

38 Das gilt auch für die Superstars in der produzierenden Industrie, siehe Kehrig und Vincent, »Growing Productivity without Growing Wages. The Micro-Level Anatomy of the Aggregate Labor Share Decline«, *CESifo Working Paper Series* 6454, 3. Mai 2017, ssrn.com/abstract=2977787.

39 Dan Strumpf, »The Only Six Stocks That Matter«, *Wall Street Journal*, 26. Juli 2015, www.wsj.com/articles/the-only-six-stocks-that-matter-1437942926.

40 Die große Ausnahme wären Sozialhilfeprogramme, die durch direkte Beiträge von Arbeitern »eigenfinanziert« werden; in solchen Fällen könnte, so sich die Politik weigert, Sozialhilfeleistungen aus Körperschaftssteuern zu finanzieren, eine Roboter-Steuer eine Option darstellen, die durch einen Rückgang der Lohnquote verursachten Ausfälle zu kompensieren.

41 Patrick Bernau, »*Apple zahlt nur 25 Millionen an den deutschen Staat*«, Frankfurter Allgemeine Zeitung, 28. Mai 2017, www.faz.net/aktuell/wirtschaft/netzwirtschaft/apple-steve-jobs/apple-steuern-in-deutschland-2016-15036177.html.

42 Fabie Candau und Jacques Le Cacheux, »Corporate Income Tax as a Genuine Own Resource«, 23. März 2017, ssrn.com/abstract=2939938.

43 Siehe zum Beispiel Alan D. Viard und Robert Carroll, *Progressive Consumption Taxation: The X-Tax Revisited* (Washington, D.C.: AEI Press, 2012), doch die Idee ist weitaus älter – siehe etwa William D. Andrews, »A Consumption-Type or Cash Flow Personal Income Tax«, *Harvard Law Review*, 6/1974, S. 1113 ff.

44 Neben Politikern wie dem demokratischen Senator Ben Cardin (https://www.cardin.senate.gov/pct) und Denkfabriken wie dem konservativen American Enterprise Institute (AEI) gehören zu den Befürworten auch Bill Gates und andere Hightech-Schwergewichte; siehe etwa Tim Worstall, »Bill Gates Points To The Best Tax System, The Progressive Consumption Tax«, *Forbes*, 18. März 2014, www.forbes.com/sites/timworstall/2014/03/18/bill-gates-points-to-the-best-tax-system-the-progressive-consumption-tax.

45 Wir sind nicht die Einzigen, die das vorschlagen; siehe zum Beispiel World Economic Forum, *The Future of Jobs Report*, Januar 2016, S. 24 und 29, www3.weforum.org/docs/WEF_Future_of_Jobs.pdf.

46 Peter Thiel, »Competition Is for Losers«, *Wall Street Journal*, 12. September 2014, www.wsj.com/articles/peter-thiel-competition-is-for-losers-1410535536.

67 Siehe dazu auch Van Parijs und Vanderborght, *Basic Income*, S. 165–169.

## 10 FREIHEIT

1 Ryan Mac, »Stitch Fix: The $ 250 Million Startup Playing Fashionista Moneyball«, *Forbes*, 1. Juni 2016, www.forbes.com/sites/ry-

anmac/2016/06/01/fashionista-moneyball-stitch-fix-katrina-lake/
«54e798e859a2.

2  Ebenda.

3  Ebenda.

4  »50 Companies That May Be the Next Start-up Unicorns«, *New York Times*, 23. August 2015, bits.blogs.nytimes.com/2015/08/23/here-are-the-companies-that-may-be-the-next-50-start-up-unicorns/?_r=0.

5  Sehr ähnlich den persönlichen Schulden, die Partner in einer Transaktion zurückzahlen wollen, wenn sie positives Feedback erhalten; siehe zum Beispiel Gary Bolton, Ben Greiner und Alex Ockenfels, »Engineering Trust – Reciprocity in the Production of Reputation Information«, *Management Science* 59,2/2013, S. 265–285.

6  »Eugene Kleiner«, Kleiner, Perkins, Caufield, and Byers Website, www.kpcb.com/partner/eugene-kleiner.

7  Peter Drucker, *Post-Capitalist Society* (New York: HarperBusiness, 1993).

8  Siehe zum Beispiel Nick Bostrom, *Superintelligence: Paths, Dangers, Strategies* (Oxford: Oxford University Press, 2014).

9  Ebenda.

10  Ebenda.

11  Aaron Bastani, »Britain Doesn't Need More Austerity, It Needs Luxury Communism«, *Vice*, 12. Juni 2015, www.vice.com/en_au/article/luxury-communism-933.

12  Briant Merchant, »Fully Automated Luxury Communism«, *The Guardian*, 18. März 2015, www.theguardian.com/sustainable-business/2015/mar/18/fully-automated-luxury-communism-robots-employment.

13  Avi Loeb, »Good Data Are Not Enough«, *Nature*, 2. November 2016, www.nature.com/news/good-data-are-not-enough-1.20906.

# INDEX

## NAMEN